Deutsche Literatur in Beispielen

Texte – Erläuterungen – Fragen

von

Hans Gerd Rötzer

1. Auflage 1^{321} 2005 03 02
Die letzte Zahl bedeutet das Jahr dieses Druckes.

Dieses Werk folgt der reformierten Rechtschreibung und Zeichensetzung. Ausnahmen bilden Texte, bei denen künstlerische, philologische oder lizenzrechtliche Gründe einer Änderung entgegenstehen; diese Texte sind im Inhaltsverzeichnis mit einem Sternchen markiert.
Ältere Texte wurden, außer wenn die ursprüngliche Fassung für das Verständnis wichtig ist, der heutigen Rechtschreibung und Zeichensetzung angepasst.

Lektorat und Bildauswahl: Gerhard C. Krischker

www.ccbuchner.de

Einband, Layout und Satz: tiff.any GmbH, Berlin
Druck: creo – Druck & Medienservice GmbH, Bamberg
Bindearbeiten: Stürtz AG, Würzburg

ISBN 3 7661 3950 9

Inhaltsverzeichnis

Inhaltsverzeichnis

Vorwort

In dieser Einführung wird die Entwicklung der deutschsprachigen Literatur – ohne nationalstaatliche Abgrenzungen – über 12 Jahrhunderte in ihren wichtigsten Konturen nachgezeichnet. Es geht nicht darum, möglichst viele Namen und Werke zu nennen oder ein lexikalisches Prüfungswissen zu vermitteln. Vielmehr soll anhand von ausgewählten Textbeispielen ein erster Überblick entstehen, der die Vielfalt der literarischen Entwicklungen und ihre jeweilige historische Aktualität vorstellt, erläutert und in einen größeren Rahmen einordnet. Dieses Verfahren hat zwar seine Grenzen; denn es ersetzt weder eine ausführliche Literaturgeschichte noch die Lektüre von Ganzschriften. Die Chance einer solchen Einführung besteht aber darin, zum weiteren Umgang mit Literatur anzuregen.

Die einzelnen Kapitel, nach Epochen und Strömungen geordnet, beginnen jeweils mit einer kurzen einführenden Darstellung. Dann folgen einige Texte oder Textausschnitte (bei Romanen und Dramen), die erläutert werden. Durchgehend sind Anregungen zur selbstständigen Weiterarbeit angeboten, die sich auf eine genauere Beschäftigung mit dem Ganztext, aus dem der Ausschnitt stammt, beziehen oder auf mögliche Vergleiche zur eigenen Gegenwart hinweisen. Am Ende eines jeden Kapitels steht als eine Art Gedächtnishilfe eine kurze wiederholende Zusammenfassung. Informationen, die für das Verständnis einzelner literarischer Entwicklungen oder Werke wichtig sind, werden »vor Ort« ohne Rückgriff auf Vorkenntnisse mitgeteilt.

Hans Gerd Rötzer

Siegfrieds Tod. Zeitgenössische Illustration

Mittelalter (8.–14. Jahrhundert)

Die deutsche Schriftliteratur begann mit der Christianisierung im 8. Jahrhundert. Die vorchristliche germanische Dichtung war eine mündliche Dichtung; die wenigen überlieferten Texte sind durch Zufall auf uns gekommen: Mönche haben sie auf noch freien Pergamentseiten großer Handschriften festgehalten. Zu ihnen gehört ein Bruchstück aus dem *Hildebrandslied*; es ist ein Beispiel für die germanischen *Heldenlieder*, in denen die Erinnerung an die eigene Stammesgeschichte weiterlebte. Auch einige *Zaubersprüche* sind erhalten; sie sollten Unheil abwenden, Krankheiten heilen oder reiche Jagdbeute versprechen. Ein formales Merkmal dieser frühen mündlichen Dichtung war der so genannte *Stabreim*, ein Anlautreim: Jede Verszeile hat vier Haupthebungen; drei der vier Hebungen beginnen jeweils mit dem gleichen Konsonanten. Dieser Stabreim wurde anfangs auch noch von Mönchen in christlichen Erzählgedichten verwendet; die heidnischen Lieder, die im Volke weiterlebten, sollten durch neue, christliche Inhalte verdrängt werden. So wurden beispielsweise die Evangelien in Form eines Heldenliedes nacherzählt: Christus ist der Gefolgsherr, die Jünger sind seine Gefolgsleute.

Die Schriftliteratur in den Klöstern war zunächst vor allem Gebrauchsliteratur. Die wichtigsten kirchlichen Texte wurden für das Volk aus dem Lateinischen übersetzt. Dies war eine große sprachliche Leistung, denn für viele Begriffe des christlichen Glaubens gab es in der eigenen Sprache des Volkes noch keine Entsprechungen. Wort für Wort übersetzten die Mönche die lateinischen Texte und trugen ihre Ergebnisse »zwischen den Linien« in die Handschriften ein; deshalb spricht man von *Interlinear-Übersetzungen*. Mit der Übung kam die Meisterschaft; man wagte sich an eigene Texte, schrieb neue Gebete (*Wessobrunner Gebet*) oder Kirchenlieder . Im 9. Jahrhundert verdrängte allmählich der *Endreim* den Stabreim.

Die vorchristliche Dichtung und die Anfänge der christlichen Schriftliteratur gehören zu einer frühen Stufe der deutschen Sprachentwicklung. Sprachgeschichtlich spricht man für diese Zeit (8.–10. Jahrhundert) vom *Althochdeutschen*. Texte aus dieser Zeit sind für heutige Leser nur noch schwer zu entziffern. Mehr Ähnlichkeiten mit dem *Neuhochdeutschen* (seit dem 15. Jahrhundert) kann man schon im *Mittelhochdeutschen* (11.–14. Jahrhundert) entdecken. Das heutige Deutsch hat eine lange Geschichte hinter sich; es gehört zur *indo-europäischen Sprachenfamilie* und hat sich aus dem *Germanischen* entwickelt. Die Veränderungen im Lauf der Sprachgeschichte betreffen den Wortschatz (Wörter verschwinden, neue entstehen), die Wortbedeutung, die Wortgestalt (Lautung) und die Grammatik.

Bis in das 11. Jahrhundert waren die Autoren der deutschsprachigen Texte vorwiegend Geistliche. Auch der Inhalt bezog sich meistens auf Glaubensfragen. Dies änderte sich im 12. Jahrhundert; es entstand eine weltliche Literatur, nun in der Mehrheit von Laien geschrieben. Die Gründe dafür sind vielfältig: Unter den Stauferkaisern festigte sich die politisch-weltliche Macht in Deutschland. Der Adel suchte für sein erstarktes Selbstbewusstsein literarische Ausgestaltungen, in denen er seine Lebensideale wieder erkennen konnte. Diese fand er einerseits in der eigenen Geschichte – *Nibelungenlied* –, andererseits in der zeitgenössischen französischen Literatur, die zum Vorbild einer *ritterlich-höfischen Dichtung* und Wunschwelt wurde. Der Erzählhintergrund dieser höfischen Epen waren die *Artussage* und die *Gralssage*. Beide Sagenstoffe sind im *Parzival* vereint, den *Wolfram von Eschenbach* über die französische Vorlage hinaus um Wichtiges erweiterte.

Walther von der Vogelweide, der herausragende Lyriker der Stauferzeit, schrieb seine frühen Lieder zwar im Stile des *Minnesangs*, der höfischen Liebeslyrik, in der das Bild der verehrten Frau zum unerreichbaren Ideal erhöht wurde, aber er übte auch Kritik an der Unwirklichkeit dieses Spiels. Mit seiner *Spruchdichtung* griff Walther ins politische Tagesgeschehen ein; er warnte davor, im Streit um die Königs- und Kaiserwürde die Einheit und Ordnung des Reiches aufs Spiel zu setzen. Neidhart von Reuental verstärkte in seinen Liedern die Kritik an der höfischen Scheinwelt; er verlegte das höfische Spiel in satirischer Verfremdung auf den dörflichen Tanzboden. Für den Südtiroler Ritter Oswald von Wolkenstein, der zu Beginn des 15. Jahrhunderts in fremden Diensten weit herumgekommen war, waren Standesschranken und Standesprivilegien nicht mehr die wichtigsten Themen. Seine *Lieder* sind frühe Beispiele sehr persönlich gestalteter Erlebnisdichtung.

Das Hildebrandslied

Das Hildebrandslied geht in seinem Kern auf Ereignisse zur Zeit der Völkerwanderung zurück. Das erhaltene Fragment wurde um 800 im Kloster Fulda niedergeschrieben, es hat bereits christliche Einschübe. Nach der Sage war Dietrich von Bern – das ist der Ostgotenkönig Theoderich der Große – von Odoaker aus seinem Reich vertrieben worden. Nach 30 Jahren kehrte er siegreich aus dem Exil bei dem Hunnenkönig Etzel zurück, mit ihm seine Gefolgsleute, zu denen auch sein Waffenmeister Hildebrand gehörte.
An der Grenze trifft Hildebrand auf seinen Sohn Hadubrand, dem er sich zu erkennen gibt, der ihm aber nicht glaubt. Vater und Sohn stehen sich zwischen den beiden Heeren gegenüber. Es kommt zu einer Wechselrede und schließlich zum Kampf. Mitten im Kampf bricht der Text ab.

Der Anfang im Original:

Ik gihorta dat seggen,
dat sih urhettun aenon muotin
Hiltibrant enti Hadubrant untar heriun tuem.
sunufatarungo iro saro rihtun,
garutun se iro gudhamun, gurtun sih iro swert ana,
helidos ubar hringa, do si to dero hiltiu ritun.

Worterklärungen:

urhettun	Herausforderer, Kämpfer
aenon	einzeln
muotin	sie bemühten, bedrängten
untar heriun tuem	unter/zwischen zwei Herren
sunufatarungo	Sohn und Vater
iro saro rihtun	ihre Rüstung richteten
garutun	machten (sie) fertig/gar
gudhamun	Kampfgewänder
helidos	Helden
hringa	Ringe
do si to dero hiltiu ritun	»da sie zu diesem Kampfe ritten«

Ich hörte das sagen,
Dass sich Ausfordrer einzeln trafen,
Hildebrand und Hadubrand, zwischen zwein Heeren.
Sohn und Vater sahn nach der Rüstung,
Das Schlachtgewand richteten sie, gürteten die Schwerter an,
Die Recken, über die Ringe, als sie ritten zu diesem Kampfe.
Hildebrand anhob, er war der hehrere Mann,
Erfahrener und weiser: zu fragen begann er
Mit wenigen Worten, wer der Helden im Volke
Sein Vater wäre »oder wes Geschlechtes du seist.
Sagst du mir nur einen, die andern weiß ich mir:
Kind, im Königreiche kund ist mir da männiglich.«
Hadubrand anhob, Hildebrands Sohn:
»Das sagten sie mir, unsere Leute,

Alte und weise, die eher da waren,
Dass Hildebrand hieße mein Vater; ich heiße Hadubrand.
Einst zog er gen Osten, floh des Otacker Zorn
Hin mit Dietrich und vielen seiner Degen.
Er ließ im Lande verlassen sitzen
Sein Weib im Haus, den winzigen Sohn,
Ohne Erb und Eigen, er ritt hin nach Osten.
Denn den Dietrich bedrängte das Sehnen
Nach meinem Vater. Der freundlose Mann,
Auf Otacker war er unmäßig ergrimmt,
Aber der Degen liebster dem Dietrich.
Immer ritt er an des Volkes Spitze: fechten war ihm immer zu lieb.
Kund war er kühnen Mannen –
Nicht glaube ich, dass er noch lebe.«
»Weiß es Allvater oben herab vom Himmel,
Dass du dennoch nie mit so Versippten
Deine Sache führtest« ...
Da wand er vom Arme gewundene Ringe
Aus Kaisermünzen, wie der König sie ihm gab,
Der Herrscher der Hunnen: »Dass ich mit Huld dir das gebe.«
Hadubrand anhob, Hildebrands Sohn:
»Mit dem Gere soll man Gabe empfangen,
Spitze wider Spitze.
Du scheinst mir, alter Hunne, unmäßig listig,
Lockst mich mit deinen Worten, willst mich werfen mit deinem Speere,
Bist ein so alter Mann und warst immer voll Untreu.
Das sagten mir, so die See befahren
Westlich übern Wendelsee, dass der Krieg ihn hinwegnahm.
Tot ist Hildebrand, Heribrands Sohn. –
Wohl aber seh ich an deinem Harnisch,
Dass du hast daheim einen guten Herrn,
Dass aus diesem Reich du nicht bannflüchtig reistest.«
Hildebrand anhob, Heribrands Sohn:
»Weh nun, waltender Gott, Wehgeschick wird!
Ich wallte der Sommer und Winter sechzig außer Lande,
Dass man stets mich reihte zur Schar der Kämpfer.
An keiner Statt kam ich je zu sterben.
Nun soll mit dem Schwert eignes Kind mich erschlagen,
Mit der Waffe mich treffen oder ich ihn töten.
Doch magst du nun leichtlich, wenn dir langt die Kraft,

Des Hochbejahrten Harnisch gewinnen,
Raub dir erraffen, wenn du irgendein Recht hast ...
Der sei doch der Feigste der Völker des Ostens,
Der den Kampf dir nun weigre, nun so wohl dich des lüstet
Gemeinsamer Gänge. Erprobe, wer's mag,
Wer von uns heute den Harnisch räume
Oder dieser Brünnen beider darf walten.«
Da ließen sie erstlich Eschlanzen schwirren
In scharfen Schauern, die standen im Schild fest.
Dann sprangen sie zusammen, spaltend den Buntrand,
Hieben harmweckend in die hellen Schilde,
Bis die Lindenschilde ihnen schartig wurden.
Zerwirkt von den Waffen ...

(Ü: Peter Wapnewski)

(Friedrich von der Leyen / Peter Wapnewski, Deutsches Mittelalter, Insel Verlag, Frankfurt/Main 1980, S. 14-17)

1▸ Wie der Kampf wahrscheinlich ausging, ist aus der *Edda*, einer norwegisch-isländischen Sammlung von Heldenliedern aus dem 9. bis 13. Jahrhundert, zu entnehmen. Dort beklagt Hildebrand den Tod seines Sohnes: »ich liebte ihn / von allem Herzen, / wider Willen / ward ich sein Töter.« Zweimal ruft Hildebrand den allmächtigen Gott an, damit das Unheil, der Kampf zwischen Vater und Sohn, verhindert werde. Dies mag schon auf eine christliche Überarbeitung zurückgehen. Aber schließlich kann er sich dem Herausforderer nicht verweigern, um nicht als feige zu erscheinen. Er spricht von »Wehgeschick«, von einem Verhängnis. Wie interpretieren Sie diesen Ausruf?

2▸ Bevor es zum Kampfe kommt, wird viel geredet. Gliedern Sie die Wechselrede nach den einzelnen Argumenten. Wie steigert sich die Auseinandersetzung?

3▸ Viele Verszeilen des Originals haben noch Stabreim. Nennen Sie Beispiele aus den Anfangszeilen. Auch in der Übersetzung wird mehrmals der Stabreim verwendet.

Der zweite Merseburger Zauberspruch

Die beiden nach ihrem Aufbewahrungsort benannten *Merseburger Zaubersprüche* stehen in einer geistlichen Handschrift des 10. Jahrhunderts, sie sind aber vorchristlichen Ursprungs, denn in den einleitenden Versen wird jeweils von germanischen Gottheiten erzählt.

Vol ende Wodan vuorun zi holza,
do wart demo Balderes volon sin vuoz birenkit.
thu biguolen Sinthgunt, Sunna era swister.
thu biguolen Friia, Volla era swister,
thu biguolen Wodan, so he wola conda,
sose benrenki, sose bluotrenki,
sose lidirenki:
ben zi bena, bluot zi bluoda;
lid zi geliden, sose gelimida sin!

Vol und Wodan ritten in den Wald. Da ward dem Fohlen Balders sein Fuß verrenkt. Da besprach ihn Sinthgunt, (und) Sonne, ihre Schwester. Da besprach ihn Frija, (und) Volla, ihre Schwester, da besprach ihn Wodan, der es wohl konnte, wie die Beinrenke, so die Blutrenke, so die Gliedrenke: Bein zu Bein, Blut zu Blut, Glied zu Glied, als ob sie geleimt sei'n!

(Ü: Peter Wapnewski)

(Friedrich von der Leyen / Peter Wapnewski, Deutsches Mittelalter, Insel Verlag, Frankfurt/Main 1980, S. 41)

4 Der Text gliedert sich deutlich in eine Erzählung und in den eigentlichen Zauberspruch. Wie hängen beide Teile zusammen? Warum wird die Erzählung »vorgeschaltet«?

Das Wessobrunner Gebet

Der Text steht auf den letzten Blättern einer Handschrift zu Anfang des 9. Jahrhunderts aus dem Kloster Wessobrunn. Seine Vorlage ist der 90. Psalm. Das Gebet besteht aus zwei Teilen. Im ersten Teil beschreibt der unbekannte Verfasser, ein gelehrter Mönch, den Anfang der Schöpfungsgeschichte nach biblischem Vorbild, aber noch in stabreimenden Versen nach Art der germanischen Heldenlieder. Der zweite Teil, das eigentliche Gebet, ist in Prosa geschrieben. Diese »Mischform« zeigt, wie literarische Formen der mündlichen vorchristlichen Tradition in die Missionsliteratur übernommen wurden.

Dat gafregin ih mit firahim firiuuizzo meista,
Dat ero ni uuas noh ufhimil,
noh paum noh pereg ni uuas,
ni nohheinig noh sunna ni scein,
noh mano ni liuhta, noh der mareo seo.
Do dar niuuiht ni uuas enteo ni uuenteo,
enti do uuas der eino almahtico cot,
manno miltisto, enti dar uuarun auh manake mit inan
cootlihhe geista. enti cot heilac...

Das erfuhr ich bei den Menschen (als) der Wunder größtes,
dass Erde nicht war noch der Himmel darüber,
noch Baum noch Berg war,
noch irgendetwas, noch die Sonne schien,
noch der Mond leuchtete, noch das gewaltige Meer.
Da dort nichts war an Enden und Wenden,
und da (aber) war der eine allmächtige Gott,
der Männer gnädigster, und da waren auch viele bei ihm,
göttliche Geister. Und Gott heiliger...

Cot almahtico, du himil enti erda gauuorahtos, enti du mannun so manac coot forgapi, forgip mir in dino ganada rehta galaupa enti cotan uuilleon, uuistom enti spahida enti craft, tiuflun za uuidarstantanne enti arc za piuuisanne enti dinan uuilleon za gauurchanne.

Gott allmächtiger, der du Himmel und Erde geschaffen und der du den Menschen so viel Gutes schenktest, gib mir in deiner Gnade rechten Glauben und guten Willen, Weisheit und Klugheit und Kraft, den Teufeln zu widerstehen und Arges zu vermeiden und deinen Willen zu tun.

(Ü: Hans Weber)

(Braune/Helm, a.a.O., S. 85 f.)

5 Welche Wörter können Sie mit Hilfe der Übersetzung erkennen und einordnen? – (Eine Hilfe: »uu« wird wie »w« ausgesprochen.)

6 Der erste Teil des Textes ist eine Beschreibung, der zweite ist ein Gebet. Lässt sich diese Zweiteilung mit der Struktur der *Merseburger Zaubersprüche* vergleichen?

Das Nibelungenlied

Das *Nibelungenlied*, in seiner uns überlieferten endgültigen Gestalt um 1200, ist Höhepunkt und Abschluss der germanischen Heldendichtung. Zwar hat der unbekannte Bearbeiter versucht, den überlieferten Stoff in seine (christliche) Gegenwart zu übertragen, aber die Grundstimmung des Werkes ist der alte Schicksalsglaube, das heldenhafte Ertragen des Verhängnisses. Das *Nibelungenlied* besteht aus zwei Teilen. Der erste Teil reicht von Siegfrieds Werbung um Kriemhild bis zu seiner Ermordung durch Hagen. Der zweite Teil erzählt, wie Kriemhild Siegfrieds Tod an den Burgunden rächte.
In den Eingangsstrophen wendet sich der Erzähler an sein Publikum und deutet schon einiges an:

Uns ist in alten mæren wunders vil geseit
von helden lobebæren, von grôzer arebeit,
von freuden, hôchgezîten, von weinen und von klagen,
von küener recken strîten muget ír nu wunder hœren sagen.

In alten Geschichten wird uns vieles Wunderbare berichtet: von ruhmreichen Helden, von hartem Streit, von glücklichen Tagen und Festen, von Schmerz und Klage, vom Kampf tapferer Recken: Davon könnt auch Ihr jetzt Wunderbares berichten hören.

Ez wuohs in Búrgónden ein vil édel magadîn,
daz in allen landen niht schœners mohte sîn,
Kríemhílt geheizen: si wart ein schœne wîp.
dar umbe muosen degene vil verlíesén den lîp.

Im Land der Burgunden wuchs ein edles Mädchen heran, das war so schön, dass in keinem Land der Welt ein schöneres hätte sein können. Ihr Name war Kriemhild. Später wurde sie eine schöne Frau. Um ihretwillen mussten viele Helden ihr Leben verlieren.

(Ü: Helmut Brackert)

(Helmut Brackert, Das Nibelungenlied, Fischer Bücherei, Frankfurt/Main 1970, S. 6 f.)

(Einige Strophen weiter wird Kriemhilds Traum erzählt und gedeutet; er ist die Vorwegnahme des ganzen künftigen Geschehens:)

In disen hôhen êren tróumte Kríemhíldè,
wie sie züge einen valken, stárc, schœ́nẹ und wíldè,

den ir zwêne arn erkrummen. daz si daz muoste sehen!
ir enkúndẹ in dirre werlde leider nímmér geschehen.

In solch einer herrlichen Umgebung wuchs Kriemhild auf. Eines Nachts träumte ihr, sie zöge einen starken, prächtigen und wilden Falken auf, den ihr zwei Adler zerfleischten. Dass sie das mit ansehen musste! Niemals hätte ihr auf dieser Welt etwas Schmerzlicheres geschehen können.

Den troum si dô sagete ir muoter Úotèn.
sine kúndes niht bescheiden baz der gúotèn:
»den valken den du ziuhest, daz ist ein edel man.
in enwelle got behüeten, du muost in schiere verlóren hân.«

Den Traum erzählte sie ihrer Mutter Ute. Die hätte ihrer lieben Tochter den Traum nicht besser auslegen können: »Der Falke, den du aufziehst, das ist ein edler Mann. Wenn Gott ihn nicht in seinen Schutz nimmt, dann musst du ihn bald wieder verlieren.«

»Waz saget ir mir von manne, vil liebiu muoter mîn?
âne recken mínne sô wil ich immer sîn.
sus schœne will ich belîben unz an mînen tôt,
daz ich von mannes minne sol gewinnen nimmer nôt.«

»Was erzählt Ihr mir von einem Mann, liebe Mutter? Ich will für immer auf die Liebe eines Recken verzichten! So schön und unberührt will ich bis an mein Lebensende bleiben, damit ich niemals durch die Liebe zu einem Mann Leid erfahre.«

»Nu versprích ez niht ze sêre«, sprach aber ir muoter dô.
»soltu ímmer herzenlîche zer werlde werden vrô,
daz geschíht von mannes minne. du wirst ein schœne wîp,
ob dir noch got gefüeget eins rehte guoten ritters lîp."«

»Nun widersprich doch nicht zu heftig!«, sagte wiederum ihre Mutter. »Wenn du jemals in dieser Welt tiefes Glück erlangen willst, dann durch die Liebe eines Mannes. Wenn dir Gott einen wirklich trefflichen Ritter zum Manne gibt, dann wirst du eine schöne Frau.«

»Die rede lât belîben«, sprach si, »frouwe mîn!
ez ist an manegen wîben vil dicke worden schîn

wie liebé mit leide ze jungest lônen kan.
ich sol si mîden beide, sone kán mir nimmer missegân.«

»Sprecht bitte nicht davon, Herrin!«, sagte Kriemhild. »Oftmals hat es sich an vielen Frauen gezeigt, wie schließlich Freude mit Leid bezahlt wird. Beidem werde ich aus dem Weg gehen: dann kann mir niemals etwas Schlimmes widerfahren.«

Kriemhilt in ir muote sich minne gar bewac.
sît lebte diu vil guote vil manegen lieben tac,
daz sine wesse niemen, den minnen woldẹ ir lîp.
sît wart si mit êren eins vil küenen recken wîp.

In ihrer kindlichen Vorstellung wollte Kriemhild ganz auf die Minne verzichten. Danach lebte das edle Mädchen noch lange Jahre, ohne jemanden kennen zu lernen, den sie hätte lieben wollen. Später jedoch wurde sie in allen Ehren die Gemahlin eines tapferen Recken.

Der was der selbe valke, den sị in ir troume sach,
den ir beschiet ir muoter. wie sêre si daz rach
an ir næhsten mâgen, die in sluogen sint!
durch sîn eines sterben starp vil maneger muoter kint.

Das war der Falke. In dem Traum, den ihre Mutter ihr deutete, hatte sie ihn gesehen. An ihren nächsten Verwandten, die ihn später erschlugen, nahm sie blutigste Rache! Weil ein einziger ermordet wurde, starben unzählige andere.

(Ü: Helmut Brackert)

(a.a.O., S. 8 f.)

(Zu Beginn der zweiten Aventiure (»Abenteuer«, Kapitel) wird Siegfried eingeführt; er ist der »Falke« aus Kriemhilds Traum:)

Dô wuohs in Niderlanden eins edelen küneges kint,
des vater der hiez Sigemunt, sîn muoter Sigelint,
in einer rîchen bürge, wîten wol bekant,
nidene bî dem Rîne: diu was ze Sántén genant.

Es wuchs in den Niederlanden, in einer weithin berühmten, mächtigen Burg, die am Niederrhein lag und Xanten hieß, der Sohn eines edlen Königs heran, dessen Vater Siegmund und dessen Mutter Sieglinde hießen.

Sîvrit was geheizen der snelle degen guot.
er versúochte vil der rîche durch ellenthaften muot.
durch sînes lîbes sterke er reit in menegiu lant.
hey waz er sneller degene sît zen Búrgónden vant!

Siegfried hieß der tapfere, treffliche Held. Er durchstreifte viele Reiche, um sich kämpferisch zu erproben. Um seine Kraft zu beweisen, ritt er in zahllose Länder. Wie viele tapfere Helden sah er später erst bei den Burgunden!

In sînen besten zîten, bî sînen jungen tagen,
man mohte michel wunder von Sîvride sagen:
waz êren an ihm wüehse und wie schœne was sîn lîp.
sît heten in ze minne diu vil wætlîchen wîp.

In der Blüte seiner Jahre, in seiner Jugend konnte man wunderbare Dinge von Siegfried berichten: wie sich sein Ansehen von Tag zu Tag mehrte und wie schön er war. Die schönen Damen fanden ihn später sehr anziehend.

Man zôch in mit dem vlîze als im daz wol gezam.
von sîn selbes muote waz túgende er án sich nam!
des wurden sît gezieret sînes vater lant,
daz man in ze allen dingen sô rehte hérlîchen vant.

Man erzog ihn so sorgfältig, wie es seinem Stand zukam. Doch wirklich vorbildlich wurde er aus eigener Veranlagung. Später breitete sich sein Ruhm über das Land seines königlichen Vaters so sehr aus, dass man in ihm in jeder Hinsicht den vollkommenen Herrn erblickte.

(Ü: Helmut Brackert) (a.a.O., S. 10 f.)

7 Zum Vortrag der Heldenlieder gehörte eine Öffentlichkeit. Zeigen Sie an den Textausschnitten, wie der Erzähler diese Situation bewusst nachgestaltet.

8 Skizzieren Sie das Reimschema (Binnenreim, Endreim) der so genannten Nibelungenstrophe.

9 Die Hauptgestalten sind hervorgehoben, »idealisiert«. Wie äußert sich dies in den Textbeispielen?

10 Als Anreiz zur weiteren eigenen Lektüre: Welche Rolle spielt Hagen am Hofe zu Worms? Ist er ein feiger Bösewicht oder nur ein treuer Gefolgsmann seines Herrn?

Wolfram von Eschenbach

Wolfram von Eschenbach

Parzival

Die meisten ritterlich-höfischen Epen des Hochmittelalters sind Ausgestaltungen der beiden großen Sagenkreise um König Artus und den Gral:

– Der sagenhafte König *Artus*, die Verkörperung des edlen und gerechten Herrschers, hat um sich eine Runde ritterlicher Helden versammelt. Sein Hof ist Anfang und Ziel der einzelnen Heldenfahrten.

– Der Tafelrunde der Artussage entspricht die geweihte Runde der Gralshüter. Der Gral ist nach einer Überlieferung eine kostbare Schale, entweder der Abendmahlskelch oder ein Gefäß, in dem Blutstropfen Christi aufbewahrt werden. Nach einer anderen Überlieferung ist er ein wunderkräftiger Stein, den nur sehen kann, wer die höchste Vollkommenheit erreicht hat. Im Gralsritter vereinte sich das weltliche Ideal des höfischen Ritters mit christlichen Tugenden, z.B. in der Gestalt Parzivals.

Wolfram von Eschenbach (um 1170 bis 1220) schildert im *Parzival* (um 1210) nach einer französischen Vorlage, die er erweitert, Parzivals Weg zur Berufung als Gralskönig: Parzival, von seiner Mutter vor den Unbilden der Welt lange abgeschirmt, zieht als ein »tumber Tor« in die Welt, aber er kann sich behaupten. Er kommt an den Artushof und schließlich auch zur Gralsburg. Anfortas, der Gralskönig, leidet an einer geheimnisvollen Wunde, von der er nur durch eine mitleidvolle Frage erlöst werden kann. Doch Parzival stellt aus missverstandener Bescheidenheit diese Frage nicht. Als er seinen Fehler erkennt, zieht er unstet durch die Lande, bis ihm ein Einsiedler hilft. Der geläuterte Parzival kehrt mit seinem Halbbruder Feirefiz zur Gralsburg zurück, erlöst Anfortas durch die Frage von seinen Leiden und wird der neue Gralskönig:

Stets litt noch Anfortas aufs Neue,
Er und die Seinen, deren Treue
Ihn festhielt in des Jammers Not.
Er bat sie oftmals um den Tod.
Nicht lang, so wär's um ihn geschehn:
Da zwingt man ihn, den Gral zu sehn,
Zu leben durch des Grales Kraft.
Er sprach zu seiner Ritterschaft: –
»Erbarmt euch meiner Leiden
Und lasst mich von euch scheiden!
Ihr habt gesehen und vernommen,
Wie mir dies Unglück ist gekommen:
Was taug ich euch zum Herren doch?
Ach, allzufrüh erfahrt ihr's noch,
Dass euer Heil verwirkt an mir.
Wie hart und grausam handelt ihr!«
Sie würden stillen seine Klagen;
Doch ließ ein Trost sie nicht verzagen,

Den Trevrizent uns einst genannt,
Wie er am Gral geschrieben stand:
Sie harrten nochmals auf den Mann,
Dem dort sein ganzes Glück zerrann,
Dass endlich doch zur sel'gen Stunde
Die Frage käm' aus seinem Munde.
Oft hielt zum Trotze der Genossen
Der Herr die Augen fest geschlossen.
Wenn er vier Tage so verblieb,
Da, ob's ihm leid war oder lieb,
Trug man den Dulder vor den Gral,
Und endlich zwang ihn seine Qual,
Den Blick im Jammer zu erheben,
Und wider Willen musst' er leben. –
Ach, für den Jammer war kein Rat.
Doch nun getrost! Der Helfer naht.
Schon ritt Kundriê mit den zwein
In das Gebiet des Grales ein.
Gleich stieß auf sie gehüllt in Eisen
Eine Wache der Templeisen. –
Kundriê ritt des Grales Degen
Auf Parzivals Geheiß entgegen.
Kaum hörten sie die Märe,
Welch Heil erschienen wäre,
So sprangen sie vom Ross zumal
Und empfingen Parzival,
Entblößten Hauptes und zu Fuß.
Ein Segen deuchte sie sein Gruß.
Bewillkommt ward mit höf'schem Fleiße
Auch Feirefis, der schwarze und weiße.
Dann ritten sie zur Burg der Schmerzen
Weinend mit beglückten Herzen. –
Vom Gasttrunk gingen sie sodann
Zu Anfortas, dem traur'gen Mann.
Der, in sein kostbar Bett gelehnt,
Empfing den Gast, den er ersehnt,
Froh und doch mit Schmerzgebärden.
Er sprach: »Durch Euch erfreut zu werden,
Drauf harrt' ich lang in bittrer Qual.
Ihr gingt von mir das letztemal,
Herr, fühlt ihr menschlich hilfbereit,
So ward es Euch wohl selbst zum Leid.
Beim Preis, den man von Euch gesagt,
Wer hier ist, Ritter oder Magd,
Erwirkt bei ihnen mir den Tod
Und lasset enden meine Not!
Ist Euer Name Parzival,
So haltet ferne mir den Gral
In sieben Nächten und acht Tagen;
Dann schwinden alle meine Klagen.
Mir ist kein weitres Wort vergönnt;
Doch wohl Euch, wenn Ihr helfen könnt!
Der Fremde, den ich bei Euch sehe,
Ich kann nicht dulden, dass er stehe.
Schafft ihm Behagen bei den Meinen!«
Doch Parzival begann mit Weinen:
»Wo liegt der Gral? Belehret mich!
Vor aller Augen zeige sich,
Ob ich von Gott begnadigt bin.«
Dreimal nach jener Seite hin
Warf er sich nun der Trinität
Zu Ehren nieder im Gebet,
Dass sie den Mann von Qualen rette.
Dann trat er an des Kranken Bette
Und sprach ihn an: »Was fehlt Dir, Ohm?«
Und der Silvesters Stier in Rom,
Den toten, hieß von dannen gehn,*
Der Lazarus hieß auferstehn,
Der half auch Anfortas zur Stund',
Dass er ward heil und ganz gesund. –

(Ü: Wilhelm Hertz)

** Legende aus dem Leben des hl. Silvester (Papst, 314–335)*

(Wolfram von Eschenbach, Parzival, nach der Übertragung von Wilhelm Hertz, Reclam Verlag, Stuttgart 1980, S. 68–70)

Im Original lautet die entscheidende Stelle, Parzivals Frage, wie folgt:

er warp, daz müeste werden rât
des trûregen mannes herzesêr.
er rihte sich ûf und sprach dô mêr
»œheim, waz wirret dir?«
der durch sande Silvestern einen stier
von tôde lebendec dan hiez gên
und der Lâzarum bat ûf stên,
der selbe half, daz Anfortas
wart gesunt und wol genas.

11 Parzival, von seiner Mutter fern der Welt erzogen, um nicht in sie verstrickt zu werden, gerät genau in die Fallstricke, vor denen seine Mutter ihn zu bewahren suchte. Das ist die eine Seite der Geschichte, vor allem zu Beginn. Die andere Seite zeigt aber, wie Parzival aus den Fehlern und Missgeschicken lernt und sich allmählich läutert für die höchste Aufgabe, die einem Ritter angeboten werden kann: den heiligen Gral zu hüten. Dieser Entwicklungsweg des Titelhelden ist über die Jahrhunderte, losgelöst von den historischen Umständen, immer wieder neu ausgedeutet und aktualisiert worden. Wie interpretieren Sie Parzivals Entwicklung?

Walther von der Vogelweide

Herzeliebez frouwelîn

Herzeliebez frouwelîn,
got gebe dir hiute und iemer guot!
Kund ich baz gedenken dîn,
des hete ich willeclîchen muot.
Waz mac ich dir sagen mê,
wan daz dir nieman holder ist?
owê, dâ von ist mir vil wê.
Sie verwîzent mir, daz ich
ze nidere wende mînen sanc.
Daz si niht versinnent sich,
waz liebe sî, des haben undanc!
Sie getraf diu liebe nie,
die nâch dem guote und nâch der schœne minnent,
wê wie minnent die?

Walther von der Vogelweide

Du liebe kleine Herrin,
Gott behüte dich heute und immerdar!
Könnte ich dein inniger gedenken,
den Willen hätte ich dazu.
Was kann ich dir mehr sagen,
als dass dich keiner lieber hat? – Ach, das tut mir oft weh.
Man wirft mir vor, dass ich
Mein Lied an ein einfaches Mädchen richte.
Dass sie nicht einsehen,
was Liebe ist: zum Kuckuck mit ihnen!
Sie traf die Liebe nie,
die nur nach Reichtum und nach Schönheit lieben,
ach, wie lieben die!

(Ü: Gunhild und Uwe Pörksen)

(Gunhild und Uwe Pörksen, »Nemt, frouwe, disen kranz«, 101 mittelhochdeutsche Liebesgedichte, Ullstein Verlag, Frankfurt/Main 1982, S. 116 f.)

Über **Walther von der Vogelweide** (1170–1230) sind nur wenige Lebensdaten bekannt. Bis 1198 hielt er sich am Wiener Hofe auf. Dann begann er ein unstetes Leben als fahrender Sänger. Schließlich trat er in den Dienst des Staufers Friedrich II., der ihn 1220 mit einem lang ersehnten Lehen in der Gegend von Würzburg beschenkte.
Walther hat viele Lieder im Stile des *Minnesangs* gedichtet. In den frühen Liedern besang er die so genannte *hohe Minne*. Zu ihren Spielregeln gehörte, dass die heimlich angebetete Herrin eine verheiratete adlige Dame war und das Liebessehnen unerfüllt blieb. Bald aber übte Walther an dieser »Wahn-Minne« Kritik. In seinen Liedern der so genannten *niederen Minne* besang er das erfüllte Liebesglück, das an keine Standesunterschiede gebunden war. In dem Gedicht *Herzeliebez frouwelîn* hat er den Konflikt thematisiert.

12 In dem Gedicht spricht Walther von einer Liebe (Minne), die über dem Streit zwischen hoher und niederer Minne steht. Nennen Sie seine Argumente.

Ich saz ûf eime steine

So, wie Walther sich hier beschreibt, ist er in einer Liederhandschrift abgebildet. Walther hielt sich vom Tagesgeschehen nicht fern; er formte den *Spruch* zur politischen Waffe. Der Inhalt spielt auf die unsichere politische Lage nach dem Tode Heinrichs VI. (1197) an, als Machtkämpfe das Reich zerrütteten. Gegen diesen Zerfall der Ordnung setzt Walther seinen Anspruch einer moralischen Verantwortung aller.

Ich saz ûf eime steine,
und dahte bein mit beine:
dar ûf satzt ich den ellenbogen:
ich hete in mîne hant gesmogen
daz kinne und ein mîn wange.
dô dâhte ich mir vil ange,
wie man zer welte solte leben:
deheinen rât kond ich gegeben,
wie man driu dinc erwurbe,
der keines niht verdurbe.
diu zwei sint êre und varnde guot,
daz dicke ein ander schaden tuot:
daz dritte ist gotes hulde,
der zweier übergulde.
die wolte ich gerne in einen schrîn.
jâ leider desn mac niht gesîn,
daz guot und weltlich êre
und gotes hulde mêre
zesamene in ein herze komen.
stîg unde wege sint in benomen:
untriuwe ist in der sâze,
gewalt vert ûf der strâze:
fride unde reht sint sêre wunt.
diu driu enhabent geleites niht, diu zwei
enwerden ê gesunt.

Ich saß auf einem Felsen und schlug ein Bein über das andere; darauf stützte ich den Ellenbogen. Das Kinn und meine eine Wange hatte ich in meine Hand geschmiegt. In dieser Stellung überlegte ich mir eindringlich, wie man auf Erden leben müsste. Ich wusste mir nicht zu raten, wie man drei Schätze erwerben könnte, ohne dass einer von ihnen verloren ginge. Die beiden ersten, die einander oft nachteilig beeinträchtigten, sind Ansehen und irdischer Besitz. Gnade bei Gott, noch wertvoller als die beiden andern, ist das Dritte. Gern wollte ich diese drei in einen Schrein bekommen. Doch leider, es ist unmöglich, dass Besitz, Ansehen vor der Welt und Gnade bei Gott jemals wieder in ein Herz kommen. Stege und Wege sind ihnen verlegt: Untreue lauert im Hinterhalt, Gewalttätigkeit zieht auf der Straße; Frieden und Recht sind auf den Tod wund. Die drei haben keinen Schutz, ehe diese beiden nicht gesunden.

(Ü: Paul Stapf)

(Walther von der Vogelweide, Sprüche – Lieder – Der Leich, übersetzt von Paul Stapf, Deutsche Buchgemeinschaft, Darmstadt 1955, S. 6)

13 Walther nennt in diesem *Reichsspruch* keine Namen, aber er beschreibt die Ursache des Übels. Was möchte Walther, im übertragenen Sinne, im »Schrein« eines menschenwürdigen Lebens sehen? Was steht diesem Wunschbild entgegen?

14 Übertragen Sie Walthers Forderungen auf die Gegenwart. Was wäre zu übernehmen, was müsste anders begründet oder formuliert werden?

Neidhart von Reuental

Neidhart von Reuental

Wol gezieret stât diu grüene heide

I

Wol gezieret stât diu grüene heide.
daz lóup ùber éggè
kiust man bî den tolden wunneclîche.

jâ tuont uns die dörpel vil ze leide,
gewínnènt sî héggè
hiure undr ein ander vil gelîche.

der ich wil nennen vier genôz,
die sint unbescheiden.
einer heizet Madelgôz,
der treit einen kolben grôz,
der wil uns reien bî der linden leiden.

II

Welt ir wunder von den zweien hoeren?
die dúnkènt sich spáehè,
sô sî diu swert gespannent umbe ir sîten.

dêst Erkenbolt mit sîm gesellen Stoeren.
die trétent sô wáehè
und gênt dort hübeschen her von Hôhenlîten.

der vierde heizet Amelolt
mit sînem hiubelhuote.
der ist den zweien niht ze holt.
sî habent ez wol umb in verscholt.
ersnellet ers, ez kumt in niht ze guote.

(Siegfried Beyschlag, Die Lieder Neidharts, Wissenschaftliche Buchgesellschaft, Darmstadt 1975, S. 490–493)

I

Schön geschmückt liegt die grüne Heide da.
Das Laub, rasch entsprossen,
spürt man lieblich an den Wipfeln.

Ja, die Bauernkerle tun uns viel Leid an,
falls sie heuer Rückendeckung
aneinander gleichmäßig finden.

Von ihnen nenne ich vier Kumpane,
das sind rücksichtslose Burschen.
Einer heißt Madelgoß,
der hat einen großen Kolben bei sich,
der will uns das Tanzen an der Linde verleiden.

II

Wollt ihr Wunder von den beiden anderen hören?
Die kommen sich gar überheblich vor,
wenn sie sich die Schwerter umgürten.

Das ist Erkenbold und sein Freund Störe.
Die tanzen so kunstvoll
und kommen zum Hofieren dort von Hohenleiten her.

Der Vierte heißt Arnelold
mit seinem Haubenhelm.
Der ist auf die zwei nicht gut zu sprechen.
Daran haben sie selber die Schuld.
Erwischt er sie, dann kommt es ihnen nicht zu gute.

(Ü: Siegfried Beyschlag)

15 **Neidhart von Reuental** (um 1190 – um 1246) verlegt das »Minne«-Spiel auf das Land; seine Burschen und Mädchen äffen unbeholfen das höfische Gehabe nach. Neidharts Satire zielt in zwei Richtungen: gegen die Überheblichkeit des Adels und gegen die bäuerlichen Gernegroß.
Beschreiben Sie den Stimmungsbruch zwischen der Eingangsszene und dem, was folgt.

Oswald von Wolkenstein

Oswald von Wolkenstein

Zergangen ist meins herzen we

Zergangen ist meins herzen we,
seit das nu fliessen wil der sne
ab Seuser alben und auss Flack,
hort ich den Mosmair sagen.
Erwachet sind der erden tünst,
des meren sich die wasserrünst
von Kastellrut in den Eisack,
das wil mir wol behagen.
Ich höre die voglin gross und klain
in meinem wald umb Hauenstain
die musik prechen in der kel,
durch scharffe nötlin schellen,
Auff von dem ut hoch in das la
und hrab zu tal schon auff das fa
durch manig süesse stimm so hel;
des freut euch, guet gesellen!
Was get die red den Plätscher an?
mein singen mag ich nicht gelan,
wem das missvall, der lass mich gan,
und sei mir heur als vert!
Ob mir die vaign sein gevar,
noch tröst ich mich der frummen zwar,
wie wol das heuer an dem jar
valsch pöse münz hat wert.

Vergangen ist meine Trübsal,
denn nun beginnt der Schnee herabzufließen
von der Seiser Alm und von Flack,
wie mir der Mosmaier gesagt hat.
Erwacht sind die Dämpfe der Erde,
davon schwellen die Rinnsale
von Kastelruth in den Eisack hinunter;
das macht mich sehr vergnügt.
Ich höre alle die großen und kleinen Vögel
in meinem Wald um Hauenstein,
wie aus vollen Kehlen die Melodien verzieren
und genau nach Noten singen,
vom c hinauf zum a,
dann wieder schön zum f herunter,
mit vielen süßen, hellen Stimmen.
Freut euch daran, Gesellen!
Was geht die Sache den Plätscher an?
Mein Singen will ich doch nicht lassen.
Wem es nicht gefällt, der lasse mich in Ruhe,
er kann mir auch dieses Jahr gestohlen bleiben.
Wenn die Schlechten mich nicht leiden können,
so hoffe ich doch auf die Anständigen,
wenn auch in diesem Jahre
schlechte, falsche Münzen hoch geschätzt werden.

(Ü: Burghart Wachinger)

(Oswald von Wolkenstein, Lieder, Reclam Verlag, Stuttgart 1980, S. 72–75)

16▸ Oswald von Wolkenstein (1377–1445) ist wohl der bedeutendste Lyriker des späten Mittelalters. Seine *Lieder* haben einen sehr persönlichen Ton. Von einem vielleicht noch traditionellen Eingangsbild gehen – wie im vorliegenden Text – der Blick und das Interesse auf die »reale« Umwelt. Suchen Sie die Ortsangaben auf einer Karte.

Die Literatur des Mittelalters bis zum ausgehenden 14. Jahrhundert kann man chronologisch in vier Abschnitte einteilen:

I. Die vorchristliche Zeit: Die Dichtung der germanischen Stämme wurde mündlich weitergegeben. Beispiele dieser Dichtung sind durch zufällige Aufzeichnungen in den Klöstern seit dem 8. Jahrhundert überliefert. Themen der vorchristlichen germanischen Dichtung waren
– die Stammesgeschichte, nacherzählt in den *Heldenliedern (Hildebrandslied)*,
– magische Rituale gegen Unheil und Krankheit oder für reiche Jagdbeute, beschworen in Zaubersprüchen.

II. Die Christianisierung: Die Christianisierung der germanischen Stämme begann nicht erst im 8. Jahrhundert. Christliche Gemeinden gab es schon seit dem 3. Jahrhundert in den römischen Ansiedlungen an Donau und Rhein. Erst durch die Pionierleistung der Klostergründungen unter Karl dem Großen wurden die germanischen Stämme aber insgesamt »christianisiert« – und dies in einem doppelten Sinn: Die Klöster vermittelten neue landwirtschaftliche Produktionsmöglichkeiten und sie vermittelten die Inhalte des neuen Glaubens. Zunächst wurden die wichtigsten Glaubenstexte fast Wort für Wort übersetzt; dabei mussten neue Begriffe gefunden werden, die in der eigenen Sprache fehlten. Später entwickelte sich, innerhalb der Vorstellungswelt der christianisierten Stämme und mit Hilfe der lateinischen Tradition der römischen Amtskirche, eine eigenständige religiöse Literatur: Nacherzählung der Evangelien als ein Heldengedicht, Übernahme traditionell christlicher Darstellungsformen in die deutsche Sprache.

III. Die ritterlich-höfische Welt: In den Versepen der Stauferzeit verbanden sich die alten Heldengedichte mit idealisierten, sagenhaften *(Artussage, Gralssage)* Darstellungen der adligen Welt. Aber diese »Selbstdarstellungen« wurden schon von den Zeitgenossen kritisiert; sie seien ein Wunschbild. Dies galt auch für den *Minnesang*.

IV. Kritik: In den Jahrzehnten nach dem Höhepunkt der ritterlich-höfischen Dichtung, d.h. seit dem späten 13. Jahrhundert, wuchs die Kritik an der Selbstdarstellung des Adels. Zum einen meldete sich durch den wachsenden Einfluss der Städte ein neuer moralischer Anspruch zu Wort. Zum andern hatte das Vorbild der ritterlichen Welt an Glanz und Einfluss verloren.

Gutenberg-Bibel

Frühe Neuzeit (15.–16. Jahrhundert)

Im 14. Jahrhundert begann ein wichtiger wirtschaftlicher und gesellschaftlicher Wandel; durch Handwerk und Handel gewannen die Städte an Einfluss. Es entstand eine bürgerliche Stadtkultur, die sich durch einen bewussten Bildungsanspruch von der ritterlich-höfischen Welt abgrenzte. Städtische Lateinschulen und neu gegründete Universitäten lösten allmählich die Klosterschulen ab und wurden zur Keimzelle eines neuen wissenschaftlichen Denkens, das sich nicht mehr allein auf die christlichen Glaubenswahrheiten verließ. Die griechisch-römischen Schriftsteller und die Kultur der Antike insgesamt wurden neu entdeckt. Die *Renaissance* (»Wiedergeburt«) war keine nachahmende Übernahme der Vergangenheit, sondern eine Auseinandersetzung mit dem Erbe der Antike, vor allem mit dem römischen Begriff der *humanitas* (Menschlichkeit). Unter *Humanismus* verstand man das Recht auf eine freie Persönlichkeitsentwicklung, wie es der römische Philosoph Cicero (106–43 vor Christus) in seinen Schriften gefordert hatte. In diesem Sinne war auch die *Reformation* ein Aufbegehren gegen Bevormundung. Martin Luther konnte mit der Sympathie vieler Humanisten rechnen, wenn sie auch nicht alle den endgültigen Schritt einer Trennung von Rom guthießen.

Neben dem Erstarken der bürgerlichen Stadtkultur im ausgehenden Mittelalter und neben dem Versuch, ein weltzugewandtes, »praktisches« Erziehungsprogramm zu entwickeln, haben vor allem zwei Ereignisse die Entwicklung beeinflusst: Mit der Entdeckungsfahrt (1492) des Kolumbus wurden frühere Theorien von der Kugelgestalt der Erde empirisch (»durch Erfahrung«) bewiesen; die Landkarte veränderte sich in wenigen Jahren. – Durch die Erfindung des Buchdrucks von Johannes Gutenberg (um 1400–1468) mussten Texte nicht mehr Exemplar für Exemplar »abgeschrieben« werden – was ein sehr kostspieliges Verfahren war –, sondern sie konnten in großen Auflagen »gedruckt« werden. Dadurch begann ein neues »Informationszeitalter«; Befürworter und Gegner der Reformation haben dieses neue Medium für Flugblätter und Streitschriften weidlich genutzt.

Das neue Buchdruckverfahren stellte aber auch neue Anforderungen an den Sprachgebrauch. Buchdrucker und Verleger waren daran interessiert, dass ihre Druckerzeugnisse im ganzen Land verstanden und gelesen werden konnten. Deshalb suchten sie einen Ausgleich zwischen den Dialekten, einen sprachlichen »Mittelwert«. Eine solche überregionale Schriftsprache war in Ansätzen die Verwaltungssprache (Kanzleisprache) der sächsischen Kurfürsten: Dieses »Meißner Deutsch« wurde zur Grundlage der modernen deutschen »*Gemeinsprache*«. Es war ein glücklicher Umstand, dass Luther in diesem sprachlichen Mischgebiet aufwuchs. Seine überragende sprachschöpferische Leistung bestand darin, dass er für seine *Bibelübersetzung* (1522 ff.) die Ansätze der überregionalen Schriftsprache mit Elementen aus der Umgangssprache verband: »Man muss die Mutter im Hause, die Kinder auf der Gasse, den einfachen Mann auf dem Markt darum fragen, und diesen allen auf das Maul sehen, wie sie reden.« Für Luther und seine Gegner war die Literatur vor allem ein Mittel zur Belehrung der Gläubigen.

Die ritterlich-höfische Dichtung zeichnete sich durch einen bewussten Stilwillen aus; sie war in Versform gestaltet und kunstvoll komponiert. Das städtische Publikum im Spätmittelalter war mehr an den Inhalten interessiert; deshalb wurden die höfischen Epen in Prosafassungen umgestaltet. In dieser so genannten Gattung der *Volksbücher* finden sich auch eigenständige Werke; Sagen- und Schwankstoffe wurden um Personen gruppiert und zu einer Biographie ausgestaltet: *Till Eulenspiegel* (um 1510), *Historia von D. Johann Fausten* (1587). Eine deutliche Abgrenzung zu den höfischen »Entwicklungsromanen« bildet ein frühes Beispiel bürgerlicher Selbstbestimmung, in dem der Tugendkatalog der Kaufmannsgesellschaft durchgespielt wird: *Fortunatus* (1509).

Die Spannungen in den städtischen Zünften zwischen den allmächtigen Meistern und den abhängigen Gesellen fanden ihr Ventil in den *Schwänken*, die man sich weitererzählte, und in den *Fastnachtsspielen*, die während der Zeit der Narrenfreiheit sehr offen aktuelle Missstände anprangerten. Hans Sachs (1494–1576) hat in seinen Spielszenen, die in Wirtshäusern aufgeführt wurden, nicht nur Schwänke zum Besten gegeben (obwohl gerade sie seinen Namen lebendig gehalten haben), sondern er hat sich auch entschieden für die Ziele der Reformation eingesetzt.

Die Literatur der frühen Neuzeit lässt sich nicht einheitlich fassen und erklären; deshalb spricht man von Renaissance, Humanismus und Reformation.

Ulrich von Hutten

Ein neu Lied

Ulrich von Hutten

Ulrich von Hutten (1488–1523) stammte aus einem alten fränkischen Rittergeschlecht; er lernte auf der Klosterschule Latein. In seinen langen Studienjahren an deutschen und italienischen Universitäten, mit Unterbrechungen im Dienste geistlicher und weltlicher Fürsten, knüpfte er Kontakte mit den führenden Humanisten, die seine Vorstellung von einem sich selbst verantwortlichen Individuum prägten. Dazu kam, dass er im Italien der Renaissance das Erbe der Antike in einem neuen Licht sah. Er las die antiken Autoren und schrieb viele seiner Schriften und Gedichte in klassischem Latein; seine lateinischen Werke wurden so berühmt, dass ihn Kaiser Maximilian zum Dichter krönte. Sehr früh schloss er sich den Reformbestrebungen Luthers an; sie hatten für ihn einen doppelten Aspekt: einerseits die Befreiung von der kirchlichen Bevormundung durch den Papst in Rom, andrerseits das Bemühen um eine politische Stärkung der nationalen Einheit. *Ein neu Lied*, wohl das einzige Lied, das Hutten in seiner Muttersprache schrieb, ist eine Abrechnung mit den Gegnern der Reformation und eine Rechtfertigung, für Luthers Ideen zu streiten.

Ich habs gewagt mit Sinnen
Und trag des noch kein Reu,
Mag ich nit dran gewinnen,
Noch muss man spüren Treu;
Darmit ich mein
Nit eim allein,
Wenn man es wollt erkennen:
Dem Land zu gut,
Wiewohl man tut
Ein Pfaffenfeind mich nennen.

Da lass ich jeden liegen
Und reden was er will;
Hätt Wahrheit ich geschwiegen,
Mir wären hulder viel.
Nun hab ichs gsagt,
Bin drumb verjagt,
Das klag ich allen Frummen,
Wiewohl noch ich
Nit weiter fleich,
Vielleicht werd wiederkummen.

Umb Gnad will ich nit bitten,
Dieweil ich bin ohn Schuld;
Ich hätt das Recht gelitten,
So hindert Ungeduld,
Dass man mich nit
Nach altem Sitt
Zu Ghör hat kummen lassen;
Vielleicht wills Gott,
Und zwingt sie Not,
Zu handeln diesermaßen.

Nun ist oft diesergleichen
Geschehen auch hie vor,
Dass einer von den Reichen
Ein gutes Spiel verlor;
Oft großer Flamm
Von Fünklin kam,
Wer weiß, ob ichs werd rächen;
Staht schon im Lauf,
So setz ich drauf:
Muss gahn oder brechen.

Darneben mich zu trösten
Mit gutem Gwissen hab,
Dass keiner von den Bösten
Mir Ehr mag brechen ab,
Noch sagen, dass
Uff einig Maß
Ich anders sei gegangen
Dann Ehren nach;
Hab diese Sach
In gutem angefangen.

Will nun ihr selbs nit raten
Dies frumme Nation,
Ihrs Schadens sich ergatten,
Als ich vermahnet han:
So ist mir leid,
Hiermit ich scheid,
Will mengen bass die Karten;
Bin unverzagt,
Ich habs gewagt
Und will des Ends erwarten.

Ob dann mir nach tut denken
Der Kurtisanen List,
Ein Herz lasst sich nit kränken,
Das rechter Meinung ist.

Ich weiß noch viel,
Wölln auch ins Spiel,
Und solltens drüber sterben:
Auf, Landsknecht gut
Und Reuters Mut,
Lasst Hutten nit verderben!

Zeile: 4 noch = dennoch; 6 eim = einem; 11 liegen = lügen; 19 fleich = fliehe; 38 Staht = Steht; 40 gahn = gehen; 46 = irgendwie; 51 ihr = sich; 53 ergatten = erholen; 54 han = habe; 57 baß = besser; 61 nachdenken = nachstellen; 62 Kurtisanen = päpstliche Höflinge; 63 kränken = krank, schwach machen

(Ulrich von Hutten, Deutsche Schriften, Winkler Verlag, München 1970, S. 259–261)

1 In dem Gedicht spricht Hutten – vier Jahre nach Luthers Thesenanschlag (1517) – sowohl über seine eigene Situation als auch über die »Lage der Nation«. Was sagt er über sich, was über die politischen Verhältnisse?

2 Dieses Gedicht Huttens ist 1521 in einem Einblattdruck veröffentlicht worden. Es hatte eine Botschaft, die möglichst viele erreichen sollte. Wie ließe sich diese Botschaft für uns heute in Worte fassen?

Martin Luther

Martin Luther

Ein feste Burg ist unser Gott

Martin Luther (1483–1546), Augustinermönch und Professor, hat durch seine Fragen um die Verantwortung des Menschen und seine Rechtfertigung vor Gott, zunächst nur als Diskussionsthesen (1517) verteilt, an der Vorherrschaft der Amtskirche gerüttelt. Es ging ihm darum, dass allein der Glaube, die Überzeugung des Einzelnen, geschult durch die gewissenhafte Lektüre des Alten und Neuen Testamentes, das christliche Leben bestimme. Dies war etwas Neues, dass der Laie unmittelbaren Zugang, in seiner Muttersprache, zu den heiligen Texten haben sollte. Luther hat im Laufe seines Lebens das Alte und das Neue Testament für das Volk übersetzt, in einer Sprache, die jeder verstehen konnte; er wollte dem »Volk aufs Maul schauen«. Zur erfolgreichen Verbreitung dieser Übersetzung trugen auch die neuen Möglichkeiten der Gutenberg'schen Drucktechnik mit beweglichen Lettern bei; ein Text konnte fast beliebig vervielfältigt und unters Volk gebracht werden.

Luther hat für die Aufklärung der Gläubigen und, um seine Ideen unters Volk zu bringen und sich verständlich zu machen, bewusst auf bekannte Literaturformen zurückgegriffen. Literatur war für ihn vor allem Mittel zum Zweck: die Texte sollten eine Botschaft tragen und weitergeben, sie sollten belehren.

In diesem, seinem wohl bekanntesten *Kirchenlied*, dessen Vorlage ein Psalm aus dem Alten Testament ist, fasst Luther seine Lehre in dem Satz zusammen: »Das wort sie sollen lassen stahn«, d.h. maßgebend ist das ursprüngliche Bibelwort, das jeder lesen und für sich auslegen kann:

Ein feste burg ist vnser Gott
Ein gute wehr vnd waffen /
Er hilfft vns frey aus aller not /
die vns jtzt hat betroffen /
Der alt boͤse feind /
mit ernst ers jtzt meint /
gros macht vnd viel list /
sein grausam ruͤstung ist /
auff erd ist nicht seins gleichen.

Mit vnser macht ist nichts gethan /
wir sind gar bald verloren /
Es streit fuͤr vns der rechte man /
den Gott hat selbs erkoren /
Fragstu wer der ist?
Er heist Jhesus Christ /
der Herr Zebaoth /
Vnd ist kein ander Gott /
das felt mus er behalten.

Vnd wenn die welt vol Teuffel wer /
vnd wolt vns gar verschlingen /
So fuͤrchten wir vns nicht so sehr /
Es sol vns doch gelingen /
Der Fuͤrst dieser welt[1] /
wie sawr[2] er sich stellt /
thut er vns doch nicht /
das macht / er ist gericht /
Ein woͤrtlein kan jn fellen.

Das wort sie sollen lassen stahn /
vnd kein danck da zu haben /
Er ist bey vns wol auff dem plan /
mit seinem Geist vnd gaben /
Nemen sie den leib /
gut / ehr / kind vnd weib /
las faren dahin /
sie habens kein gewin /
das Reich mus vns doch bleiben.

1 Teufel 2 verärgert, wütend

(Spätmittelalter, Humanismus, Reformation, C.H. Beck Verlag, München 1978, Band II/2, S. 328 f.)

3 Das Kirchenlied ist in der sprachlichen Urfassung abgedruckt. Nennen Sie die Unterschiede in der Grammatik und im Sprachgebrauch zu unserem heutigen Deutsch. Sind die Unterschiede so groß, dass Missverständnisse entstehen könnten?

4 Fassen Sie den Inhalt der einzelnen Strophen zusammen und nennen Sie jeweils die Hauptaussage.

5 Können Sie einen bestimmten Aufbau in der Gedankenfolge feststellen?

6 Nehmen wir an, Sie wären ein Zeitgenosse Luthers. Was entnehmen Sie für Ihre Lebensgestaltung aus dem Text?

Fortunatus

Erstausgabe

1509 erschien in Augsburg von einem unbekannten Verfasser der Roman *Fortunatus.* Er gilt als der erste bürgerliche Roman. Zwar ist in den Geschehensverlauf noch vieles aus der Abenteuer- und Wunderwelt der ritterlich-höfischen Dichtung eingebaut, aber der Titelheld ist der Sohn eines durch eigenes Verschulden verarmten Kaufmanns: Fortunatus zieht aus den Fehlern seiner Eltern die richtigen Konsequenzen; er arbeitet sich, niemals seine Standesgrenzen überschreitend, zu einem angesehenen Kaufmann empor, immer darauf bedacht, sein eigentliches Kapital, nämlich seine Zuverlässigkeit und Ehrlichkeit, nicht aufs Spiel zu setzen. Fortunatus verkörpert den erfolgreichen städtischen Handelskaufmann, der sich durchaus seiner wirtschaftlichen und finanziellen Macht bewusst ist, sich aber in seinen bürgerlichen Grenzen hält. Anders handeln seine Söhne; nach dem Tod des Vaters spielen sie die neureichen Emporkömmlinge und biedern sich dem Adel an. Das Erbe zerrinnt, weil die Söhne nicht wirtschaftlich mit ihm umzugehen verstehen. Am Leben des Fortunatus und seiner Söhne stellte der unbekannte Autor in zwei gegenläufigen Beispielen die Tugenden vor, die der bürgerlichen Ordnung zugrunde lagen: Fleiß, Verlässlichkeit, Bescheidenheit.

Bevor Fortunatus in die Welt zieht, wird kurz die Geschichte seiner Eltern erzählt; sie dient ihm und den Lesern als Warnung:

Ein Land, genannt Cipern, ist ein Insel und Künigreich, gegen der Sonnen Aufgang im Meer gelegen, fast wunnsamt[1], lustig und fruchtbar allerhanden edler natürlicher Früchten, manichem wissend, der zu dem Heiligen Land Jerusalem gefahrn und im selben Künigreich Cipern zugeländt und da gewesen ist. Darin ein treffenliche Stadt, genannt Famagosta, in wölicher Stadt ein edler Burger alts Herkommens war gesessen, dem sein Öltern groß Hab und Gut verlassen hätten, also dass er fast reich, mächtig und dabei jung war, eines freien Mutes, wenig betrachtet, wie seine Elteren zu Zeiten das Ihr erspart und gemehrt hättent. Und sein Gemüt war gänzlichen gericht auf zeitlich Ehr, Freud und Wollust des Leibs. Und nahm an sich einen kostlichen[2] Stand mit Stechen, Turnieren, dem Künig gen Hof zu reiten und ander Sachen, damit er groß Gut ohn ward[3], und seine Freund wohl kunnten merken, dass er mehr ohn ward, dann sein Nutzung ertragen mocht, und gedachtent, ihm ein Weib zu geben, ob sie ihn von solichem ziehen möchten, und legten ihm das für. Es gefiel ihm wohl, und verhieß ihnen, darinne zu verfolgen, und als er sich solichs begeben hätt, fingen die Freund an zu erforschen ihm um einen Gemahel. Also war ein edler Burger in der Stadt, genannt Nicosia, ist die Hauptstadt von Cipern, da dann die Künig von Cipern gemeinglich Hof halten. Der hätt ein schöne Tochter, die hieß Graciana, die ward ihm vermähelt, und ward nit weiter gefragt, wie er ein Mann wär, sonder von des Ruhmes wegen, so er hätt, wie er so reich und mächtig wär, ward ihm die Jungfrau gar kostlich heimgeführet und da verbracht ein kostliche Hochzeit, als gemeinglich Gewohnheit ist, dass reich Leut ihre Reichtum und Herrlichheiten insonderheit auf soliche Zeit beweisen und erscheinen lont[4]. Als nun die Hochzeit vollbracht und vollendt ward, manniglich an sein Ruh kam, nahm der Burger, der da genannt war Theodorus, die Jungfrauen und lebet mit ihr gar freundlichen und tugendlichen, darab seine Freund und auch der Braut Freund groß Wohlgefallen entpfingent, vermeineten, sie hätten ein gut Werk vollbracht, dass sie Theodorum, der so wild war, mit einem Weib also zahm hätten gemachet. Doch war ihnen unkund, was die Natur an ihr hat, dass das nicht wohl zu wenden ist. Und indem warde Graciana schwanger eines Suhns und gebar den, eh das Jahr nach der Hochzeit auskam, darab aber zu beiden Teilen die Freund erfreut wurden. Der ward getäuft und geheißen Fortunatus, darum Theodorus sich och erzeigt, ein groß Wohlgefallen zu haben. Doch fing er an wiederum sein alt Wesen zu haben mit Stechen, Turnieren, viel Knecht, kostliche Ross, reit dem Künig zu Hof, ließ Weib und Kind und fragt nit, wie es ging. Heut verkauft er einen Zins, den andren Tag versatzt er ein gelegen Gut. Das trieb er so lang und viel, bis dass er nicht mehr zu verkaufen noch zu versetzen hätt, und kam also zu Armut, hätt sein junge Tag unnützlich verzehrt und ward so arm, dass er weder Knecht noch Mägd vermocht[5], und musst die gut Frau Graciana selber kochen und wäschen als ein armes, verkauftes[6] Weib.

1 wunnsam = sehr wonnig, 2 kostlich = vornehm, 3 ohn werden = verlieren, 4 lont = lassen, 5 vermocht = halten konnte, 6 verkauft = gemietet

(Deutsche Volksbücher, Band I, Aufbau Verlag, Berlin und Weimar 1968, S. 3–6)

7 Welche »Lehren« sind für Fortunatus und den zeitgenössischen Leser aus dem Bericht über die Eltern zu entnehmen?

8 Wie wird in diesem kurzen Textausschnitt die Welt des Adels und des städtischen Bürgertums dargestellt? Worauf wird jeweils Wert gelegt?

Hermann Bote

Till Eulenspiegel

Till Eulenspiegel

Um den Spaßmacher Till Eulenspiegel rankten sich viele *Schwänke*; sie reichen von seiner Geburt bis zu seinem Tode. Der Braunschweiger Zollschreiber **Hermann Bote** hat sie gesammelt; um 1510 wurden sie in Straßburg gedruckt. Till Eulenspiegel hat vielleicht wirklich gelebt. In Mölln (Holstein) wird sein Grab gezeigt; dort soll er 1350 gestorben sein. Vieles, was über ihn erzählt wird, hat man auch anderen Personen »angedichtet«.

Till Eulenspiegel wurde zur Beispielfigur des armen Mannes, der sich mit Witz gegen die Mächtigen wehrt; kein Stand bleibt ausgespart. Besonders hat es der Spaßmacher aber auf die Handwerksmeister abgesehen. Die städtischen Zunftmeister waren allmächtige Herren, denen die Gesellen ausgeliefert waren. Wie Till seinen Meister zu übervorteilen weiß, zeigt die 19. Geschichte:

Da nun Ulnspiegel wieder gen Brunßwick kam zu der Bäckerstuben, da wohnt ein Bäcker nah darbei, der rüft ihm in sein Hus und fragt ihn, was er für ein Geselle wär. Er sprach: »Ich bin ein Bäckerknecht.« Der Brotbäcker, der sprach: »Ich hab eben keinen Knecht, willt du mir dienen?« Ulnspiegel sagt ja. Als er nun zween Tag bei ihm war gewesen, da hieß ihn der Bäcker backen uff den Abend, denn er kunnt ihm nit helfen bis an den Morgen. Ulenspiegel sprach: »Ja, was soll ich aber backen?« Der Bäcker war ein schimpfig Mann und war zornig und sprach in Spott: »Bist du ein Backknecht und fragst erst, was du backen sollt, was pflegt man zu backen, Eulen oder Meerkatzen?« und ging damit schlafen. Da ging Ulenspiegel in die Backstuben und macht den Teig zu eitel Eulen und Meerkatzen, die Backstub voll, und buk die. Der Meister stund des Morgens uff und wollt ihm helfen, und da er in die Backstuben kam, so findt er weder Weck noch Semmeln, nur lauter Eulen und Meerkatzen. Da ward der Meister zornig und sprach: »Wie der Jahrritt, was hast du da gebacken?« Ulenspiegel sprach: »Das Ihr mich geheißen hon, Eulen und Meerkatzen.« Der Beck sprach: »Was soll ich nun mit der Narrei tun? Solich Brot ist mir nirgen zunütz, ich mag das nit zu Geld bringen«, und ergreif ihn bei dem Hals und sprach: »Bezahl mir mein Teig!« Ulenspiegel sprach: »Ja, wenn ich Euch den Teig bezahl, soll dann die War mein sein, die davon gebacken ist?« Der Meister sprach: »Was frag ich nach solicher War? Eulen und Meerkatzen dienen mir nit uff meinem Laden.« Also bezahlt er ihm sein Teig und nahm die gebacken Eulen und Meerkatzen in ein Korb und trug sie us dem Hus in die Herberg zu dem Wilden Mann, und Ulenspiegel gedacht in ihm selber, du hast oft gehört, man künnt nüt so seltsames Dings gen Brunschwick bringen, man löst Geld darus. Und war an der Zeit, dass am andern Tag Sant Niklaus' Abend war, da ging Ulenspiegel für die Kirchen stohn mit seiner Kaufmannschaft und verkauft die Eulen und Meerkatzen alle und löst viel mehr Gelds darus, dann er dem Becken für den Teig hätt geben. Das ward dem Bäcker kund geton, den verdross es, und lief für Sant Niklaus' Kirchen und wollt ihn anforderen um das Holz und für den Kosten, die Ding ze backen. Da war Ulenspiegel erst hinweg mit dem Geld, und hat der Bäcker das Nachsehen.

(Deutsche Volksbücher, Band II, Aufbau Verlag, Berlin und Weimar 1968, S. 31 f.)

9 Die Straßburger Ausgabe umfasst 96 »Historien«, d.h. Schwänke. Überprüfen Sie an weiteren Beispielen, wen Till Eulenspiegel hereinlegt und wie er es tut.

10 Dass der Schwächere den Mächtigeren oder Stärkeren durch List besiegt, ist ein wichtiger Bestandteil des Schwanks. Dies hat sich bis heute durchgehalten. Welche Beispiele aus der neueren Literatur fallen Ihnen dazu spontan ein?

Hans Sachs

Der fahrende Schüler im Paradies

Hans Sachs

Hans Sachs (1494–1576) aus Nürnberg, »Schuhmacher und Poet dazu«, hat viele Schwänke in dramatische Kleinszenen umgesetzt, die während der Fastnachtszeit auf improvisierten Bühnen vor allem in den Wirtshäusern gespielt wurden. In den »Sketchen« wurden innerstädtische Konflikte aufs Korn genommen. Der Stadtbürger machte sich über die Unwissenheit und Naivität des Landadels und der Bauern lustig. Das bekannteste Beispiel für einen gespielten Schwank ist *Der fahrende Schüler aus dem Paradies* (1550): Ein fahrender Schüler, d. h. ein Student auf dem Wege nach Paris, macht sich die Einfalt einer Bäuerin zunutze, die meint, der Student sei auf dem Weg ins Paradies und er könne vielleicht ihrem verstorbenen ersten Mann einiges mitbringen:

Die Pewrin gehet ein vnnd spricht:
Ach wie manchen seufftzen ich senck,
Wenn ich vergangner zeit gedenck,
Da noch Lebet mein erster Man,
Den ich ye lenger lieb gewan,
Dergleich er mich auch wiederumb,
Wann er war einfeltig vnd frumb.*
Mit jm ist all mein frewdt gestorben,
Wie wol mich hat ein andr erworben.
Der ist meimb ersten gar vngleich,
Er ist karg vnd wil werden Reich,
Er kratzt vnd spardt zusam das gut,
Hab bey jm weder frewdt noch mut.
Gott gnad noch meinem Man, dem alten,
Der mich viel freundtlicher thet halten;
Kündt ich jm etwas guts noch than,
Ich wolt mich halt nit saumen dran.

Der farendt Schuler gehet ein vnnd spricht:
Ach liebe Mutter, ich kumb herein,
Bit, lass mich dir befolhen sein,
Mit deiner milten handt vnd gab;
Wann ich gar viel der künste hab,
Die ich in Büchern hab gelesen.
Ich bin in Venus berg gewesen,
Da hab ich gsehen manchen Buler;
Wiss, ich bin ein farender Schuler
Vnd fahr im Lande her vnd hin.
Von Pariß ich erst kummen bin
Itzundt etwa vor dreien tagen.

Die Pewrin spricht:
Secht, lieber Herr, was hör ich sagen,
Kumbt jr her auß dem Paradeiß?
Ein ding ich fragen muss mit fleiß,

Habt jr mein Man nicht drin gesehen?
Der ist gestorben in der nehen,
Doch vast vor einem gantzen Jar,
Der so frumb vnd einfeltig war,
Ich hoff je, er sey drein gefaren.

Der farendt schuler spricht:
Der Seel so viel darinnen waren;
Mein Fraw, sagt, was hat ewer Man
Für kleider mit jm gfürdt daran?
Ob ich jn darbey möcht erkennen.

(Die Geschichte hat eine doppelte Pointe; denn der jetzige Bauer, der dem Studenten nachritt, kommt ohne Pferd zurück: Der Student, von ihm nicht erkannt, hatte ihn auf eine falsche Spur gesetzt und sich mit dem Pferd davongemacht. Um sich vor seiner Frau nicht zu blamieren, spielt der Bauer das Spiel mit.)

Der Pawr spricht:
Jha, er klagt mir, der weg wer weit,
Auff das er kumb in kurtzer zeit
Ins Paradeiß, zu deinem Mann,
Das Pferd ich jm auch geben hann,
Das er geritten kumb hienein,
Bring auch das Pferdt dem Manne dein.
Mein Weib, hab ich nit recht gethan?

* ehrlich und tüchtig

(Hans Sachs, Meistergesänge – Fastnachtspiele – Schwänke, Reclam Verlag, Stuttgart 1968, S. 22–24, S. 33)

11 Welche Wörter in diesem Text sind Ihnen heute nicht mehr geläufig oder haben ihre Bedeutung geändert?

12 Hans Sachs hat für seine gereimten Texte den volkstümlichen Knittelvers verwendet. Wie viele betonte Silben (Hebungen) hat jeder Vers? Wie reimen die Verse miteinander?

Die Literatur des Mittelalters war vor allem ein Spiegelbild des Selbstverständnisses der höfisch-ritterlichen Welt, eingebettet in ein Ordnungsgefüge, das deutlich zwischen »Oben« und »Unten« unterschied. Im 15. und 16. Jahrhundert, in der »*Frühen Neuzeit*«, verschoben sich die Gewichte. Die Städte festigten durch Handwerk und Handel wirtschaftlich und politisch ihren Einfluss. Dazu kam, dass in den Städten das Bildungssystem ausgebaut wurde: Lateinschulen und Universitäten wurden gegründet. »*Renaissance*« und »*Humanismus*« sind nachträgliche Erklärungen für das wachsende Interesse in dieser Zeit des Umbruchs an Fragen und Antworten, die sich auf den Lebenslauf und das Schicksal des Einzelnen bezogen.

Bestimmend war für die Literatur jener Zeit ihr lehrhafter Charakter. Auch in vielen *Schwänken* ging es nicht mehr nur um listige Streiche; es wurden soziale Alltagskonflikte ausgetragen. In *Kirchenliedern* wurden die Glaubensinhalte in einer für die Gläubigen verständlichen Sprache vermittelt.

Die Erfindung des Druckverfahrens mit beweglichen Lettern (gegen Ende des 15. Jahrhunderts) ermöglichte die schnelle und weit gestreute Verteilung von *Einblattdrucken* und *Flugschriften*. Auf diese Weise konnte eine größere Öffentlichkeit an den aktuellen Auseinandersetzungen teilnehmen. Zwar war Latein auch weiterhin noch die bevorzugte Sprache der Gelehrten, aber Luthers *Bibelübersetzung* wertete die deutsche Sprache auf; die wichtigsten Streitschriften der Reformationszeit erschienen in deutscher Sprache.

In den *Romanen*, *Erzählungen* und *Dramen* (vor allem in den *Fastnachtsspielen*) wechselte der Blick von der höfischen Welt zum städtischen Bürgertum; das Publikum konnte sich in den erzählten und dargestellten Ereignissen selbst wieder entdecken. In der erzählenden Literatur ging es meistens um bürgerliche Aufstiegsgeschichten, die den Tugendkatalog des arbeitsamen und redlichen Handwerkers und Kaufmanns vorführten.

Barock (17. Jahrhundert)

Die Welt unter der Narrenkappe. Kolorierter Kupferstich (Anfang 17. Jahrhundert)

Deutschland war zu Beginn des 17. Jahrhunderts ein politisch und religiös zerrissenes Land. Die protestantischen Herrscher schlossen sich 1608 zur Union zusammen, im Gegenzug entstand ein Jahr später die katholische Liga. Der *Dreißigjährige Krieg* (1618–1648) – unter dem Vorwand eines Kampfes für den jeweils richtigen Glauben geführt – war in seinem Kern ein Krieg um die politische Vormacht in Mitteleuropa. Das wirtschaftliche Leben erlahmte; Hungersnöte und verheerende Seuchen entvölkerten ganze Landstriche. Jahrzehnte dauerte es, bis die Bevölkerungszahl wieder den Stand von 1618 erreichte und die Wirtschaft sich erholte. Im Gegensatz zum Elend der Bevölkerung entwickelte sich an den vielen kleinstaatlichen Fürstenhöfen, kaum dass der Krieg zu Ende war, eine bislang unbekannte Prachtentfaltung. Die weltlichen und geistlichen Herrscher ahmten das Vorbild des französischen Hofes nach. Sie bauten sich Residenzen und versammelten die geistige Elite des Landes an ihren Höfen; jeder wollte wie Ludwig XIV. (1638–1715) ein »Sonnenkönig« sein.

Genau diese Spannungen und Widersprüche zwischen sozialem Elend auf dem Lande und Überfluss in den Residenzen, zwischen der Einsicht in die Vergänglichkeit und einer gesteigerten Lebenslust, zwischen dem erstrebten Ideal und der unzulänglichen Wirklichkeit – all dies spiegelt sich in der zeitgenössischen Literatur. Die *antithetische* (griech., Widersprüche gegeneinander stellend) Darstellungsweise des »Welttheaters« wurde geradezu zum literarischen Grundmuster. Die Literatur des Barock ist vor allem Verstandeskultur; selbst das Gefühl oder ein momentaner Eindruck ordnen sich in vorgegebene Kunstformen ein. Das *Sonett*, eine sehr strenge und kunstreiche Gedichtform aus der italienischen Literatur, wurde zum bevorzugten lyrischen Muster. Gefühle und Einsichten wurden nicht unmittelbar, sondern in *Bildern*, *Vergleichen* und *Gleichnissen* ausgesprochen und erklärt; denn in den Gefühlen und Einsichten eines lyrischen Ich, eines Erzählers oder einer Bühnenfigur sollte das Allgemeine hervorgehoben werden, in dem sich alle Einzelerfahrung wieder findet. Das Denken und Argumentieren in und mit Bildern war charakteristisch für die Dichtung des Barock. Den Dingen und Erscheinungen der sichtbaren Welt wurde ein Sinn zugewiesen, an den sie den Betrachter erinnern sollten. Aus diesem Denken in Sinnbildern entwickelte sich eine eigene Kunstform, das *Emblem*. Es besteht aus drei Teilen. Eine Überschrift gibt das Thema an. In einem Bild wird das Sinnbild gezeigt. Ein kurzer Text im oder unter dem Bild erklärt den Sinn der Darstellung.

Ob Lyrik, Roman oder Drama –, das Thema bleibt immer, wie der Mensch sich der »Unbeständigkeit«, der »verkehrten Welt« entzieht oder sie überwindet. Die eine Möglichkeit war der Versuch, durch eine Erneuerung der Sprache und der literarischen Gestaltungsformen zumindest eine poetische Ordnung in den Wirrwarr der Erscheinungen zu bringen. In keinem Jahrhundert sind so viele Sprachgesellschaften und Literaturvereine entstanden wie im 17. Jahrhundert. Die andere Möglichkeit war der Vergleich zwischen dem erstrebten Ziel und der erfahrenen Wirklichkeit; dieser Vergleich geschah vor allem im Roman. Die monumentalen, oft mehrere tausend Seiten umfassenden *höfisch-historischen Romane* zeigten ein Idealbild der Gesellschaft: Der absolutistische Fürst, von Gottes Gnaden eingesetzt, garantiert durch seinen tadellosen Lebenswandel, der alle Widerwärtigkeiten übersteht, das Glück seiner Untertanen. Im *Schelmenroman* dagegen, der seine Vorbilder in Spanien hat, erzählt ein Ich, das am Rande der Gesellschaft lebt, aus seiner Perspektive die Zustände in dieser Welt. Beide Erzählperspektiven – das Loblied auf den vorbildlichen Herrscher, dem das Glück seiner Untertanen am Herzen liegt, und die Kritik »von unten« an den herrschenden Zuständen – gehen von der Vorstellung aus, dass Gott die Welt bestens eingerichtet habe. Trotzdem ist besonders in den Dramen immer wieder die Rede davon, wie eine einzelne Gestalt zwar für sich Beständigkeit beweist, wie diese Beständigkeit aber eben nur ein persönlicher, anerkennenswerter Akt bleibt. Diese Dramen, auf beiden Seiten des konfessionellen Lagers entstanden – *Jesuitendrama* und *evangelisches Schuldrama* – sind Läuterungsgeschichten; sie zeigen – nach antikem Vorbild – den Sieg individueller Beständigkeit über die herrschende gesellschaftliche Unbeständigkeit.

Andreas Gryphius

Andreas Gryphius

Es ist alles eitel

Du siehst, wohin du siehst, nur Eitelkeit auf Erden.
Was dieser heute baut, reißt jener morgen ein;
Wo itzund Städte stehn, wird eine Wiese sein,
Auf der ein Schäferskind wird spielen mit den Herden.

Was itzund prächtig blüht, soll bald zertreten werden;
Was itzt so pocht und trotzt, ist morgen Asch und Bein;
Nichts ist, das ewig sei, kein Erz, kein Marmorstein.
Jetzt lacht das Glück uns an, bald donnern die Beschwerden.

Der hohen Taten Ruhm muss wie ein Traum vergehn.
Soll denn das Spiel der Zeit, der leichte Mensch, bestehn?
Ach, was ist alles dies, was wir für köstlich achten.

Als schlechte Nichtigkeit, als Schatten, Staub und Wind,
Als eine Wiesenblum, die man nicht wieder findt!
Noch will, was ewig ist, kein einig Mensch betrachten.

(Werke, Band III, Georg Olms Verlag, Hildesheim 1961, S. 102)

Andreas Gryphius (1616–1664) hat in diesem Gedicht (1643) beispielhaft die Grundstimmung seiner Zeit eingefangen. Das Gedicht ist ein *Sonett*. Diese Bauform kommt aus der italienischen Literatur (sonetto hängt mit lat. sonare – klingen zusammen). Das Sonett hat einen sehr strengen, kunstvollen Aufbau. Es besteht aus vier Strophen; auf zwei Quartette (Vierzeiler) folgen zwei Terzette (Dreizeiler). Sein klassisches Reimschema ist abba / abba / cdc / dcd. Gryphius hat in den Terzetten die Reimfolge etwas verändert. Die Versform ist der *Alexandriner*. Er ist ein sechshebiger Jambus mit einem deutlichen Einschnitt nach der dritten Hebung.

1 Wie werden die Wörter »eitel« und »Eitelkeit« durch die Beispiele im Text erläutert?

2 Gryphius nutzt die formale Zweiteilung des Alexandriners mit dem Einschnitt in der Versmitte auch für inhaltliche Gegensatzpaare. Was stellt er einander gegenüber? Mit welcher Absicht geschieht dies?

3 Die Aussagen in dem Gedicht sind vielfach Bilder und Vergleiche. Wofür stehen sie?

4 Welche Gliederung der Bilder und Vergleiche können Sie im Ablauf der Strophen erkennen? Welche Bereiche werden angesprochen?

5 Die letzte Verszeile hebt sich von der reihenden Aufzählung ab; sie bringt einen Hoffnungsschimmer. Wie heißt das Schlüsselwort? Welches andere Wort löst es ab?

6 Den Gedanken über Vergänglichkeit und Nichtigkeit steht eine Ordnung in der Komposition gegenüber. Erläutern Sie dies am Strophenbau, an der Anzahl der Verszeilen, an der Verbindung der Reime und an der Wiederholung wichtiger Wörter.

Catharina von Georgien

Das fünfteilige Trauerspiel *Catharina von Georgien* (um 1650) hat den Untertitel »Bewehrete Beständigkeit«, und auch in der Vorrede nannte Andreas Gryphius die Handlung ein »Beispiel unaussprechlicher Beständigkeit«: 1624 wurde Catharina, Königin von Georgien, nach langer Gefangenschaft in Persien hingerichtet, da sie sich geweigert hatte, ihrem christlichen Glauben abzuschwören und die Frau des Schahs zu werden. In diesem evangelischen Schuldrama, das auch von Wanderbühnen an Fürstenhöfen gespielt wurde, hat Gryphius Elemente des jesuitischen Märtyrerdramas verwendet; die Beständigkeit als individuelle Bewährung vor Gott steht über den konfessionellen Unterschieden.

Das Stück wird durch den Prolog der allegorischen Gestalt der Ewigkeit eröffnet:

Der Schauplatz lieget voll Leichen-Bilder / Cronen / Zepter / Schwerdter etc. Vber dem Schau-Platz öffnet sich der Himmel / vnter dem Schau-Platz die Helle. Die Ewigkeit kommet von dem Himmel /vnd bleibet auff dem Schau-Platz stehen.

Ewigkeit.

DIE Ihr auff der kummerreichen Welt
Verschrenckt mit Weh' vnd Ach vnd dürren Todtenbeinen.
Mich sucht wo alles bricht vnd felt /
Wo sich Eu'r ichts[1] / in nichts verkehrt / vnd eure Lust in herbes Weinen!
Ihr Blinden! Ach! wo denckt jhr mich zu finden!
Die jhr vor mich was brechen muss vnd schwinden /

Die jhr vor[2] Wahrheit nichts als falsche Träum' erwischt!
Vnd bey den Pfützen euch an stat der Quel erfrischt!
Ein Irrlicht ists was Euch O sterbliche! verführet
Ein thöricht Rasen das den Sinn berühret.
Wil jmand Ewig seyn wo man die kurtze Zeit
Die Handvoll Jahre die der Himmel euch nachsiht
Diß Alter das vergeht in dem es blüht
In Vnmuth theilt vnd in Vergänglichkeit? [...]
Hir über euch ist diß waß ewig lacht!
Hir vnter euch was ewig brennt vnd kracht.
Diß ist mein Reich / wehlt / was jhr wündtschet zu besitzen.
Wer allhier fühlt dem wird nichts auff der Erden nützen.
Schaut deß Himmels Wollust an! hir ist nichts denn Trost vnd Wonne
Schaut den Kercker deß Verterbens / hir ist nichts denn Ach vnd Klage!
Schaut das Erbschloß höchster Lust; hir ist nichts denn Freud vnd Sonne
Schaut den Pful der schwartzen Geister; hir ist nichts denn Nacht vnd Plage
Was steht euch an?
Diß ist was Ewig euch ergetzen vnd verletzen kan.
Schauplatz der Sterbligkeit / Ade! ich werd auff meinen Thron entrücket
Die werthe Fürstin folget mir die schon ein höher Reich erblicket /
Die in den Banden frey / nicht jrrdisch auff der Erd /
Die stritt vnd lid für Kirch vnd Thron und Herd.
Ihr / wo nach gleicher Ehr der hohe Sinn euch steht;
Verlacht mit jhr / was hir vergeht.
Last so wie Sie das werthe Blut zu Pfand:
Vnd lebt vnd sterbt getrost für Gott vnd Ehr vnd Land.

(Catharina von Georgien, Reclam Verlag, Stuttgart 1995, S. 13–17, gekürzt)

1 etwas 2 anstatt

7 Vergleichen Sie die Rede der Gestalt der Ewigkeit mit dem Gedicht *Es ist alles eitel* (S. 45) – besonders auch mit Blick auf den antithetischen Aufbau, auf Gegensatzpaare.

Friedrich von Logau

Salomons von Golaw
Deutscher
Sinn-Getichte
Drey Tausend.
Cum Gratiâ & Privilegio
Sac. Cæs. Majestatis.
ADSIT.
Breßlaw/
In Verlegung Caspar Kloßmanns/
Gedruckt in der Baumannischen Druckerey durch
Gottfried Gründern.

Erstausgabe

Des Krieges Buchstaben

Kummer, der das Mark verzehret,
Raub, der Hab und Gut verheeret,
Jammer, der den Sinn verkehret,
Elend, das den Leib beschweret,
Grausamkeit, die Unrecht lehret,
sind die Frucht, die Krieg gewähret.

(Sämtliche Sinngedichte, Georg Olms Verlag, Hildesheim 1974, S. 108)

Friedrich von Logau (1604–1655) veröffentlichte 1654 seine Sammlung *Deutsche Sinngedichte*; sie erschien zunächst unter dem Künstlernamen (Pseudonym) Salomon von Golaw. Die Bezeichnung Sinngedicht ist die zeitgenössische Übersetzung für *Epigramm* (griech. Aufschrift). Es ist ein kurzes Gedicht, das eine Erfahrung oder Erkenntnis geistreich und zugespitzt formuliert; man spricht daher auch von *Gedankenlyrik*. Fast alle Lyriker des Barock haben Epigramme geschrieben.
Dieses Sinngedicht ist der Form nach ein Akrostichon (griech. Versspitze); die Anfangsbuchstaben der Verszeilen ergeben ein Wort oder einen wichtigen Begriff, der im Text behandelt wird.

8 Das Gedicht besteht aus einem einzigen Satz. Wie ist er aufgebaut?

9 Versuchen Sie, den Inhalt mit eigenen Worten wiederzugeben und auf unsere Gegenwart zu beziehen.

Paul Fleming

Paul Fleming

An Sich

Sei dennoch unverzagt. Gib dennoch unverloren.
Weich keinem Glücke nicht. Steh höher als der Neid.
Vergnüge dich an dir und acht es für kein Leid,
hat sich gleich wider dich Glück, Ort und Zeit verschworen.

Was dich betrübt und labt, halt alles für erkoren.
Nimm dein Verhängnis an. Lass alles unbereut.
Tu, was getan muss sein und eh man dir's gebeut.
Was du noch hoffen kannst, das wird noch stets geboren.

Was klagt, was lobt man doch? Sein Unglück und sein Glücke
Ist ihm ein jeder selbst. Schau alle Sachen an.
Dies alles ist in dir, lass deinen eiteln Wahn,

und eh du förder gehst, so geh in dich zurücke.
Wer sein selbst Meister ist und sich beherrschen kann,
dem ist die weite Welt und alles untertan,

(Das Zeitalter des Barock, Verlag C. H. Beck, München 1988, S. 717)

10 Zweimal heißt es in der ersten Verszeile des Sonetts von **Paul Fleming** (1609–1640) »dennoch«. Wie argumentiert der Autor für sein »Trotzdem«? Welche »Lebensregeln« stellt er auf?

11 Vergleichen Sie die Appelle in dem Gedicht *An Sich* (1641) mit dem Inhalt des Sonetts *Es ist alles eitel* von Gryphius (S. 45). Was ist beiden Texten gemeinsam? Worin unterscheiden sie sich? Achten Sie besonders auf den Schluss.

Hans Jacob Christoph von Grimmelshausen

Hans Jacob Christoph von Grimmelshausen

Der Abenteuerliche Simplicissimus Teutsch

Dieser Roman von **Grimmelshausen** (1621–1676) hat die Jahrhunderte überdauert; er erschien 1668. Im Rückblick berichtet ein Ich-Erzähler aus seinem Leben, das von den Wirren des Dreißigjährigen Krieges geprägt worden war. Der Untertitel ist eine Art Inhaltsangabe:

Das ist: Die Beschreibung des Lebens eines seltsamen Vaganten, genannt Melchior Sternfels von Fuchshaim, wo und welcher Gestalt er nemlich in diese Welt kommen, was er darin gesehen, gelernet, erfahren und ausgestanden, auch warum er solche wieder freiwillig quittiert.

Der zehnjährige Simplicius, d. h. der Einfältige, muss miterleben, wie der elterliche Hof von plündernden Reitern überfallen und zerstört wird:

Wiewohl ich nicht bin gesinnet gewesen, den friedliebenden Leser mit diesen Reitern in meines Knans Haus und Hof zu führen, weil es schlimm genug darin hergehen wird: So erfordert jedoch die Folge meiner Histori, dass ich der lieben Posterität[1] hinterlasse, was vor Grausamkeiten in diesem unserm Teutschen Krieg hin und wieder verübet worden, zumalen mit meinem eigenen Exempel zu bezeugen, dass alles solche Übel von der Güte des Allerhöchsten, zu unserem Nutz, oft notwendig haben verhängt werden müssen: Dann lieber Leser, wer hätte mir gesagt, dass ein Gott im Himmel wäre, wann keine Krieger meines Knans Haus vernichtet und mich durch solch Fahndung[2] unter die Leut gezwungen hätten, von denen ich genugsamen Bericht empfangen? Kurz zuvor konnte ich nichts anders wissen noch mir einbilden, als dass mein Knan, Meuder, ich und das übrige Hausgesind allein auf Erden seie, weil mir sonst kein Mensch, noch einige andere menschliche Wohnung bekannt war als diejenige, darin ich täglich aus und ein ging: Aber bald hernach erfuhr ich die Herkunft des Menschen in diese Welt und dass sie wieder daraus müssten; ich war nur mit der Gestalt ein Mensch und mit dem Namen ein Christenkind, im übrigen aber nur eine Bestia! Aber der Allerhöchste sahe meine Unschuld mit barmherzigen Augen an und wollte mich beides, zu seiner und meiner Erkenntnis bringen: Und wiewohl er tausenderlei Weg hierzu hatte, wollte er sich doch ohn Zweifel nur desjenigen bedienen, in welchem mein Knan und Meuder, andern zum Exempel, wegen ihrer liederlichen Auferziehung gestraft würden.

Das Erste, das diese Reiter täten, war, dass sie ihre Pferd einstelleten, hernach hatte jeglicher seine sonderbare Arbeit zu verrichten, deren jede lauter Untergang und Verderben anzeigte; dann ob zwar etliche anfingen zu metzgen, zu sieden und zu braten, dass es sahe, als sollte ein lustig Pankett gehalten werden, so waren hingegen andere, die durchstürmten das Haus unten und oben, ja das heimlich Gemach war nicht sicher, gleichsam ob wäre das gülden Fell von Kolchis[3] darinnen verborgen; andere machten von Tuch, Kleidungen und allerlei Hausrat große Päck zusammen, als ob sie irgends ein Krempelmarkt anrichten wollten, was sie aber nicht mitzunehmen gedachten, wurde zerschlagen; etliche durchstachen Heu und Stroh mit ihren Degen, als ob sie nicht Schaf und Schwein genug zu stechen gehabt hätten, etliche schütteten die Federn aus den Betten und fülleten hingegen Speck, andere dürr Fleisch und sonst Gerät hinein, als ob alsdann besser darauf zu schlafen gewest wäre; andere schlugen Ofen und Fenster ein, gleichsam als hätten sie ein ewigen Sommer zu verkündigen, Kupfer und Zinnengeschirr schlugen sie zusammen und packten die gebogene und verderbte Stück ein; Bettladen, Tisch, Stühl und Bänk verbrannten sie, da doch viel Klafter dürr Holz im Hof lag. Häfen[4] und Schüsseln musste endlich alles entzwei, entweder weil sie lieber Gebraten aßen oder weil sie bedacht waren, nur ein einzige Mahlzeit allda zu halten; unser Magd ward im Stall dermaßen traktiert, dass sie nicht mehr daraus gehen konnte, welches zwar eine Schand ist zu melden! Den Knecht legten sie gebunden auf die Erd, stecketen ihm ein Sperrholz ins Maul und schütteten ihm einen Melkkübel voll garstig Mistlachenwasser in Leib: das nenneten sie ein Schwedischen Trunk, wodurch sie ihn zwungen, eine Partei[5] anderwärts zu führen, allda sie Menschen und Viehe hinwegnahmen und in unsern Hof brachten, unter welchen mein Knan, mein Meuder und unser Ursele auch waren.

Da fing man erst an, die Stein von den Pistolen[6], und hingegen an deren Statt der Bauren Daumen aufzuschrauben und die armen Schelmen so zu foltern, als wenn man hätt' Hexen brennen wollen, maßen sie auch einen von den gefangenen Bauern bereits im Backofen steckten und mit Feuer hinter ihm her war'n, ohnangesehen er noch nichts bekennt hatte; einem andern machten sie ein Seil um den Kopf und raitelten[7] es mit einem Bengel[8] zusammen, dass ihm das Blut zu Mund, Nas und Ohren heraussprang. In Summa, es hatte jeder sein eigene Invention[9], die Bauren zu peinigen, und also auch jeder Bauer seine sonderbare Marter: Allein mein Knan war meinem damaligen Bedunken nach der glückseligste, weil er mit lachendem Mund bekennete, was andere mit Schmerzen und jämmerlicher Wehklage sagen mussten, und solche Ehre widerfuhr ihm ohne Zweifel darum, weil er der Hausvater war, dann sie setzten ihn zu einem Feuer, banden ihn, dass er weder Händ noch Füß regen konnte, und rieben seine Fußsohlen mit angefeuchtem Salz, welches ihm unser alte Geiß wieder ablecken und dadurch also kitzeln musste, dass er vor Lachen hätte zerbersten mögen; das kam so artlich, dass ich Gesellschaft halber, oder weil ichs nicht besser verstunden, von Herzen mitlachen musste: In solchem Gelächter bekannte er seine Schuldigkeit und öffnete den verborgenen Schatz, welcher von Gold, Perlen und Kleinodien viel reicher war, als man hinter Bauren hätte suchen mögen. Von den gefangenen Weibern, Mägden und Töchtern weiß ich sonderlich nichts zu sagen, weil mich die Krieger nicht zusehen ließen, wie sie mit ihnen umgingen: Das weiß ich noch wohl, dass man teils hin und wieder in den Winkeln erbärmlich schreien hörte; schätze wohl, es sei meiner Meuder und unserm Ursele nit besser gangen, als den andern. Mitten in diesem Elend wendet ich Braten und half Nachmittag die Pferd tränken, durch welches Mittel ich zu unserer Magd in Stall kam, welche wunderwerklich zerstrobelt[10] aussahe; ich kennte sie nicht, sie aber sprach zu mir mit kränklichter Stimm: »O Bub lauf weg, sonst werden dich die Reuter mitnemmen, guck dass du davonkommst, du siehest wohl, wie es so übel«: Mehrers konnte sie nicht sagen.

1 Posterität: Nachwelt, Nachkommenschaft
2 Fahndung; Gefangennahme
3 das gülden Fell von Kolchis: das Goldene Vlies der griech. Sage (Argonautensage), das Fell des goldenen Widders, der Phrixos (Sohn einer Wolkenfee) nach Kolchis (Landschaft am Schwarzen Meer) trug
4 Häfen: Töpfe
5 Partei: Abteilung
6 Stein von den Pistolen: die Pistolen zünden mit eingeklemmten Feuersteinen (Radschloss-Pistolen)
7 raiteln: drehen
8 Bengeln: Knüppel
9 Invention: Erfindung
10 wunderwerklich zerstrobelt: auf komische Weise zerzaust

(Simplicius flieht in den Wald. Dort wird er von einem Einsiedler aufgenommen, der sich seiner annimmt und ihn unterrichten will:)

Einsiedel Wie heißest du?
Simpl. Ich heiße Bub.
Einsied. Ich siehe wohl, dass du kein Mägdlein bist, wie hat dir aber dein Vater und Mutter gerufen?
Simpl. Ich habe keinen Vater oder Mutter gehabt.
Einsied. Wer hat dir dann das Hemd geben?
Simpl. Ei mein Meuder.
Einsied. Wie heißet dich dann dein Meuder?
Simpl. Sie hat mich Bub geheißen, auch Schelm, ungeschickter Dölpel und Galgenvogel.
Einsied. Wer ist dann deiner Mutter Mann gewest?
Simpl. Niemand.
Einsied. Bei wem hat dann dein Meuder des Nachts geschlafen?
Simpl. Bei meinem Knan.
Einsied. Wie hat dich dann dein Knan geheißen?
Simpl. Er hat mich auch Bub genennet.
Einsied. Wie hieße aber dein Knan?

Simpl. Er heißt Knan.

Einsied. Wie hat ihm aber dein Meuder gerufen?

Simpl. Knan, und auch Meister.

Einsied. Hat sie ihn niemals anders genennet?

Simpl. Ja, sie hat.

Einsied. Wie denn?

Simpl. Rülp, grober Bengel, volle Sau, und noch wohl anders, wann sie haderte.

Einsied. Du bist wohl ein unwissender Tropf, dass du weder deiner Eltern noch deinen eignen Namen nicht weißt!

Simpl. Eia, weißt du's doch auch nicht.

Einsied. Kannst du auch beten?

Simpl. Nein, unser Ann und mein Meuder haben als das Bett gemacht.

Einsied. Ich frage nicht hiernach, sondern ob du das Vaterunser kannst?

Simpl. Ja ich.

Einsied. Nun so sprichs dann.

Simpl. Unser lieber Vater, der du bist Himmel, heiliget werde Nam, zrkommes d'Reich, dein Will schee Himmel ad Erden, gib uns Schuld, als wir unsern Schuldigern geba, führ uns nicht in kein bös Versucha, sondern erlös uns von dem Reich, und die Krafft, und die Herrlichkeit, in Ewigkeit, Ama.

Einsied. Bist du nie in die Kirchen gangen?

Simpl. Ja ich kann wacker steigen und hab als ein ganzen Busem voll Kirschen gebrochen.

Einsied. Ich sage nicht von Kirschen, sondern von der Kirchen.

Simpl. Haha, Kriechen, gelt es seind so kleine Pfläumlein? gelt du?

Einsied. Ach dass Gott walte, weißt du nichts von unserm Herrgott?

Simpl. Ja, er ist daheim an unserer Stubentür gestanden auf dem Helgen, mein Meuder hat ihn von der Kürbe mitgebracht, und hingekleibt.

Einsied. Ach gütiger Gott, nun erkenne ich erst, was vor eine große Gnad und Wohltat es ist, wem du deine Erkenntnis mitteilest, und wie gar nichts ein Mensch seie, dem du solche nicht gibst: Ach Herr, verleihe mir deinen heiligen Namen also zu ehren, dass ich würdig werde, um diese hohe Gnad so eifrig zu danken, als freigebig du gewest, mir solche zu verleihen: Höre du, Simplici (dann anderst kann ich dich nicht nennen), wann du das Vaterunser betest, so musst du also sprechen: Vater unser, der du bist im Himmel, geheiliget werde dein Nam, zukomme uns dein Reich, dein Will geschehe auf Erden wie im Himmel, unser täglich Brod gib uns heut, und –

Simpl. Gelt du, auch Käs darzu?

Einsied. Ach liebes Kind, schweige und lerne, solches ist dir viel nötiger als Käs; du bist wohl ungeschickt, wie dein Meuder gesagt hat, solchen Buben wie du bist, stehet nicht an, einem alten Mann in die Red zu fallen, sondern zu schweigen, zuzuhören und zu lernen. Wüsste ich nur, wo deine Eltern wohneten, so wollte ich dich gerne wieder hinbringen und sie zugleich lehren, wie sie Kinder erziehen sollten.

SIMPL. Ich weiß nicht, wo ich hin soll, unser Haus ist verbrennet, und mein Meuder hinweggeloffen und wiederkommen mit dem Ursele, und mein Knan auch, und unser Magd ist krank gewest und ist im Stall gelegen.

EINSIED. Wer hat dann das Haus verbrennt?

SIMPL. Ha, es sind so eiserne Männer kommen, die seind so auf Dingern gesessen, groß wie Ochsen, haben aber keine Hörner; dieselbe Männer haben Schafe und Kühe und Säu gestochen, und da bin ich auch weggeloffen, und da ist darnach das Haus vebrennt gewest.

EINSIED. Wo war dann dein Knan?

SIMPL. Ha, die eiserne Männer haben ihn angebunden, da hat ihm unser alte Geiß die Füß geleckt, da hat mein Knan lachen müssen, und hat denselben eisernen Mannen viel Weißpfenning geben, große und kleine, auch hübsche gelbe und sonst schöne klitzerechte Dinger und hübsche Schnür voll weiße Kügelein.

EINSIED. Wann ist dies geschehen?

SIMPL. Ei wie ich der Schaf hab hüten sollen, sie haben mir auch mein Sackpfeif wollen nehmen.

EINSIED. Wann hast du der Schaf sollen hüten?

SIMPL. Ei hörst du's nicht, da die eiserne Männer kommen sind, und darnach hat unser Ann gesagt, ich soll auch weglaufen, sonst würden mich die Krieger mitnehmen, sie hat aber die eiserne Männer gemeinet, und da sein ich weggeloffen und sein hierherkommen.

EINSIED. Wo hinaus willst du aber jetzt?

SIMPL. Ich weiß weger nit, ich will bei dir hier bleiben.

EINSIED. Dich hier zu behalten ist weder mein noch dein Gelegenheit; esse, alsdann will ich dich wieder zu Leuten führen.

SIMPL. Ei so sag mir dann auch, was Leut vor Dinger sein?

EINSIED. Leut seind Menschen wie ich und du; dein Knan, dein Meuder und euer Ann seind Menschen, und wann deren viel beieinander seind, so werden sie Leut genennt.

SIMPL. Haha!

EINSIED. Nun gehe und esse.

(Der abenteuerliche Simplicissimus Teutsch, Reclam Verlag, Stuttgart 1985, S. 56–59 und 66–69)

12 Was sieht und erlebt der einfältige Bub aus dem Spessart? Wo ist zu beobachten, dass der erwachsene Ich-Erzähler rückblickend seine Erfahrung verwendet, um die Kindheitserlebnisse (für den Leser) zu erklären?

13 Ein wichtiges Erzählmittel im *Simplicissimus* ist die satirische Erzählweise: Ereignisse werden überspitzt dargestellt oder es ist das Gegenteil von dem gemeint, was ausgesagt wird; Fehler und Fehlverhalten werden entlarvt und verspottet. Suchen Sie dazu Beispiele in den beiden Textausschnitten.

14▸ Der Simplicissimus steht in der Tradition des spanischen Schelmenromans: Dort ist der Ich-Erzähler ein mittelloser Schelm, der sich recht und schlecht durchs Leben schlägt und die Gesellschaft aus seiner Perspektive von unten her beschreibt. Der Pikaro, so heißt der Schelm im Spanischen, vergleicht das Wunschbild einer gerechten Ordnung unter den Menschen mit dem, was er sieht und erlebt. Ähnliches können Sie auch in Grimmelshausens Roman finden. Schon der Name des Titelhelden ist aufschlussreich. Erklären Sie ihn und beziehen Sie ihn auf die Art, wie erzählt wird.

In der Literatur des Barock ist nichts dem Zufall oder dem Gefühl überlassen. Den dichterischen Werken liegt jeweils ein strenges und kunstvolles Regelsystem zugrunde, obwohl die Vergänglichkeit und die Hinfälligkeit des menschlichen Lebens und der Widerspruch zwischen Sein und Schein die Hauptthemen sind: Das Chaos der Erscheinungen soll zumindest durch eine Ordnung in der Kunst gebändigt werden. Die Kunst ist der Gegenentwurf zum Dreißigjährigen Krieg und zu den sozialen Nöten der Zeit. Das *antithetische Lebensgefühl* zwischen christlicher *Weltabkehr* und gesteigerter *Lebenslust* wird in *Vergleichsbildern* dargestellt und beschrieben; alles ist nur ein Gleichnis, ein Abglanz der jenseitigen Bestimmung. Die Literatur des Barock ist vor allem *Lehr- und Verstandesdichtung;* Gedanken und Erfahrungen werden in Bilder umgesetzt, die das Allgemeine am Einzelfall hervorheben. Dies ist das Prinzip der *Allegorie* (griech., das Anderssagen), in der Gedankliches sinnhaft in einem Bild wiedergegeben und veranschaulicht wird. Dieses Argumentieren in Bildern erschwert uns heute den Zugang zu dieser Literatur, es fasziniert aber zugleich auch.
Die unterschiedliche und verwirrende Vielfalt der »Weltbeschreibung« vom »Adieu Welt!« bis zum »Carpe diem!« (Genieße den Tag!) orientiert sich trotzdem an einem festen Weltbild, das im Glauben an eine göttliche Ordnung verankert ist; diese Ordnung leidet im Irdischen nur an der Unzulänglichkeit menschlichen Handelns. In seinem berühmten Gedicht *Es ist alles eitel* weist Andreas Gryphius in der letzten Zeile den Weg. Die Menschen sollen betrachten, »was ewig ist«. Der *höfisch-historische Roman* und der *Schelmenroman* sind die zwei Seiten einer Medaille. Im höfisch-historischen Roman (der einzige, als Lektüre von immerhin noch 500 Seiten zu bewältigen, ist *Die asiatische Banise* von Anshelm von Zigler, 1663–1696) wird das Idealbild einer geordneten Welt unter der klugen Herrschaft eines gerechten Fürsten vorweggenommen; im Schelmenroman wird aus der Perspektive eines gesellschaftlichen Außenseiters, oft in satirischer Überzeichnung, das Ausbleiben der Gerechtigkeit beklagt. Im Drama, ob im katholischen *Jesuitendrama* oder im protestantischen *Schuldrama*, sind die Hauptgestalten Frauen und Männer, die sich von den Verführungen der Welt nicht beeinflussen lassen und ihrem Lebensziel, auch im persönlichen Untergang, treu bleiben.

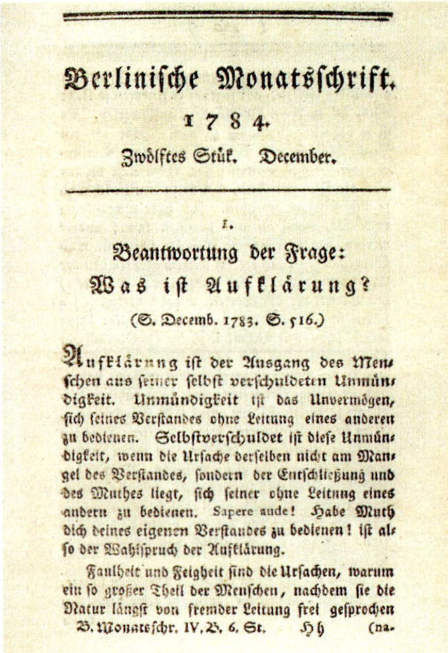

Berlinische Monatsschrift.

1 7 8 4.

Zwölftes Stük. December.

1.

Beantwortung der Frage:

Was ist Aufklärung?

(S. Decemb. 1783. S. 516.)

Aufklärung ist der Ausgang des Menschen aus seiner selbst verschuldeten Unmündigkeit. Unmündigkeit ist das Unvermögen, sich seines Verstandes ohne Leitung eines anderen zu bedienen. Selbstverschuldet ist diese Unmündigkeit, wenn die Ursache derselben nicht am Mangel des Verstandes, sondern der Entschließung und des Muthes liegt, sich seiner ohne Leitung eines andern zu bedienen. Sapere aude! Habe Muth dich deines eigenen Verstandes zu bedienen! ist also der Wahlspruch der Aufklärung.

Faulheit und Feigheit sind die Ursachen, warum ein so großer Theil der Menschen, nachdem sie die Natur längst von fremder Leitung frei gesprochen

B. Monatsschr. IV. B. 6. St. Hh (na-

Berlinische Monatszeitschrift

Aufklärung (18. Jahrhundert)

Für den Königsberger Philosophen Immanuel Kant war das Ziel der Aufklärung »der Ausgang des Menschen aus seiner selbst verschuldeten Unmündigkeit«. Dieses Programm stützte sich auf die Hoffnung, dass vernünftiges Handeln die Welt verbessern und das Zusammenleben erleichtern könne. Es richtete sich unterschiedslos an Fürsten und Untertanen; alle sollten selbstkritisch an der Neugestaltung einer gerechteren Gesellschaftsordnung mitwirken. Die Aufklärung ist mehr als ein Epochenbegriff; sie ist eine immer neu einzulösende Aufforderung zu selbst verantwortetem, gerechtem Handeln. Kant schreibt in seiner *Kritik der praktischen Vernunft* (1788): »Handle so, dass die Maxime deines Willens jederzeit zugleich als Prinzip einer allgemeinen Gesetzgebung gelten könne.«

Das Gedankengut der Aufklärung hat seinen Ursprung in Frankreich und in England. Frankreich lieferte die philosophischen Anregungen, England die wirtschaftlichen Erfahrungen. Der französische Philosoph und Mathematiker René Descartes (1596–1650) war der Begründer des modernen Rationalismus (lat., *ratio*, Vernunft, Verstand). Die Grundlage aller wissenschaftlichen Erkenntnis sei die natürliche Vernunft. Die Fähigkeit zu denken gebe dem Menschen die Gewissheit, dass er existiere: »ich denke, also bin ich«. Nicht die sinnliche Wahrnehmung, sondern die Überprüfung der Wirklichkeit anhand eines mathematischen Ordnungssystems, in dem alles aufeinander bezogen ist, lasse den Menschen erkennen, wie die Wirklichkeit aufgebaut sei. Die Vernunft gebe dem Menschen die Möglichkeit, über die Natur zu herrschen und seine Lebensbedingungen zu verbessern; denn die Natur sei nicht willkürlich, sondern nach überprüfbaren Gesetzen eingerichtet. Der deutsche Philosoph Gottfried Wilhelm Leibniz (1646–1716) führte Descartes' Ideen weiter. Die vernünftige Ordnung der Welt sei darin begründet, dass allem eine von Gott im Voraus festgelegte harmonische Kraft innewohne. An diesem Vernunftsoptimismus, der die sinnliche Erfahrung vernachlässigte, wurde aber auch Kritik geübt. Immanuel Kant meinte: »Ohne Sinnlichkeit würde uns kein Gegenstand gegeben, und ohne Verstand keiner gedacht werden. Gedanken ohne Inhalt sind leer, Anschauungen ohne Begriffe blind.« John Locke (1632–1704) gilt als der Begründer des englischen *Empirismus* (griech., Erfahrung), einer Erkenntnislehre, deren Grundlage die sinnliche Erfahrung ist. Aus der Beobachtung der Natur entstünden Vorstellungen, mit denen sich größere Zusammenhänge zwar erklären ließen, die aber, wie David Hume (1711–1776) einschränkte, noch kein Beweis für die Schlüssigkeit von Naturgesetzen seien; denn dem menschlichen Denken seien Grenzen gesetzt.

Im Unterschied zur mittelalterlichen Staatsauffassung, die im Staat ein Spiegelbild der gottgewollten Ordnung sah, war für die Aufklärung der Staat ein Gebilde menschlicher Übereinkunft, da das Naturrecht für alle gleich sei. Nur die Angst vor dem Chaos habe die Menschen veranlasst, zum Wohle des Gemeinwesens die staatliche Gewalt einem Herrscher zu übertragen. Jean-Jacques Rousseau (1712–1778) forderte, dass die gerechte staatliche Ordnung in einem Gesellschaftsvertrag unter gleichberechtigten Partnern verankert werde. Allerdings hinkte die Wirklichkeit den Staatsideen der Aufklärung nach. Das 18. Jahrhundert war die Zeit des *Absolutismus* (lat., unumschränkte Fürstenherrschaft); dem Bürger wurde die eingeforderte Mündigkeit vorenthalten. Erst die Französische Revolution (1789) änderte zeitweise die Verhältnisse.

Die Literatur der Aufklärung war eine bürgerliche Literatur; in ihr meldete sich der gebildete Bürger zu Wort. Er verteidigte die Ziele der Aufklärung, stellte Missstände dar und entwarf sein Bild einer besseren Zukunft. Das eigene Ich und die Lebenswelt auch im kleinen Bereich der Familie standen im Mittelpunkt; deshalb spricht man innerhalb der Aufklärung von der *Empfindsamkeit*. Sie war die eher gefühlsbetonte Strömung; Empfindungen wie Freundschaft, Mitleid und Menschenliebe wurden hervorgehoben. Neben der lehrhaften Dichtung (Naturlyrik, Fabel) und dem Drama kam dem Roman eine wichtige Rolle zu. Lebensgeschichten wurden im so genannten *empfindsamen Roman* oder im *Briefroman* dargestellt; Bildungswege wurden im *Bildungsroman* nachgezeichnet.

Immanuel Kant

Immanuel Kant

Beantwortung der Frage: Was ist Aufklärung?

Aufklärung ist der Ausgang des Menschen aus seiner selbst verschuldeten Unmündigkeit. Unmündigkeit ist das Unvermögen, sich seines Verstandes ohne Leitung eines anderen zu bedienen. Selbst verschuldet ist diese Unmündigkeit, wenn die Ursache derselben nicht am Mangel des Verstandes, sondern der Entschließung und des Mutes liegt, sich seiner ohne Leitung eines andern zu bedienen. *Sapere aude!* Habe Mut, dich deines eigenen Verstandes zu bedienen! ist also der Wahlspruch der Aufklärung.

Faulheit und Feigheit sind die Ursachen, warum ein so großer Teil der Menschen, nachdem sie die Natur längst von fremder Leitung freigesprochen (naturaliter maiorennes)[1], dennoch gerne zeitlebens unmündig bleiben, und warum es anderen so leicht wird, sich zu deren Vormündern aufzuwerfen. Es ist so bequem, unmündig zu sein.

Habe ich ein Buch, das für mich Verstand hat, einen Seelsorger, der für mich Gewissen hat, einen Arzt, der für mich die Diät beurteilt usw., so brauche ich mich ja nicht selbst zu bemühen. Ich habe nicht nötig zu denken, wenn ich nur bezahlen kann; andere werden das verdrießliche Geschäft schon für mich übernehmen. Dass bei weitem der größte Teil der Menschen (darunter das ganze schöne Geschlecht) den Schritt zur Mündigkeit, außerdem dass er beschwerlich ist, auch für sehr gefährlich halte, dafür sorgen schon jene Vormünder, die die Oberaufsicht über sie gütigst auf sich genommen haben. Nachdem sie ihr Hausvieh zuerst dumm gemacht haben und sorgfältig verhüteten, dass diese ruhigen Geschöpfe ja keinen Schritt außer dem Gängelwagen, darin sie sie einsperrten, wagen dürften, so zeigen sie ihnen nachher die Gefahr, die ihnen drohet, wenn sie es versuchen, allein zu gehen. Nun ist diese Gefahr zwar ebenso groß nicht; denn sie würden durch einigemal Fallen wohl endlich gehen lernen; allein ein Beispiel von der Art macht doch schüchtern und schreckt gemeiniglich von allen ferneren Versuchen ab.

Es ist also für jeden einzelnen Menschen schwer, sich aus der ihm beinahe zur Natur gewordenen Unmündigkeit herauszuarbeiten. Er hat sie sogar lieb gewonnen und ist vorderhand wirklich unfähig sich seines eigenen Verstandes zu bedienen, weil man ihn niemals den Versuch davon machen ließ. Satzungen und Formeln, diese mechanischen Werkzeuge eines vernünftigen Gebrauchs seiner Naturgaben, sind die Fußschellen einer immer währenden Unmündigkeit. Wer sie auch abwürfe, würde dennoch auch über den schmalsten Graben einen nur unsicheren Sprung tun, weil er zu dergleichen freien

Bewegung nicht gewöhnt ist. Daher gibt es nur wenige, denen es gelungen ist, durch eigene Bearbeitung ihres Geistes sich aus der Unmündigkeit herauszuwickeln und dennoch einen sicheren Gang zu tun. (...)

Dass aber ein Publikum sich selbst aufklärt, ist eher möglich; ja es ist, wenn man ihm nur Freiheit lässt, beinahe unausbleiblich. Denn da werden sich immer einige Selbstdenkende, sogar unter den eingesetzten Vormündern des großen Haufens finden, welche, nachdem sie das Joch der Unmündigkeit selbst abgeworfen haben, den Geist einer vernünftigen Schätzung des eigenen Werts und des Berufs jedes Menschen, selbst zu denken, um sich verbreiten werden. Besonders ist hierbei: dass das Publikum, welches zuvor von ihnen unter dieses Joch gebracht worden, sie hernach selbst zwingt darunter zu bleiben, wenn es von einigen seiner Vormünder, die selbst aller Aufklärung unfähig sind, dazu aufgewiegelt worden; so schädlich ist es, Vorurteile zu pflanzen, weil sie sich zuletzt an denen selbst rächen, die oder deren Vorgänger ihre Urheber gewesen sind. Daher kann ein Publikum nur langsam zur Aufklärung gelangen. Durch eine Revolution wird vielleicht wohl ein Abfall von persönlichem Despotismus[2] und gewinnsüchtiger oder herrschsüchtiger Bedrückung, aber niemals wahre Reform der Denkungsart zustande kommen; sondern neue Vorurteile werden, ebensowohl als die alten, zum Leitbande des gedankenlosen großen Haufens dienen. (...)

Zu dieser Aufklärung aber wird nichts erfordert als Freiheit, und zwar die unschädlichste unter allen, was nur Freiheit heißen mag, nämlich die: von seiner Vernunft in allen Stücken öffentlichen Gebrauch zu machen.

1 von Natur aus volljährig 2 Gewaltherrschaft

(Die Aufklärung, herausgegeben von Gerhard Funke, K.F. Koehler Verlag, Stuttgart 1963, S. 103–110, gekürzt)

1 Für **Immanuel Kant** (1724–1804) ist die gesellschaftliche Aufklärung nicht nur eine Sache des Verstandes. Welche Vorbedingungen fordert er ein? Welche Veränderungen im Verhalten eines jeden Einzelnen hält er für notwendig? Stellen Sie Kants Argumente stichwortartig zusammen.

2 Kants Bemerkung über das »schöne Geschlecht« ist keineswegs abwertend zu verstehen. Er beschreibt nur einen historischen gesellschaftlichen Zustand. Welches Rollenverhalten kritisiert Kant? Welche Gründe nennt er für dieses Verhalten?

3 Kants Traktat erschien fünf Jahre vor Ausbruch der Französischen Revolution. Er selbst verwendet auch das Wort Revolution. Was unterscheidet Kants Aufruf zur Mündigkeit von den radikalen Ideen der Französischen Revolution? Was sagt er über den notwendigen Prozess einer gesellschaftlichen Veränderung? Wie und mit welchen Mitteln soll diese Veränderung erreicht werden?

Gotthold Ephraim Lessing

Gotthold Ephraim Lessing

Nathan der Weise

Gotthold Ephraim Lessing (1729–1781) war ein leidenschaftlicher Verfechter der Aufklärung, aber nichts verachtete er mehr als besserwisserische Überheblichkeit; er erkannte die Grenzen menschlicher Vernunft: »Wenn Gott in seiner Rechten alle Wahrheit und in seiner Linken den einzigen immer regen Trieb nach Wahrheit, obschon mit dem Zusatz, mich immer und ewig zu irren, verschlossen hielte und spräche zu mir: Wähle!, ich fiele ihm mit Demut in seine Linke und sagte: Vater, gib! Die reine Wahrheit ist ja doch nur für Dich allein!« Nicht die Gewissheit der Wahrheit, sondern der Weg zu ihr war für ihn entscheidend.

Als Lessing in Wolfenbüttel Bibliothekar war, hat er Ausschnitte aus den religionskritischen Schriften von Samuel Reimarus (1694–1768) herausgegeben und mit eigenen Entwürfen ergänzt, aus denen seine Abhandlung *Die Erziehung des Menschengeschlechts* (1777) entstand. Reimarus hielt den biblischen Offenbarungsglauben für unvereinbar mit der Vernunft. Lessing vertrat eine vermittelnde Auffassung; die biblische Offenbarung sei nichts anderes als eine bildhafte Vorstufe des aufgeklärten Vernunftswissens. In der fortschreitenden Erziehung des Menschengeschlechts habe die Menschheit gelernt, sich von den Bildern zu befreien und die natürliche Ordnung der Welt durch den rechten Gebrauch der Vernunft zu erkennen. Die Veröffentlichung der Reimarus-Fragmente verwickelte Lessing in einen heftigen Konflikt mit Vertretern der Kirche. Ergebnis dieses Streites war seine literarische Antwort *Nathan der Weise* (1779). Dieses historische Schauspiel war ein Versuch zur Versöhnung und Toleranz zwischen den drei großen monotheistischen Weltreligionen aus der Einsicht, dass jede dem gemeinsamen Ziel zustrebe und dass die Bemühung um das richtige Handeln wichtiger sei als der alleinige Besitz der Wahrheit.

Lessing verlegte die Handlung des fünfaktigen Versdramas in das Jerusalem zur Zeit der Kreuzzüge; sie spielt unter Juden, Christen und Moslems. Die Handlung setzt ein, als Nathan erfährt, dass ein Tempelherr seine Tochter Recha aus einem brennenden Hause gerettet habe. Nathan will sich bedanken, aber der Christ lehnt die Einladung des Juden zunächst ab; es bedarf eines langen Gesprächs, bis sich die Vorurteile allmählich abbauen. Der Tempelherr besucht Recha und verliebt sich in sie. Währenddessen wird Nathan zum Sultan gerufen, der in Geldnöten ist. Um Nathan zu verunsichern, fragt ihn der Sultan, welche Religion die beste sei. Nathan ant-

wortet mit der berühmten Ringparabel. Saladin ist von Nathans Weisheit und Güte so beeindruckt, dass er den eigentlichen Anlass des Gesprächs ganz vergisst. Durch eine Dienerin erfährt der Tempelherr, dass Recha nicht Nathans Tochter sei, sondern eine getaufte Christin. Nathan seinerseits vermutet im Tempelherrn einen nahen Verwandten seiner Pflegetochter. In Saladins Palast kann Nathan am Schluss alles aufklären: Der christliche Tempelherr und Recha stammen aus der Ehe zwischen Sultan Saladins verschollenem Lieblingsbruder und einer Christin. Die Rivalität der Religionen hebt sich in den Verwandtschaftsbeziehungen auf. Recha vereint in sich, durch Nathans geistige Vaterschaft, alle drei Religionen.
Die Handlung ist um das Kernstück, die *Ringparabel* (3. Aufzug, 7. Auftritt), gebaut. Sie steht auch nach der Akteinteilung im Zentrum des Dramas. Lessing hat sie aus der italienischen Novellensammlung *Decamerone* (1349) von Boccaccio übernommen:

NATHAN
Vor grauen Jahren lebt' ein Mann in Osten,
Der einen Ring von unschätzbarem Wert
Aus lieber Hand besaß. Der Stein war ein
Opal, der hundert schöne Farben spielte,
Und hatte die geheime Kraft, vor Gott
Und Menschen angenehm zu machen, wer
In dieser Zuversicht ihn trug. Was Wunder,
Dass ihn der Mann in Osten darum nie
Vom Finger ließ; und die Verfügung traf,
Auf ewig ihn bei seinem Hause zu
Erhalten? Nämlich so. Er ließ den Ring
Von seinen Söhnen dem geliebtesten;
Und setzte fest, dass dieser wiederum
Den Ring von seinen Söhnen dem vermache,
Der ihm der liebste sei; und stets der liebste,
Ohn' Ansehn der Geburt, in Kraft allein
Des Rings, das Haupt, der Fürst des Hauses werde. –
Versteh mich, Sultan.
SALADIN Ich verstehe dich. Weiter!
NATHAN
So kam nun dieser Ring, von Sohn zu Sohn,
Auf einen Vater endlich von drei Söhnen,
Die alle drei ihm gleich gehorsam waren,
Die alle drei er folglich gleich zu lieben
Sich nicht entbrechen konnte. Nur von Zeit
Zu Zeit schien ihm bald der, bald dieser, bald
Der Dritte – sowie jeder sich mit ihm

Allein befand und sein ergießend Herz
Die andern zwei nicht teilten – würdiger
Des Ringes; den er denn auch einem jeden
Die fromme Schwachheit hatte zu versprechen.
Das ging nun so, solang es ging. – Allein
Es kam zum Sterben und der gute Vater
Kömmt in Verlegenheit. Es schmerzt ihn, zwei
Von seinen Söhnen, die sich auf sein Wort
Verlassen, so zu kränken. – Was zu tun? –
Er sendet in geheim zu einem Künstler,
Bei dem er, nach dem Muster seines Ringes,
Zwei andere bestellt und weder Kosten
Noch Mühe sparen heißt, sie jenem gleich,
Vollkommen gleich zu machen. Das gelingt
Dem Künstler. Da er ihm die Ringe bringt,
Kann selbst der Vater seinen Musterring
Nicht unterscheiden. Froh und freudig ruft
Er seine Söhne, jeden insbesondre;
Gibt jedem insbesondre seinen Segen –
Und seinen Ring – und stirbt. – Du hörst doch, Sultan?

SALADIN *(der sich betroffen von ihm gewandt)*
Ich hör, ich höre! – Komm mit deinem Märchen
Nur bald zu Ende. – Wird's?

NATHAN Ich bin zu Ende.
Denn was noch folgt, versteht sich ja von selbst. –
Kaum war der Vater tot, so kömmt ein jeder
Mit seinem Ring und jeder will der Fürst
Des Hauses sein. Man untersucht, man zankt,
Man klagt. Umsonst; der rechte Ring war nicht
Erweislich; – *(nach einer Pause, in welcher er des Sultans Antwort erwartet)*
Fast so unerweislich, als
Uns itzt – der rechte Glaube.

SALADIN Wie? das soll
Die Antwort sein auf meine Frage? ...

NATHAN Soll
Mich bloß entschuldigen, wenn ich die Ringe
Mir nicht getrau zu unterscheiden, die
Der Vater in der Absicht machen ließ,
Damit sie nicht zu unterscheiden wären.

Saladin

Die Ringe! – Spiele nicht mit mir! – Ich dächte,
Dass die Religionen, die ich dir
Genannt, doch wohl zu unterscheiden wären.
Bis auf die Kleidung, bis auf Speis' und Trank!

Nathan

Und nur von Seiten ihrer Gründe nicht. –
Denn gründen alle sich nicht auf Geschichte?
Geschrieben oder überliefert! – Und
Geschichte muss doch wohl allein auf Treu
Und Glauben angenommen werden? – Nicht? –
Nun, wessen Treu und Glauben zieht man denn
Am wenigsten in Zweifel? Doch der Seinen?
Doch deren Blut wir sind? doch deren, die
Von Kindheit an uns Proben ihrer Liebe
Gegeben? die uns nie getäuscht, als wo
Getäuscht zu werden uns heilsamer war? –
Wie kann ich meinen Vätern weniger
Als du den deinen glauben? Oder umgekehrt. –
Kann ich von dir verlangen, dass du deine
Vorfahren Lügen strafst, um meinen nicht
Zu widersprechen? Oder umgekehrt.
Das Nämliche gilt von den Christen. Nicht? –

Saladin

(Bei dem Lebendigen! Der Mann hat Recht.
Ich muss verstummen.)

Nathan Lass auf unsre Ring'
Uns wieder kommen. Wie gesagt: die Söhne
Verklagen sich; und jeder schwur dem Richter,
Unmittelbar aus seines Vaters Hand
Den Ring zu haben – Wie auch wahr! – Nachdem
Er von ihm lange das Versprechen schon
Gehabt, des Ringes Vorrecht einmal zu
Genießen. – Wie nicht minder wahr! – Der Vater,
Beteurte jeder, könne gegen ihn
Nicht falsch gewesen sein; und eh' er dieses
Von ihm, von einem solchen lieben Vater,
Argwohnen lass', eh' müss' er seine Brüder,
So gern er sonst von ihnen nur das Beste
Bereit zu glauben sei, des falschen Spiels

Bezeihen; und er wolle die Verräter
Schon auszufinden wissen; sich schon rächen.

SALADIN
Und nun, der Richter? – Mich verlangt zu hören,
Was du den Richter sagen lässest. Sprich!

NATHAN
Der Richter sprach: Wenn ihr mir nun den Vater
Nicht bald zur Stelle schafft, so weis ich euch
Von meinem Stuhle. Denkt ihr, dass ich Rätsel
Zu lösen da bin? Oder harret ihr,
Bis dass der rechte Ring den Mund eröffne? –
Doch halt! Ich höre ja, der rechte Ring
Besitzt die Wunderkraft beliebt zu machen;
Vor Gott und Menschen angenehm. Das muss
Entscheiden! Denn die falschen Ringe werden
Doch das nicht können! – Nun; wen lieben zwei
Von euch am meisten? – Macht, sagt an! Ihr schweigt?
Die Ringe wirken nur zurück? Und nicht
Nach außen? Jeder liebt sich selber nur
Am meisten? – Oh, so seid ihr alle drei
Betrogene Betrüger! Eure Ringe
Sind alle drei nicht echt. Der echte Ring
Vermutlich ging verloren. Den Verlust
Zu bergen, zu ersetzen, ließ der Vater
Die drei für einen machen.

SALADIN Herrlich! herrlich!

NATHAN
Und also, fuhr der Richter fort, wenn ihr
Nicht meinen Rat, statt meines Spruches, wollt:
Geht nur! – Mein Rat ist aber der: ihr nehmt
Die Sache völlig wie sie liegt. Hat von
Euch jeder seinen Ring von seinem Vater:
So glaube jeder sich seinen Ring
Den echten. – Möglich; dass der Vater nun
Die Tyrannei des *einen* Rings nicht länger
In seinem Hause dulden wollen! – Und gewiss;
Dass er euch alle drei geliebt, und gleich
Geliebt: indem er zwei nicht drücken mögen,
Um einen zu begünstigen. – Wohlan!
Es eifre jeder seiner unbestochnen

Von Vorurteilen freien Liebe nach!
Es strebe von euch jeder um die Wette,
Die Kraft des Steins in seinem Ring' an Tag
Zu legen!, komme dieser Kraft mit Sanftmut,
Mit herzlicher Verträglichkeit, mit Wohltun,
Mit innigster Ergebenheit in Gott
Zu Hilf'! Und wenn sich dann der Steine Kräfte
Bei euern Kindes-Kindeskindern äußern:
So lad ich über tausend tausend Jahre
Sie wiederum vor diesen Stuhl. Da wird
Ein weisrer Mann auf diesem Stuhle sitzen
Als ich; und sprechen. Geht! – So sagte der
Bescheidne Richter.

SALADIN Gott! Gott!

NATHAN Saladin,
Wenn du dich fühlest, dieser weisere
Versprochne Mann zu sein: ...

SALADIN *(der auf ihn zustürzt und seine Hand ergreift, die er bis zu Ende nicht wieder fahren lässt)*
Ich Staub? Ich Nichts?
O Gott!

NATHAN Was ist dir, Sultan?

SALADIN Nathan, lieber Nathan! –
Die tausend tausend Jahre deines Richters
Sind noch nicht um. – Sein Richterstuhl ist nicht
Der meine. – Geh! Geh! – Aber sei mein Freund.

(Lessings Werke in 25 Teilen, Deutsches Verlagshaus Bong und Co, Berlin 1925, 2. Teil, S. 232–236)

4 Äußerlich geht es in dem Stück um die allmähliche Aufhellung der Verwandtschaftsbeziehungen. Welche Bedeutung hat dieses Entwirrspiel für die eigentliche Argumentation?

5 Eine Parabel hat immer Verweischarakter; sie versucht etwas bildlich oder gleichnishaft in Form einer Geschichte zu erklären. Was meint Nathan mit der Geschichte der Ringe? Welche Rolle spielen die einzelnen Personen?

6 Welche Einwände bringt Saladin vor? Wie versucht Nathan sie zu entkräften?

7 An welchen Stellen wird die Parabel als Mittel der Argumentation überfordert? Wo bleiben Fragen offen?

8 Fassen Sie die Kernaussage der Ringparabel kurz zusammen. Worin besteht ihre Aktualität auch für unsere Gegenwart? Die Antwort auf diese Frage lässt sich zu einem Projekt erweitern; die Namen der Figuren und der Ort der Handlung sind auswechselbar. Lessing hat seinem Stück einen versöhnlichen Schluss gegeben. Hält dieser Schluss vor der Wirklichkeit zur Zeit der Kreuzzüge, in den Jahren vor der Französischen Revolution oder heute stand?

9 In der Ringparabel und in der Gesamthandlung des Stückes tritt Lessing für Toleranz ein, für die Achtung vor der Meinung anderer: Keiner kann sich auf die Gewissheit, die Wahrheit zu besitzen, berufen, aber jeder kann sich durch gerechtes Tun dem Anspruch der Wahrheit und Wahrhaftigkeit stellen. Ist diese Haltung nicht auch eine Kritik an dem zu optimistischen Vertrauen der Aufklärung, dass alles durch Vernunft und Verstand erklärbar und beweisbar sei? Welche Tugenden oder Charakterzüge hebt Nathan (und mit ihm Lessing) stattdessen in der Ringparabel hervor? Worüber soll einst ein »weisrer Mann« urteilen?

10 Es fällt auf, dass die Figuren in reimlosen Versen sprechen, die jeweils fünf Hebungen haben. Dieser so genannte *Blankvers* besteht aus fünf Jamben (xx́). Aus der Begeisterung für Shakespeare, der ihn in seinen Dramen verwendete, wurde er auch in Deutschland seit dem 18. Jahrhundert zum klassischen Dramenvers. Jede gebundene, d. h. nach bestimmter Zeilengestalt geordnete Redeweise hebt sich vom alltäglichen Sprechen ab und gewinnt eine gewisse Feierlichkeit. Dies können Sie sehr gut überprüfen, wenn Sie eine Passage aus der Ringparabel in einfacher Erzählform wiedergeben und diese Version dann mit dem Originaltext vergleichen.

11 In einem Brief (18.4.1779) an seinen Bruder charakterisiert Lessing den *Nathan* als ein Lesedrama: Nicht der dramatische Aufbau des Stückes, sondern der zugrunde liegende Gedankengang ist entscheidend. Vergleichen Sie diese Selbsteinschätzung Lessings mit der Entstehungsgeschichte des *Nathan*.

Der Wolf und das Schaf

Der Durst trieb ein Schaf an den Fluss; eine gleiche Ursache führte auf der andern Seite einen Wolf herzu. Durch die Trennung des Wassers gesichert und durch die Sicherheit höhnisch gemacht, rief das Schaf dem Räuber hinüber: »Ich mache dir doch das Wasser nicht trübe, Herr Wolf? Sieh mich recht an! Habe ich dir nicht etwa vor sechs Wochen nachgeschimpft? Wenigstens wird es mein Vater gewesen sein.« Der Wolf verstand die Spötterei; er betrachtete die Breite des Flusses und knirschte mit den Zähnen. »Es ist dein Glück«, antwortete er, »dass wir Wölfe gewohnt sind mit euch Schafen Geduld zu haben«, und ging mit stolzen Schritten weiter.

(Fabeln, Parabeln und Gleichnisse, hg. von R. Dithmar, dtv, München 1970, S. 193)

Lessing hat 90 Fabeln geschrieben. Zur einen Hälfte sind sie Nachahmungen, zur andern Hälfte eigene Erfindungen. Lessing schätzte die knappe Form der antiken Fabel, die gezielt auf einen Höhepunkt zustrebt.
Die Fabel *Der Wolf und das Schaf* lässt sich besser verstehen, wenn man sie mit der antiken Vorlage vergleicht, die unter dem Titel *Wolf und Lamm* überliefert ist und immer wieder neu bearbeitet wurde. Der Erzählkern ist folgender: Wolf und Lamm kommen an denselben Bach, um ihren Durst zu stillen. Der Wolf steht weiter oben, das Lamm weiter unten. Der Wolf, weil er das Lamm fressen will, sucht einen Vorwand zum Streit: „Du trübst mir das Wasser beim trinken.“ „Wie kann ich das, wenn ich weiter unten stehe?“, erwidert etwas verängstigt das Lamm. Der Wolf, durch den Augenschein widerlegt, sucht einen anderen Vorwand: „Du hast mich vor sechs Monaten verflucht.“ „Da war ich ja noch nicht geboren“, rechtfertigt sich das Lamm. „Dann war's eben dein Vater“, spricht der Wolf und frisst das unschuldige Lamm

12 Was hat Lessing gegenüber der ursprünglichen Fassung, wie sie aus der Antike überliefert ist, verändert? Wozu benützt er für seine Fabel die »Vorgeschichte«?

13 Wie könnte für Lessings Text die abschließende Nutzanwendung, die »Moral« lauten?

14 Warum könnte man Fabeln auch »Stellvertretergeschichten« nennen? Wie werden die Tiere charakterisiert?

19▸ Der Roman *Anton Reiser* hat den Untertitel »Ein psychologischer Roman«. Die Psychologie befasst sich mit den Erscheinungen und Zuständen des bewussten und unbewussten Seelenlebens. Wie schildert der Autor den Titelhelden? Wie stellt er dessen »Innenwelt« dar.

20▸ Welche Erzählabsicht könnte damit verbunden sein, dass der Autor so scharf die täglichen Ereignisse mit der Wunschwelt des Jungen Anton Reiser kontrastiert?

21▸ Vergleichen Sie die Arbeitsbedingungen einer Lehrzeit damals mit den Richtlinien von heute.

Die *Aufklärung* begann nicht erst im 18. Jahrhundert und sie schloss auch nicht im 18. Jahrhundert ab. Sie war und ist der Versuch, sich nicht von vorgegebenen Denkweisen und gesellschaftlichen Ordnungssystemen bevormunden zu lassen, sondern mit der Kraft der eigenen Vernunft *(Rationalismus)* und Beobachtungsgabe *(Empirismus)* die Welt zu erkennen und die Verhältnisse im Sinne eines besseren und menschenwürdigeren Lebens zu ändern. Diesem optimistischen Ziel lag die Hoffnung zugrunde, dass die Welt in ihren Strukturen erklärbar sei, weil sie nach einem vernünftigen Plan gebaut sei, und dass rechte Erkenntnis auch zu rechtem Handeln führe. Zweifel daran wurden aber auch schon von Zeitgenossen angemeldet.

Die Aufklärung war nicht die einzige literarische Strömung im 18. Jahrhundert. Die *Empfindsamkeit* beispielsweise, die Betonung auch der eigenen Gefühle und Lebenserfahrungen, bildet ein Bindeglied zum *Sturm und Drang*.

Die Literatur der Aufklärung war vor allem lehrhaft; sie sollte erziehen und bilden im öffentlichen wie im privaten Bereich. Das Drama und der Roman waren die bevorzugten Gattungen – neben den literarischen Kleinformen wie Fabel oder Aphorismus.

Schiller liest die »Räuber«
Zeitgenössisches Aquarell

Sturm und Drang (1770–1790)

In den Siebzigerjahren des 18. Jahrhunderts meldete sich eine junge Generation zu Wort, die sich von der ausschließlichen Vorherrschaft der Vernunft befreien wollte und sich zu den schöpferischen Kräften leidenschaftlicher Gefühle bekannte. Diese rebellischen Bürgersöhne lehnten die Ideen der Aufklärung nicht ab, sie wollten sie erweitern und ergänzen: Das freie Individuum sei nicht nur ein Verstandeswesen, sondern ein Mensch aus Fleisch und Blut. Jeder habe das Recht auf Selbstverwirklichung, ohne sich der herrschenden ständischen Ordnung oder dem Regelzwang der literarischen Überlieferung zu unterwerfen. Gegen jegliche vorgegebene Norm setzte man die Eigenverantwortung des schöpferischen Individuums oder – nach den Worten der Zeitgenossen – des *Genies*.

Johann Gottfried Herder (1744–1803), mit dem Königsberger Philosophen Kant befreundet und nur fünf Jahre älter als Goethe, aber für die Generation der *Originalgenies* bereits eine Vaterfigur, lenkte den rebellischen Drang in Bahnen, die neue Perspektiven wiesen. In Anlehnung an den Erziehungsroman *Emile* (1762) von Jean-Jacques Rousseau entwarf er ein Bildungsprogramm, das nicht an Normen orientiert war, sondern individuelle Fähigkeiten förderte. Fast gleichzeitig mit *Lessing* entdeckte er die Werke des englischen Dramatikers William Shakespeare (1564–1616), der leidenschaftliche Charaktere auf die Bühne brachte. Und er verwies immer wieder auf den Reichtum der mündlichen Überlieferung, d. h. auf die so genannte *Volkspoesie*. Goethe und Herder lernten sich 1770 in Straßburg kennen; es war eine folgenreiche Begegnung.

Die Epochenbezeichnung *Sturm und Drang* geht auf den gleichnamigen Titel eines Schauspiels (1776) von Friedrich Maximilian Klinger (1752–1831) zurück. Dieser so genannte Sturm und Drang war eher ein Entwicklungsabschnitt in der Biographie mehrerer Autoren, als dass man ihn eine umfassende Epochenströmung nennen könnte. Deshalb spricht man in diesem Zusammenhang auch von den Werken des »jungen« Goethe und des »jungen« Schiller. Diese rebellische Durchgangsphase war aber sehr wichtig: Sie bedeutete eine Loslösung und Befreiung von starrer Bevormundung im Politischen und im Literarischen. Die eigene Sprache, die unmittelbar Gefühle und Gedanken einfängt und wiedergibt, und eine neue erlebnishafte Begegnung mit der Natur sind wichtige Einzelheiten für diese literarische Bewegung.

Die Rebellion gegen adlige Herrschaftswillkür und die Ohnmacht angesichts der bestehenden Verhältnisse artikulierten sich vor allem im Drama und im Roman. In der Lyrik kam das erlebende Ich (*Erlebnislyrik*) zu Wort, das in der Natur seine eigenen Gefühle wieder entdeckte oder gespiegelt sah. Oft wurde die Natur als der bessere Gegenentwurf zur gesellschaftlichen Wirklichkeit gesehen und beschrieben.

Johann Gottfried Herder

Johann Gottfried Herder

»Alle seine Sinne zu gebrauchen«

Das *Gefühl*, z. B. schläft bei uns und das Auge vertritt, obgleich manchmal nur sehr unrecht, seine Stelle. Es gibt eine Reihe von Modifikationen[1] des Gefühls, die kaum unter der Zahl der bisherigen 5 Sinne begriffen werden können und in denen allen die schöne Jugend geübt werden muss. Überhaupt ist kein Satz merkwürdiger und fast vergessener als: ohne Körper ist unsre Seele im Gebrauch nichts: mit gelähmten Sinnen ist sie selbst gelähmt: mit einem muntern proportionierten Gebrauch aller Sinne ist sie selbst munter und lebendig. Es gibt in den alten Zeiten der schönen Sinnlichkeit, insonderheit in den Morgenländern Spuren, dass ihre Seele gleichsam mehr Umkreis zu wirken gehabt habe als wir. Alsdenn würden sich teils neue Phänomena[2] teils die alten auf neue Art zeigen. Das ist der Weg, Originale zu haben, nämlich sie in ihrer Jugend viele Dinge und alle für sie empfindbare Dinge ohne Zwang und Präokkupation[3] auf die ihnen eigne Art empfinden zu lassen. Jede Empfindung in der Jugendseele ist nicht bloß, was sie ist, Materie, sondern auch aufs ganze Leben Materie: sie wird nachher immer verarbeitet, und also gute Organisation, viele, starke, lebhafte, getreue, eigne Sensationen[4], auf die dem Menschen eigenste Art, sind die Basis zu einer Reihe von vielen starken, lebhaften, getreuen, eignen Gedanken, und das ist das Originalgenie. Dies ist in allen Zeiten wirksam gewesen, wo die Seele mit einer großen Anzahl starker und eigentümlicher Sensationen hat beschwängert werden können: in den Zeiten der Erziehung fürs Vaterland, in großen Republiken, in Revolutionen, in Zeiten der Freiheit, und der Zerrüttungen war's wirksam. Diese sind für uns weg: wir sind im Jahrhundert der Erfahrungen, der Polizei[5], der Politik, der Bequemlichkeit, wo wir wie andre denken müssen, weil wir, was sie sehen, wie sie sehen lernen und man es uns durch Religion, Politik, Gesellschaftston, usw. selbst zu denken verbietet, wie wir wollen. Wir sehen in unsrer Jugend wenige Phänomena, wenn es noch Zeit ist, sie zu sehen, damit sie in uns leben. Diese Phänomena sind meistens schwach, gemein, unwichtig, aus einer bequemen, üppigen Welt, wo die Regierung der Staaten und alle große Handlungen des menschlichen Geschlechts geheim oder verbogen oder gar verschwunden sind: und also ihr Anblick kein Zunder zu großen Taten geben kann. Wir werden durch Worte und das Lernen fremder allgemeiner Begriffe so erstickt, dass wir nicht auf sie merken, wenigstens nicht mit dem ganzen Feuer auf sie merken können. Die rührendsten Auftritte der Natur sind bei uns

weg. Wir bekommen also nur schwache, monotone Stöße: unsre jugendlichen Sensationen sagen wenig unsrer Seele: diese erstirbt.
O gebet mir eine unverdorbne, mit Abstraktionen[6] und Worten unerstickte Jugendseele her, so lebendig als sie ist; und setzet mich denn in eine Welt, wo ich ihr alle Eindrücke geben kann, die ich will, wie soll sie leben! Ein Buch über die Erziehung sollte bestimmen, welche und in welcher Ordnung und Macht diese Eindrücke sollten gegeben werden, dass ein Mann von Genie daraus würde und dieses sich weckte!

[1] Abwandlungen, Veränderungen [2] Erscheinungen [3] Voreingenommenheit [4] Gefühle, Empfindungen [5] Mit dem Begriff war früher die Gesamtheit des öffentlichen Gemeinwesens (Verwaltung, Sicherheit, Wohlfahrt) gemeint.
[6] Verallgemeinerungen, Begriffe

(Sämtliche Werke, Weidmannsche Buchhandlung, Berlin 1878, Bd. IV, S. 454 f.)

Dieser Ausschnitt stammt aus **Johann Gottfried Herder**s *Journal meiner Reise im Jahr 1769*. Vorrangig geht es in Herders Überlegungen um die Entwicklung eines neuen Erziehungsprogramms. Seine Gedanken zum Originalgenie wurden aber auch richtungweisend für die Dichter des Sturm und Drang.

1 Wie definiert Herder die Begriffe Genie und Originalgenie?

2 Herder betont in seinem *Journal* die Bedeutung des Gefühls und der unmittelbaren Empfindung: Man könnte dies als eine bewusste Abgrenzung von der Aufklärung interpretieren. Immanuel Kannt, ein kritischer Vertreter der Aufklärung, sagt: „Ohne Sinnlichkeit würde uns kein Gegenstand gegeben und ohne Verstand keiner gedacht werden. Gedanken ohne Inhalte sind leer, Anschauungen ohne Begriffe blind." (*Kritik der reinen Vernunft*, 1781) Ergeben sich hieraus Gemeinsamkeiten?

3 Stellen Sie die Erziehungsziele von Aufklärung und Sturm und Drang einander gegenüber. Wo sehen Sie Unterschiede oder Gemeinsamkeiten?

Johann Wolfgang Goethe

Prometheus

Bedecke deinen Himmel, Zeus,
Mit Wolkendunst
Und übe, Knaben gleich,
Der Disteln köpft,
An Eichen dich und Bergeshöhn;
Musst mir meine Erde
Doch lassen stehn
Und meine Hütte,
Die du nicht gebaut,
Und meinen Herd,
Um dessen Glut
Du mich beneidest.

Ich kenne nichts Ärmer's
Unter der Sonn' als euch Götter.
Ihr nähret kümmerlich
Von Opfersteuern
Und Gebetshauch
Eure Majestät
Und darbtet, wären
Nicht Kinder und Bettler
Hoffnungsvolle Toren.

Da ich ein Kind war,
Nicht wusst', wo aus noch ein,
Kehrt ich mein verirrtes Aug'
Zur Sonne, als wenn drüber wär'
Ein Ohr, zu hören meine Klage,
Ein Herz wie meins,
Sich des Bedrängten zu erbarmen.

Wer half mir wider
Der Titanen Übermut?
Wer rettete vom Tode mich,
Von Sklaverei?
Hast du's nicht alles selbst vollendet,
Heilig glühend Herz?
Und glühtest jung und gut,
Betrogen. Rettungsdank
Dem Schlafenden da droben?

Ich dich ehren? Wofür?
Hast du die Schmerzen gelindert
Je des Beladenen?
Hast du die Tränen gestillet
Je des Geängsteten?
Hat nicht mich zum Manne geschmiedet
Die allmächtige Zeit
Und das ewige Schicksal,
Meine Herrn und deine?

Wähntest du etwa,
Ich sollte das Leben hassen,
In Wüsten fliehn,
Weil nicht alle Knabenmorgen –
Blütenträume reiften?

Hier sitz' ich, forme Menschen
Nach meinem Bilde,
Ein Geschlecht, das mir gleich sei,
Zu leiden, weinen,
Genießen und zu freuen sich,
Und dein nicht zu achten.
Wie ich.

(Werke, Insel Verlag, Frankfurt/Main 1966, Band I, S. 50 f.)

Johann Wolfgang Goethe (1749–1832) hat das Gedicht *Prometheus* 1774 niedergeschrieben, als er auch an einem Prometheus-Drama arbeitete. Mit der eigenen Veröffentlichung zögerte er bis 1789; vorher war es aber ohne sein Wissen in einer philosophischen Abhandlung 1785 abgedruckt worden.

Die Gestalt des Prometheus stammt aus der griechischen Sage. Er war, wie Zeus, Sohn eines Titanen. Obwohl er Zeus beim Kampf gegen das alte Göttergeschlecht der Titanen geholfen hatte, stand er doch in einer geheimen Rivalität zu ihm. In der Überlieferung der Sage werden zwei unterschiedliche Versionen erzählt. Zum einen hat er die Menschen gelehrt, nur die ungenießbaren Teile der Opfertiere den Göttern zu opfern. Als Zeus darauf den Menschen zur Strafe das Feuer nahm, holte es Prometheus heimlich auf die Erde zurück. Zum andern gilt er als der Menschenschöpfer, der die Menschen aus Wasser und Erde geformt und ihnen das Feuer gebracht hat. Damit beginnt die Kultur. Goethe hat für die Rede des Prometheus beide Überlieferungsstränge verbunden und ihn abweichend von der ursprünglichen Ebenbürtigkeit mit Zeus in einen Sohn des Göttervaters verwandelt.

4 Wie lässt sich die Situation, in der sich Prometheus an oder gegen Zeus wendet, beschreiben und charakterisieren? Stellen Sie die Einzelheiten in einer Gliederung des Inhalts zusammen.

5 Der Grundton der Rede ist ein selbstbewusstes, selbstsicheres Aufbegehren gegen Zeus, wie es auch in der Sage überliefert wird. Aber Prometheus sagt noch mehr; er rechnet mit dem Göttervater ab und stellt seine eigenen Leistungen heraus. Wenn man diesen Ausschnitt aus dem Sagenstoff auf andere Bereiche überträgt und ihn »aktualisiert«, dann lässt sich verstehen, warum Goethe mit der Veröffentlichung so lange zögerte und den Text Jahrzehnte später im Rückblick ein »Zündkraut einer Explosion« nannte. Wie wird z. B. Zeus als Herrscher beschrieben? Was sagt Prometheus über seine Kindheit und Jugend? Was sagt er über das Geschlecht der Menschen, das er geformt hat?

6 Der Text, ein Rollengedicht, ist reimlos. Die Verse und Strophen haben unterschiedliche Längen. Das Gedicht ist sehr frei, ohne Bindung an feste Formen gestaltet. Der Rhythmus wechselt ständig. Die Verben geben den Ton an. Fragen, die schon selbst die Antwort geben, häufen sich. Kürzestsätze stehen hart neben längeren Satzstrukturen. Was sagen diese Beobachtungen über das Selbstverständnis des Autors und seines Titelhelden aus? Welche Verbindungen sehen Sie zu Herders Charakteristik des Genies?

7 Äußern Sie sich zu der Behauptung, Goethes Gedicht *Prometheus* sei, auch wenn es erst einige Jahre nach der ersten Niederschrift veröffentlicht wurde, die literarische und politische Programmschrift des Sturm und Drang. Vergleichen Sie dazu auch die Einleitung zu diesem Kapitel.

Die Leiden des jungen Werthers

Johann Wolfgang Goethe

Diesen Briefroman, der 1774 erschien, hat Goethe in wenigen Wochen niedergeschrieben. Die Briefe datieren von Mai 1771 bis Weihnachten 1772; sie sind an Werthers Freund Wilhelm gerichtet. Gegen Ende des Romans schaltet sich ein Herausgeber ein, der den Inhalt der letzten Briefe ergänzt und die Ereignisse bis zu Werthers Freitod erzählt. Der Leitfaden der Handlung ist Werthers unglückliche Liebe zu Lotte, die bereits verlobt ist. In den Briefen beschreibt Werther aber auch die zeitgenössische Gesellschaft. Dies geschieht, begünstigt durch den Briefstil, in sehr persönlicher und unmittelbarer Weise. Die beiden Briefe vom 15. und 16. März sind ein Beispiel dafür:

(Werther hat eine Tätigkeit als Sekretär bei einem Gesandten angenommen und sich einen Grafen zum Freund und Gönner gemacht. Seinem Freund berichtet er von einem »Verdruss«, der ihn veranlasst alles wieder aufzugeben.)

Den 15. März.

Ich habe einen Verdruss gehabt, der mich von hier wegtreiben wird. Ich knirsche mit den Zähnen! Teufel! Er ist nicht zu ersetzen und ihr seid doch allein schuld daran, die ihr mich sporntet und triebt und quältet mich in einen Posten zu begeben, der nicht nach meinem Sinne war. Nun habe ich's! Nun habt ihr's! Und dass du nicht wieder sagst, meine überspannten Ideen verdürben alles, so hast du hier, lieber Herr, eine Erzählung, plan und nett, wie ein Chronikenschreiber das aufzeichnen würde.
Der Graf von C. liebt mich, distinguiert[1] mich, das ist bekannt, das habe ich dir schon hundertmal gesagt. Nun war ich gestern bei ihm zu Tafel, eben an dem Tage, da abends die noble Gesellschaft von Herren und Frauen bei ihm zusammenkommt, an die ich nie gedacht habe, auch mir nie aufgefallen ist, dass wir Subalternen[2] nicht hineingehören. Gut. Ich speise bei dem Grafen und nach Tische gehen wir in dem großen Saal auf und ab. Ich rede mit ihm, mit dem Obristen B., der dazukommt, und so rückt die Stunde der Gesellschaft heran. Ich denke, Gott weiß, an nichts. Da tritt herein die übergnädige Dame von S. mit ihrem Herrn Gemahl und wohl ausgebrüteten Gänslein Tochter mit der flachen Brust und niedlichem Schnürleibe, machen en passant[3] ihre hergebrachten, hochadeligen Augen und Naslöcher, und wie mir die Nation von Herzen zuwider ist, wollte ich mich

eben empfehlen und wartete nur, bis der Graf vom garstigen Gewäsche frei wäre, als meine Fräulein B. hereintrat. Da mir das Herz immer ein bisschen aufgeht, wenn ich sie sehe, blieb ich eben, stellte mich hinter ihren Stuhl und bemerkte erst nach einiger Zeit, dass sie mit weniger Offenheit als sonst, mit einiger Verlegenheit mit mir redete. Das fiel mir auf. Ist sie auch wie all das Volk, dacht' ich, und war angestochen und wollte gehen, und doch blieb ich, weil ich sie gerne entschuldigt hätte und es nicht glaubte und noch ein gut Wort von ihr hoffte und – was du willst. Unterdessen füllte sich die Gesellschaft. Der Baron F. mit der ganzen Garderobe von den Krönungszeiten Franz des Ersten her, der Hofrat R., hier aber in qualitate[4] Herr von R. genannt, mit seiner tauben Frau etc., den übel fournierten[5] J. nicht zu vergessen, der die Lücken seiner altfränkischen Garderobe mit neumodischen Lappen ausflickt, das kommt zu Hauf und ich rede mit einigen meiner Bekanntschaft, die alle sehr lakonisch[6] sind. Ich dachte – und gab nur auf meine B. acht. Ich merkte nicht, dass die Weiber am Ende des Saales sich in die Ohren flüsterten, dass es auf die Männer zirkulierte[7], dass Frau von S. mit dem Grafen redete (das alles hat mir Fräulein B. nachher erzählt), bis endlich der Graf auf mich losging und mich in ein Fenster nahm. – »Sie wissen«, sagt' er, »unsere wunderbaren Verhältnisse; die Gesellschaft ist unzufrieden, merke ich, Sie hier zu sehn. Ich wollte nicht um alles« – »Ihro Exzellenz«, fiel ich ein, »ich bitte tausendmal um Verzeihung; ich hätte eher dran denken sollen und ich weiß, Sie vergeben mir diese Inkonsequenz; ich wollte schon vorhin mich empfehlen. Ein böser Genius hat mich zurückgehalten«, setzte ich lächelnd hinzu, indem ich mich neigte. – Der Graf drückte meine Hände mit einer Empfindung, die alles sagte. Ich strich mich sacht aus der vornehmen Gesellschaft, ging, setzte mich in ein Kabriolett[8] und fuhr nach M., dort vom Hügel die Sonne untergehen zu sehen und dabei in meinem Homer den herrlichen Gesang zu lesen, wie Ulyss von dem trefflichen Schweinehirten bewirtet wird. Das war alles gut.

Des Abends komm' ich zurück zu Tische, es waren noch wenige in der Gaststube; die würfelten auf einer Ecke, hatten das Tischtuch zurückgeschlagen. Da kommt der ehrliche Adelin hinein, legt seinen Hut nieder, indem er mich ansieht, tritt zu mir und sagte leise: »Du hast Verdruss gehabt?« – »Ich?«, sagt' ich. – »Der Graf hat dich aus der Gesellschaft gewiesen.« – »Hol' sie der Teufel!«, sagt' ich, »mir war's lieb, dass ich in die freie Luft kam.« – »Gut«, sagt' er, »dass du's auf die leichte Achsel nimmst. Nur verdrießt mich's, es ist schon überall herum.« – Da fing mich das Ding erst an zu wurmen. Alle, die zu Tisch kamen und mich ansahen, dachte ich, die sehen dich darum an! Das gab böses Blut.

Und da man nun heute gar, wo ich hintrete, mich bedauert, da ich höre, dass meine Neider nun triumphieren und sagen: da sähe man's, wo es mit den Übermütigen hinausginge, die sich ihres bisschen Kopfs überhöben und glaubten, sich darum über alle Verhältnisse hinaussetzen zu dürfen, und was des Hundegeschwätzes mehr ist –, da möchte man sich ein Messer ins Herz bohren; denn man rede von Selbstständigkeit, was man will, den will ich sehen, der dulden kann, dass Schurken über ihn reden, wenn sie einen Vorteil über ihn haben; wenn ihr Geschwätze leer ist, ach da kann man sie leicht lassen.

Am 16. März.

Es hetzt mich alles. Heut' treff' ich die Fräulein B. in der Allee, ich konnte mich nicht enthalten sie anzureden und ihr, sobald wir etwas entfernt von der Gesellschaft waren, meine Empfindlichkeit über ihr neuliches Betragen zu zeigen. – »O Werther«, sagte sie mit einem innigen Tone, »konnten Sie meine Verwirrung so auslegen, da Sie mein Herz kennen? Was ich gelitten habe um Ihrentwillen von dem Augenblicke an, da ich in den Saal trat! Ich sah alles voraus, hundertmal saß mir's auf der Zunge, es Ihnen zu sagen. Ich wusste, dass die von S. und T. mit ihren Männern eher aufbrechen würden, als in Ihrer Gesellschaft zu bleiben; ich wusste, dass der Graf es mit ihnen nicht verderben darf, – und jetzt der Lärm!« – »Wie, Fräulein?«, sagt' ich und verbarg meinen Schrecken; denn alles, was Adelin mir ehegestern gesagt hatte, lief mir wie siedend Wasser durch die Adern in diesem Augenblicke. – »Was hat mich es schon gekostet!«, sagte das süße Geschöpf, indem ihr die Tränen in den Augen standen. – Ich war nicht Herr mehr von mir selbst, war im Begriffe, mich ihr zu Füßen zu werfen. – »Erklären Sie sich!«, rief ich. – Die Tränen liefen ihr die Wangen herunter. Ich war außer mir. Sie trocknete sie ab, ohne sie verbergen zu wollen. – »Meine Tante kennen Sie«, fing sie an, »sie war gegenwärtig und hat – o, mit was für Augen hat sie das angesehen! Werther, ich habe gestern Nacht ausgestanden und heute früh eine Predigt über meinen Umgang mit Ihnen, und ich habe müssen zuhören Sie herabsetzen, erniedrigen, und konnte und durfte Sie nur halb verteidigen.«
Jedes Wort, das sie sprach, ging mir wie ein Schwert durchs Herz. Sie fühlte nicht, welche Barmherzigkeit es gewesen wäre, mir das alles zu verschweigen, und nun fügte sie noch hinzu, was weiter würde geträtscht werden, was eine Art Menschen darüber triumphieren würde. Wie man sich nunmehr über die Strafe meines Übermuts und meiner Geringschätzigkeit anderer, die sie mir schon lange vorwerfen, kitzeln und freuen würde. Das alles, Wilhelm, von ihr zu hören, mit der Stimme der wahrsten Teilnehmung – ich war zerstört und bin noch wütend in mir. Ich wollte, dass sich einer unterstünde, mir's vorzuwerfen, dass ich ihm den Degen durch den Leib stoßen könnte; wenn ich Blut sähe, würde mir's besser werden. Ach, ich hab' hundertmal ein Messer ergriffen, um diesem gedrängten Herzen Luft zu machen. Man erzählt von einer edlen Art Pferde, die, wenn sie schrecklich erhitzt und aufgejagt sind, sich selbst aus Instinkt eine Ader aufbeißen, um sich zum Atem zu helfen. So ist mir's oft, ich möchte mir eine Ader öffnen, die mir die ewige Freiheit schaffte.

[1] auszeichnen, achten [2] Untergebene [3] beiläufig [4] in amtlicher Eigenschaft [5] bekleidet [6] wortkarg [7] überspringen, überwechseln [8] leichter Einspänner

(Werke, Insel Verlag, Frankfurt/Main 1966, Band IV, S. 61–64)

8 Warum hatte Werther Grund, sich in seinem Selbstverständnis getroffen zu fühlen? Welchen gesellschaftlichen Vorurteilen ist er ausgesetzt?

9 Vergleichen Sie die beschriebene Szene mit dem Protest des Prometheus gegen Zeus.

10 Prometheus wehrt sich. Werther fährt nach der Demütigung hinaus aufs Land und in die Natur; er liest in der *Odyssee* des **Homer** die Szene, als Odysseus nach zwanzig Jahren unerkannt in seine Heimat zurückkommt und von dem Schweinehirten Eumaios beherbergt und bewirtet wird. Was bedeuten Werther das Erlebnis der Natur und die Lektüre aus der *Odyssee*?

11 Wie spiegelt sich jeweils Werthers Stimmung in der Wortwahl und im Satzbau?

12 Vergleichen Sie, wie Werther in adeliger Gesellschaft und unter seinesgleichen spricht.

13 Vierzig Jahre später urteilte Goethe, als er schon längst geadelt war und am Hofe von Weimar lebte, im 13. Buch von *Dichtung und Wahrheit* (1814) über seinen Werther und dessen Erfolg: „von unbefriedigten Leidenschaften gepeinigt, von außen zu bedeutenden Handlungen keineswegs angeregt, in der einzigen Aussicht, uns in einem schleppenden, geistlosen, bürgerlichen Leben hinhalten zu müssen, befreundete man sich in unmutigem Übermut mit dem Gedanken, das Leben, wenn es einem nicht mehr anstehe, nach eigenem Belieben verlassen zu können, und half sich damit über die Unbilden und Langeweile der Tage notdürftig genug hin. Diese Gesinnung war so allgemein, dass eben *Werther* deswegen die große Wirkung hat, weil er überall anschlug und das Innere eines kranken jugendlichen Wahns öffentlich und fasslich darstellte."
Was halten Sie von dieser Äußerung im Vergleich mit dem Werther aus dem Jahre 1774?

Es schlug mein Herz

Es schlug mein Herz. Geschwind, zu Pferde!
Und fort, wild wie ein Held zur Schlacht.
Der Abend wiegte schon die Erde,
Und an den Bergen hing die Nacht.
Schon stund im Nebelkleid die Eiche
Wie ein getürmter Riese da.
Wo Finsternis aus dem Gesträuche
Mit hundert schwarzen Augen sah.

Der Mond von einem Wolkenhügel
Sah schläfrig aus dem Duft hervor,
Die Winde schwangen leise Flügel.
Umsausten schauerlich mein Ohr.
Die Nacht schuf tausend Ungeheuer,
Doch tausendfacher war mein Mut.
Mein Geist war ein verzehrend Feuer,
Mein ganzes Herz zerfloss in Glut.

Ich sah dich, und die milde Freude
Floss aus dem süßen Blick auf mich.
Ganz war mein Herz auf deiner Seite,
Und jeder Atemzug für dich.
Ein rosenfarbes Frühlingswetter
Lag auf dem lieblichen Gesicht
Und Zärtlichkeit für mich, ihr Götter,
Ich hofft' es, ich verdient' es nicht.

Der Abschied, wie bedrängt, wie trübe!
Aus deinen Blicken sprach dein Herz.
In deinen Küssen welche Liebe,
O welche Wonne, welcher Schmerz!
Du gingst, ich stund und sah zur Erden
Und sah dir nach mit nassem Blick.
Und doch, welch Glück, geliebt zu werden,
Und lieben, Götter, welch ein Glück!

(Werke, Christian Wegner Verlag, Hamburg 1966, Band I, S. 27 f.)

Die Urfassung dieses Gedichts schrieb Goethe während seiner Studienzeit in Straßburg (1771); später überarbeitete er den Text. Die Geliebte ist die Sesenheimer Pfarrerstochter Friederike Brion. Der heute geläufige Titel lautet seit der Ausgabe von 1789 *Willkommen und Abschied*. Obwohl das Gedicht autobiografische Züge trägt, ist der Ich-Erzähler nicht mit dem Autor gleichzusetzen; deshalb spricht man vom lyrischen Ich.

14 Wie spiegeln sich in den Naturbildern die Gefühle und Stimmungen des lyrischen Ich?

15 Beschreiben Sie, wie die einzelnen Naturerscheinungen dargestellt werden. Sind die Naturbilder reale Beobachtungen?

16 Das Gedicht hat Abschnitte der ungestümen Spannung und der glücklichen Ruhe. Wie unterscheiden sich diese Abschnitte in der Wortwahl und im Sprachrhythmus?

Friedrich Schiller

Friedrich Schiller

Die Räuber

In **Friedrich Schiller**s (1759–1805) dramatischem Erstling geht es, was den Handlungsverlauf anbetrifft, um die Rivalität zweier Brüder. Franz Moor, der von der Natur durch seine hässliche Gestalt benachteiligt ist, baut durch falsche Briefe eine Intrige auf, die ihm das Erbe, das dem älteren Bruder zusteht, sichern soll. Karl Moor, der glauben muss, dass sein Vater ihn verstoßen habe, zweifelt an der gerechten Ordnung der Welt und schließt sich einer Räuberbande an, deren Hauptmann er wird; er will auf eigene Faust Recht schaffen. Als Karl erfährt, welches Spiel Franz getrieben hat, stellt er sich der Justiz, um die »misshandelte Ordnung« wieder zu versöhnen.

Erster Akt. Zweite Szene

Schenke an den Grenzen von Sachsen. Karl von Moor in ein Buch vertieft. Spiegelberg trinkend am Tisch

KARL VON MOOR *(legt das Buch weg):* Mir ekelt vor diesem tintenklecksenden Säkulum[1], wenn ich in meinem Plutarch[2] lese von großen Menschen.

SPIEGELBERG: *(stellt ihm ein Glas hin und trinkt):* Den Josephus[3] musst du lesen.

MOOR: Der lohe Lichtfunke Prometheus' ist ausgebrannt, dafür nimmt man itzt die Flamme von Bärlappenmehl – Theaterfeuer, das keine Pfeife Tabak anzündet. Da krabbeln sie nun wie die Ratten auf der Keule des Herkules und studieren sich das Mark aus dem Schädel, was das für ein Ding sei, das er in seinen Hoden geführt hat? Ein französischer Abbé doziert, Alexander sei ein Hasenfuß gewesen, ein schwindsüchtiger Professor hält sich bei jedem Wort ein Fläschchen Salmiakgeist vor die Nase und liest ein Kollegium über die Kraft. Kerls, die in Ohnmacht fallen, wenn sie einen Buben gemacht haben, kritteln über die Taktik des Hannibals – feuchtohrige Buben fischen Phrases[4] aus der Schlacht bei Cannä und greinen über die Siege des Scipio, weil sie sie exponieren[5] müssen.

SPIEGELBERG: Das ist ja recht alexandrinisch[6] geflennt.

MOOR: Schöner Preis für euren Schweiß in der Feldschlacht, dass ihr jetzt in Gymnasien lebet und eure Unsterblichkeit in einem Bücherriemen mühsam fortgeschleppt wird. Kostbarer Ersatz eures verprassten Blutes, von einem Nürnberger Krämer um Lebkuchen gewickelt – oder, wenns glücklich geht, von einem französischen Tragödienschreiber auf Stelzen geschraubt und mit Drahtfäden gezogen zu werden! Hahaha!

SPIEGELBERG: *(trinkt):* Lies den Josephus, ich bitte dich drum.

MOOR: Pfui! Pfui über das schlappe Kastratenjahrhundert[7], zu nichts nütze, als die Taten der Vorzeit wiederzukäuen und die Helden des Altertums mit Kommentationen[8] zu schinden und zu verhunzen mit Trauerspielen. Die Kraft seiner Lenden ist versiegen gegangen und nun muss Bierhefe den Menschen fortpflanzen helfen.

SPIEGELBERG: Tee, Bruder, Tee!

MOOR: Da verrammeln sie sich die gesunde Natur mit abgeschmackten Konventionen, haben das Herz nicht, ein Glas zu leeren, weil sie Gesundheit dazu trinken müssen – belecken den Schuhputzer, dass er sie vertrete bei Ihro Gnaden, und hudeln den armen Schelm, den sie nicht fürchten. – Vergöttern sich um ein Mittagessen und möchten einander vergiften um ein Unterbett, das ihnen beim Aufstreich überboten wird. – Verdammen den Sadduzäer, der nicht fleißig genug in die Kirche kommt, und berechnen ihren Judenzins am Altare – fallen auf die Knie, damit sie ja ihren Schlamp[9] ausbreiten können – wenden kein Aug von dem Pfarrer, damit sie sehen, wie seine Perücke frisiert ist. – Fallen in Ohnmacht, wenn sie eine Gans bluten sehen, und klatschen in die Hände, wenn ihr Nebenbuhler bankerott von der Börse geht. – So warm ich ihnen die Hand drückte: – »nur noch einen Tag« – Umsonst! – Ins Loch mit dem Hund! Bitten! Schwüre! Tränen! *(Auf den Boden stampfend)* Hölle und Teufel!

SPIEGELBERG: Und um so ein paar tausend lausige Dukaten –

MOOR: Nein, ich mag nicht dran denken. Ich soll meinen Leib pressen in eine Schnürbrust und meinen Willen schnüren in Gesetze. Das Gesetz hat zum Schneckengang verdorben, was Adlerflug geworden wäre. Das Gesetz hat noch keinen großen Mann gebildet, aber die Freiheit brütet Kolosse und Extremitäten aus. Sie verpallisadieren[10] sich ins Bauchfell eines Tyrannen, hofieren der Laune seines Magens und lassen sich klemmen von seinen Winden. – Ah! dass der Geist Hermanns[11] noch in der Asche glimmte! – Stelle mich vor ein Heer Kerls wie ich, und aus Deutschland soll eine Republik werden, gegen die Rom und Sparta Nonnenklöster sein sollen. *(Er wirft den Degen auf den Tisch und steht auf)*

[1] Jahrhundert [2] griechischer Historiker (1. Jh. n. Chr.), der das Leben bedeutender Griechen und Römer beschrieb [3] jüdischer Historiker (1. Jh. n. Chr.,), der griechisch schrieb [4] Sätze [5] Sätze nach ihrer Struktur usw. erklären [6] Der Alexandriner war der Vers der mittelalterlichen Alexander-Epen. Hier ist aber seine Verwendung in den Tragödien der französischen Klassik gemeint. [7] Kastrat (lat.): Entmannter; hier „Unfähiger“ [8] gelehrte Schriften [9] Schleppe, Fetzen [10] einrammen [11] Hermann der Cherusker besiegte 9. n. Chr. im Teutoburger Wald die römischen Truppen unter Varus.

(Werke, Insel Verlag, Frankfurt/Main 1966, Band I, S. 20 f.)

Die Gestalten in dem Drama *Die Räuber* (1781) sind Beispiele extremer Individualität, aber geschaffen, wie Schiller selbstkritisch sagte, noch ehe er Menschen kennen gelernt habe. Die ersten Szenen entstanden, als Schiller noch an der Karlsschule war, einer strengen Lehranstalt für künftige Offiziere und Beamte in Württemberg. Auf der Karlsschule hatte Schiller ein Doppelleben führen müssen, vor dem Drill und Zwang entfloh er in die Freiheit und Fantasie der Literatur. Heimlich las er seinen Mitschülern einzelne Szenen aus dem geplanten Drama vor. Als er 1782 ohne herzogliche Erlaubnis – seit 1780 war er, schlecht bezahlt, als Regimentsarzt angestellt – zur Uraufführung des Stückes nach Mannheim fuhr, wurde er vom Herzog gemaßregelt und nach einer zweiten unerlaubten Reise 14 Tage in Arrest gesetzt. Als der Landesherr ihm sogar Schreibverbot auferlegte, floh er im September 1782 heimlich über die Grenze zu Freunden.

Der abgedruckte Szenenausschnitt ist wohl das bekannteste Beispiel für die sprachlichen Kraftakte der selbst ernannten *Originalgenies* im *Sturm und Drang*. Was die Wirklichkeit verweigert, wird im kraftstrotzenden Wortschwall herbeizitiert. Das ist die eine Seite; man kann sie eine Mischung aus angelerntem Schulwissen und jugendlichem Wunschdenken nennen. Die andere Seite ist aber der Protest gegen die herrschenden Zustände, der sich hinter diesem genialen Gehabe verbirgt.

17 Versuchen Sie das Durcheinander zu ordnen.

- Wovon reden Karl Moor und Spiegelberg in dem abgedruckten Szenenausschnitt?
- Worüber wettern sie? Was wollen sie verändern? Wie konkret sind die Äußerungen dazu?
- Welche Argumente bringen sie für ihre Ziele vor?

18 Auffallend ist auch die Sprache. Wenn man von den vielen Anspielungen und Hinweisen absieht, die man heute im Lexikon nachschlagen muss, so bleibt noch ein Großteil an sprachlichen Kraftakten in der Wortwahl wie im Satzbau. Stellen Sie dazu Beispiele zusammen und charakterisieren Sie sie.

19 Die Zitate und Hinweise auf große Helden gehen weit in die Geschichte zurück. Geschichte und historische Veränderungen werden an einzelnen großen Gestalten festgemacht. Widerspricht ein solcher Personenkult nicht gerade den republikanischen Reformzielen, aus Deutschland ein Land gleichberechtigter Bürger zu machen?

Jakob Michael Heinrich Lenz

Der Hofmeister

Der mittellose Universitätsabsolvent Läuffer muss sich unter demütigenden Bedingungen bei Mayor von Berg als Hauslehrer verdingen. Er wird von der Dame des Hauses auf seine Fähigkeiten geprüft und mit seinen Aufgaben vertraut gemacht. Die folgende Szene aus dem ersten Akt ist eine Art »Einstellungsgespräch«:

Jakob Michael Heinrich Lenz

Dritte Szene
Der Majorin Zimmer

Frau Majorin auf einem Kanapee. Läuffer in sehr demütiger Stellung neben ihr sitzend. LEOPOLD *steht.*

MAJORIN Ich habe mit Ihrem Herrn Vater gesprochen und von den dreihundert Dukaten stehenden Gehalts sind wir bis auf hundert und funfzig einig geworden. Dafür verlang ich aber auch, Herr – wie heißen Sie? – Herr Läuffer, dass Sie sich in Kleidern sauber halten und unserm Hause keine Schande machen. Ich weiss, dass Sie Geschmack haben; ich habe schon von Ihnen gehört, als Sie noch in Leipzig waren. Sie wissen, dass man heutzutage auf nichts in der Welt so sehr sieht, als ob ein Mensch sich zu führen wisse.

LÄUFFER Ich hoff', Euer Gnaden werden mit mir zufrieden sein. Wenigstens hab ich in Leipzig keinen Ball ausgelassen und wohl über die fünfzehn Tanzmeister in meinem Leben gehabt.

MAJORIN So? Lassen Sie doch sehen. (Läuffer steht auf.) Nicht furchtsam, Herr ... Läuffer: nicht furchtsam! Mein Sohn ist buschscheu[1] genug; wenn der einen blöden[2] Hofmeister bekommt, so ist's aus mit ihm. Versuchen Sie doch einmal, mir ein Kompliment aus der Menuet[3] zu machen; zur Probe nur, damit ich doch sehe. – Nun, nun, das geht schon an! Mein Sohn braucht vor der Hand keinen Tanzmeister! Auch einen Pas, wenn's Ihnen beliebt. – Es wird schon gehen; das wird sich alles geben, wenn Sie einmal einer unsrer Assembleen werden beigewohnt haben ... Sind Sie musikalisch?

LÄUFFER Ich spiele die Geige, und das Klavier zur Not.

MAJORIN Desto besser: wenn wir aufs Land gehn und Fräulein Milchzahn besuchen uns einmal; ich habe bisher ihnen immer was vorsingen müssen, wenn die guten Kinder Lust bekamen zu tanzen: aber besser ist besser.

Läuffer Euer Gnaden setzen mich außer mich: wo wäre ein Virtuos auf der Welt, der auf seinem Instrument Euer Gnaden Stimme zu erreichen hoffen dürfte.

Majorin Ha ha ha. Sie haben mich ja noch nicht gehört ... Warten Sie; ist Ihnen die Menuet bekannt? *(Singt.)*

Läuffer O ... o ... verzeihen Sie dem Entzückten, dem Enthusiasmus, der mich hinreißt. *(Küsst ihr die Hand.)*

Majorin Und ich bin doch enrhumiert[4] dazu; ich muss heut krähen wie ein Rabe. Vous parlez français, sans doute?[5]

Läuffer Un peu, Madame.

Majorin Avez-vous déjà fait votre tour de France?

Läuffer Non, Madame ... Oui, Madame.

Majorin Vous devez donc savoir, qu'en France on ne baise pas les mains, mon cher! ...

Bedienter *(tritt herein)* Der Graf Wermuth ...

(Graf Wermuth tritt herein.)

Graf *(nach einigen stummen Komplimenten setzt sich zur Majorin aufs Kanapee. Läuffer bleibt verlegen stehen)* Haben Euer Gnaden den neuen Tanzmeister schon gesehn, der aus Dresden angekommen? Er ist ein Marchese aus Florenz und heißt ... Aufrichtig: ich habe nur zwei auf meinen Reisen angetroffen, die ihm vorzuziehen waren.

Majorin Das gesteh ich, nur zwei! In der Tat, Sie machen mich neugierig; ich weiß, welchen verzärtelten Geschmack der Graf Wermuth hat.

Läuffer Pintinello...nicht wahr? Ich hab ihn in Leipzig auf dem Theater tanzen sehen; er tanzt nicht sonderlich...

Graf Er tanzt – on ne peut pas mieux.[6] – Wie ich Ihnen sage, gnädige Frau, in Petersburg hab ich einen Beluzzi gesehen, der ihm vorzuziehen war: aber dieser hat eine Leichtigkeit in seinen Füßen, so etwas Freies, göttlich Nachlässiges in seiner Stellung, in seinen Armen, in seinen Wendungen –

Läuffer Auf dem Kochischen Theater[7] ward er ausgepfiffen, als er sich das letztemal sehen ließ.

Majorin Merk Er sich, mein Freund, dass Domestiken in Gesellschaften von Standespersonen nicht mitreden! Geh Er auf Sein Zimmer! Wer hat Ihn gefragt?

(Läuffer tritt einige Schritte zurück.)

Graf Vermutlich der Hofmeister, den Sie dem jungen Herrn bestimmt?...

Majorin Er kommt ganz frisch von der hohen Schule. – Geh Er nur! Er hört ja, dass man von Ihm spricht; desto weniger schickt es sich, stehen zu bleiben. *(Läuffer geht mit einem steifen Kompliment ab.)* Es ist was Unerträgliches, dass man für sein Geld keinen rechtschaffenen Menschen mehr antreffen kann. Mein Mann hat wohl dreimal an einen dasigen Professor geschrieben, und dies soll doch noch der galanteste Mensch auf der ganzen Akademie gewesen sein. Sie sehen's auch wohl an seinem links bordierten Kleide. Stellen Sie sich vor, von Leipzig bis Insterburg zweihundert Dukaten Reisegeld und jährliches Gehalt fünfhundert Dukaten, ist das nicht erschröcklich?

GRAF Ich glaube, sein Vater ist der Prediger hier aus dem Ort…

MAJORIN Ich weiß nicht – es kann sein – ich habe nicht darnach gefragt, ja doch, ich glaub es fast: er heißt ja auch Läuffer; nun denn ist er freilich noch artig genug. Denn das ist ein rechter Bär, wenigstens hat er mich ein für allemal aus der Kirche gebrüllt.

GRAF Ist's ein Katholik?

MAJORIN Nein doch, Sie wissen ja, dass in Insterburg keine katholische Kirche ist: er ist lutherisch oder protestantisch, wollt ich sagen; er ist protestantisch.

GRAF Pintinello tanzt … Es ist wahr, ich habe mir mein Tanzen einige dreißigtausend Gulden kosten lassen, aber noch einmal so viel gäb ich drum, wenn …

[1] wie ein Pferd, das vor Büschen scheut [2] schüchtern [3] Tanz im ¾-Takt, aus Frankreich [4] erkältet [5] Sie sprechen sicherlich Französisch. – Ein bisschen, Madame. – Waren Sie schon in Frankreich? – Nein, Madame … Ja, Madame. – Sie dürften also wissen, dass man in Frankreich nicht die Hand küsst, mein Teurer! … [6] Man kann's nicht besser. [7] Die Koch'sche Gesellschaft, eine bekannte Schauspielertruppe, spielte in Leipzig seit 1770.

(Werke und Schriften, Rowohlt Verlag, Reinbek 1970, S. 10–13)

Jakob Michael Reinhold Lenz (1751–1792), der 1771 Goethe in Straßburg kennen gelernt hatte, nannte seinen *Hofmeister* (1774) eine Komödie. Das Stück ist ein frühes Beispiel eines gesellschaftskritischen Milieudramas. Lenz mied die große Geste; seine literarischen Gestalten sind Durchschnittsmenschen. Das mag auch eine Kritik am Geniekult im Sturm und Drang gewesen sein.

20 Wie wird Läuffer von seinen adligen Arbeitgebern behandelt?

21 Lenz setzt die Sprache bewusst zur Charakterisierung der Gestalten ein. Wie äußern sich die gesellschaftlichen Rangunterschiede auch sprachlich?

22 »Merk er sich, mein Freund, dass Domestiken in Gesellschaften von Standespersonen nicht mitreden!« – Was sagt diese Zurechtweisung über die Stellung eines Hauslehrers zu jener Zeit aus? Zur Erklärung: Domestik kommt aus dem Lateinischen und meint zunächst jemanden, „der zum Haus gehört".

23 Vergleichen Sie die Zurechtweisung des „Domestiken" Läuffer mit Werthers Situation im Brief vom 15. März (S. 79 f.).

Sturm und Drang ist eine treffende Bezeichnung für das Aufbegehren junger Autoren in den Jahren zwischen 1770 bis 1790 gegen eine Überbetonung der rein verstandesmäßigen Argumentation und gegen jede Art von Regelzwang. Sie wollten die Ziele der *Aufklärung* nicht abwerten, sondern erweitern. Verstand und Vernunft sollten sich mit den Kräften des Gefühls und einer selbstbewussten Individualität verbinden. Dies war auch ganz im Sinne des Philosophen Immanuel Kant. Nur: Im Unterschied zu Kants abwägendem Ausgleich zwischen den menschlichen Fähigkeiten und Veranlagungen stellten die jungen Autoren das Recht des sich frei bestimmenden Individuums, des *Originalgenies*, über alles. Diese »Maßlosigkeit« war auch durch die gesellschaftlichen Zwänge provoziert, gegen die sie aufbegehrten.

Das *Drama* war die bevorzugte Gattung, um kraftvolle Charaktere darzustellen. Shakespeare war das bewunderte Vorbild. Die Handlung überforderte nicht selten die Möglichkeiten der Bühne; sie spielte an vielen Orten und z. T. über lange Zeiträume. In *Briefromanen* und in der *Erlebnislyrik* konnte das erzählende Ich sich sehr persönlich darstellen und rechtfertigen; die Verbindungen zur *Empfindsamkeit* innerhalb der Aufklärung sind offensichtlich.

Die jugendlichen »Stürmer und Dränger« erkannten aber auch sehr bald die Grenzen ihres Aufbegehrens; der literarische Protest änderte an der gesellschaftlichen Wirklichkeit nichts. Selbstkritisch ließen sie ihre Helden an den herrschenden Verhältnissen scheitern: Auch Prometheus, das leuchtende Vorbild aus der griechischen Sage, wurde von Zeus an den Felsen geschmiedet. Dieses »Nachspiel« hatte Goethe in seinem Gedicht übergangen.

Goethe- und Schillerdenkmal in Weimar

Klassik (1786–1805)

Jede Nationalliteratur hat ihre Klassik, d. h. eine Epoche, die vorbildhaft und richtungweisend für die literarische Entwicklung war. So zumindest stellt es sich im Nachhinein dar; das Urteil fällt jeweils erst die Nachwelt. Für die Zeitgenossen war die deutsche Klassik zunächst nur e i n e von mehreren literarischen Strömungen; Aufklärung, Sturm und Drang, die Anfänge der Romantik und die so genannte Weimarer Klassik überlagerten sich, – nicht nur im allgemeinen Literaturbetrieb, sondern auch in den Biographien Goethes und Schillers. Goethe übersiedelte 1775 an den Weimarer Hof, Schiller folgte 1787; beide wurden später in den Adelsstand erhoben.

Im engeren Sinne versteht man heute unter *Weimarer Klassik* die Werke Goethes seit seiner Reise nach Italien (1786) und die Werke Schillers seit seiner Beschäftigung mit den Werken des Philosophen Immanuel Kant (1792). Die italienische Reise hat Goethes Interesse für die antike Welt und ihr Fortleben in der Renaissance geweckt; die Philosophie des deutschen Idealismus regte Schiller zu einem Bildungsprogramm an, in dem Kunst und Literatur eine wichtige Rolle spielen. Beides bedeutet eine allmähliche Ablösung von der Sturm-und-Drang-Zeit in der eigenen Biographie. Der Endpunkt, um die Klassik zeitlich einzuordnen, nämlich

Schillers Tod (1805), ist nur eine Orientierungshilfe; denn Goethe hat den Freund um fast drei Jahrzehnte überlebt und erst in den letzten Jahren sein Hauptwerk, den *Faust*, abgeschlossen.

Das rebellische Aufbegehren gegen jegliche Bevormundung – Kennzeichen des Sturm und Drang – wurde in der Weimarer Klassik durch das Bestreben nach Ausgleich und Versöhnung der Gegensätze ersetzt. *Ausgleich* und *Harmonie* sind vielleicht die besten Begriffe zur Charakterisierung der Weimarer Klassik; sie sind ästhetisch, d.h. im Bereich der Künste, wie auch politisch zu verstehen. Von den ursprünglichen Zielen der Französischen Revolution (1789) begeistert, über ihren Verlauf aber entsetzt, warben Goethe und Schiller in ihren »klassischen« Werken für eine Gesellschaft, die sich von Kants »kategorischem Imperativ« leiten lasse: »Handle so, dass die Maxime deines Willens jederzeit zugleich als Prinzip einer allgemeinen Gesetzgebung gelten könne.« (vgl. S. 56 f.)

Johann Wolfgang Goethe

1749–1765	Kindheit und Jugend in Frankfurt
1765–1771	Jura-Studium in Leipzig und Straßburg
1771–1775	Rechtsanwalt in Frankfurt, Praktikant am Reichskammergericht in Wetzlar
1775	Übersiedlung nach Weimar
1776	Eintritt in den weimarischen Hofdienst – Ernennung zum Geheimen Legationsrat
1782	Erhebung in den Adelsstand
1786–1788	Aufenthalt in Italien
1791	Direktor des Weimarer Hoftheaters
1794	Freundschaft mit Schiller
1806	Heirat mit Christiane Vulpius
1816	Christiane Vulpius gestorben
1832	in Weimar gestorben

Friedrich Schiller

1759–1766	Kindheit in Marbach, Ludwigsburg und Lorch
1767–1773	Lateinschule in Ludwigsburg
1773–1780	Schüler der Karlsschule – Studium der Medizin (auf Befehl des Herzogs)
1780–1782	Regimentsarzt in Stuttgart
1782	Flucht nach Mannheim
1784	Ernennung zum Weimarischen Rat, ohne feste Bezüge
1787	Übersiedlung nach Weimar
1789	Professor für Geschichte in Jena, ohne feste Bezüge
1791	Aufgabe der Lehrtätigkeit – Beginn einer chronischen Lungenentzündung
1794	Freundschaft mit Goethe
1802	Erhebung in den Adelsstand
1805	Tod durch akute Lungenentzündung

Johann Wolfgang Goethe

Faust

Johann Wolfgang Goethe

Die Arbeiten am *Faust* haben Johann Wolfgang Goethe ein Leben lang begleitet. Ein erster Entwurf entstand zwischen 1772–1775, die letzten Szenen des zweiten Teils wurden 1831 abgeschlossen. Deshalb lässt sich dieses Lebenswerk weder der einen noch der anderen Literaturepoche ausschließlich zuordnen. Die beiden Teile des *Faust* sind das Ergebnis eines langen Prozesses.

Der Stoff – zumindest für den ersten Teil der Tragödie – geht auf das *Volksbuch Historia von D. Johann Fausten* (1587) zurück. Der Faust des Volksbuches war ein warnendes Beispiel menschlicher Maßlosigkeit. Goethe hat dieses Motiv in das Streben des Menschen nach immer neuer Erkenntnis aufgewertet. Faust, der sich in allen Wissenschaften versucht hat, will die Grenzen des traditionellen Wissens überschreiten. Die Eingangsszene gehört zu den frühesten Texten:

Der Tragödie erster Teil
Nacht

In einem hochgewölbten, engen gotischen Zimmer.
Faust, unruhig auf seinem Sessel am Pulte.

FAUST Habe nun, ach! Philosophie,
Juristerei und Medizin
Und leider auch Theologie
Durchaus studiert, mit heißem Bemühn.
Da steh ich nun, ich armer Tor!
Und bin so klug als wie zuvor;
Heiße Magister, heiße Doktor gar,
Und ziehe schon an die zehen Jahr
Herauf, herab und quer und krumm
Meine Schüler an der Nase herum –
Und sehe, dass wir nichts wissen können!
Das will mir schier das Herz verbrennen.
Zwar bin ich gescheiter als alle die Laffen,
Doktoren, Magister, Schreiber und Pfaffen;
Mich plagen keine Skrupel noch Zweifel,
Fürchte mich weder vor Hölle noch Teufel –
Dafür ist mir auch alle Freud entrissen,
Bilde mir nicht ein, was Rechts zu wissen,
Bilde mir nicht ein, ich könnte was lehren,
Die Menschen zu bessern und zu bekehren.
Auch hab ich weder Gut noch Geld,
Noch Ehr und Herrlichkeit der Welt;
Es möchte kein Hund so länger leben!
Drum hab ich mich der Magie ergeben,
Ob mir durch Geistes Kraft und Mund
Nicht manch Geheimnis würde kund;
Dass ich nicht mehr mit saurem Schweiß
Zu sagen brauche, was ich nicht weiß;

Dass ich erkenne, was die Welt
Im Innersten zusammenhält,
Schau alle Wirkenskraft und Samen
Und tu nicht mehr in Worten kramen.

O sähst du, voller Mondenschein,
Zum letzten Mal auf meine Pein,
Den ich so manche Mitternacht
An diesem Pult herangewacht:
Dann über Büchern und Papier,
Trübselger Freund, erschienst du mir!
Ach! könnt ich doch auf Bergeshöhn
In deinem lieben Lichte gehn,
Um Bergeshöhle mit Geistern schweben,
Auf Wiesen in deinem Dämmer weben,
Von allem Wissensqualm entladen
In deinem Tau gesund mich baden!

Weh! steck ich in dem Kerker noch?
Verfluchtes dumpfes Mauerloch,
Wo selbst das liebe Himmelslicht
Trüb durch gemalte Scheiben bricht!
Beschränkt von diesem Bücherhauf,
Den Würme nagen, Staub bedeckt,
Den bis ans hohe Gewölb hinauf
Ein angeraucht Papier umsteckt;
Mit Gläsern, Büchsen rings umstellt,
Mit Instrumenten vollgepfropft,
Urväter-Hausrat drein gestopft –
Das ist deine Welt! das heißt eine Welt!
Und fragst du noch, warum dein Herz
Sich bang in deinem Busen klemmt?
Warum ein unerklärter Schmerz
Dir alle Lebensregung hemmt?
Statt der lebendigen Natur,
Da Gott die Menschen schuf hinein,
Umgibt in Rauch und Moder nur
Dich Tiergeripp und Totenbein.

Flieh! auf! hinaus ins weite Land!

(Wie der Faust des Volksbuches schließt auch Goethes Faust einen Pakt mit Mephistopheles; er verschreibt ihm seine Seele unter der Bedingung, dass er ihm alle seine Sehnsüchte erfüllen könne:)

Studierzimmer
Faust, Mephistopheles

(...)
FAUST Werd ich beruhigt je mich auf ein Faulbett legen,
So sei es gleich um mich getan!
Kannst du mich schmeichelnd je belügen,
Dass ich mir selbst gefallen mag,
Kannst du mich mit Genuss betrügen –
Das sei für mich der letzte Tag!
Die Wette biet ich!

MEPHISTOPHELES Topp!

Faust Und Schlag auf Schlag!
Werd ich zum Augenblicke sagen:
Verweile doch! Du bist so schön!
Dann magst du mich in Fesseln schlagen,
Dann will ich gern zugrunde gehn!
Dann mag die Totenglocke schallen,
Dann bist du deines Dienstes frei,
Die Uhr mag stehn, der Zeiger fallen,
Es sei die Zeit für mich vorbei!

(Diese Teufelswette aus dem Volksbuch zwischen Faust und Mephistopheles hat Goethe später, um 1800, in einem Vorspann zum Schauspiel um die Wette zwischen Gott und Mephistopheles erweitert; das individuelle Geschehen wird ins Beispielhafte erhoben:)

Prolog im Himmel

(...)
Der Herr. Kennst du den Faust?
Mephistopheles. Den Doktor?
Der Herr. Meinen Knecht!
Mephistopheles. Fürwahr! er dient Euch auf besondre Weise.
Nicht irdisch ist des Toren Trank noch Speise.
Ihn treibt die Gärung in die Ferne,
Er ist sich seiner Tollheit halb bewusst;
Vom Himmel fordert er die schönsten Sterne
Und von der Erde jede höchste Lust,
Und alle Näh und alle Ferne
Befriedigt nicht die tiefbewegte Brust.
Der Herr. Wenn er mir jetzt auch nur verworren dient,
So werd ich ihn bald in die Klarheit führen.
Weiß doch der Gärtner, wenn das Bäumchen grünt,
Dass Blüt und Frucht die künftgen Jahre zieren.
Mephistopheles. Was wettet Ihr? Den sollt Ihr noch verlieren,
Wenn Ihr mir die Erlaubnis gebt,
Ihn meine Straße sacht zu führen!
Der Herr. Solang er auf der Erde lebt,
So lange sei dirs nicht verboten.
Es irrt der Mensch, solang er strebt.

(Durch diese »Doppelung« der Wette wird die Geschichte des Faust im Sinne der Klassik zum »Welttheater«. Im ersten Teil, der dem Volksbuch noch sehr nahe steht, versagt Faust, weil er nur an sich denkt und jede Bindung als Einengung empfindet: Gretchen, von Faust verführt und verlassen, wird wahnsinnig und tötet ihr Kind. Vergeblich versucht Faust, Gretchen aus dem Gefängnis zu befreien. Damit endet der erste Teil. – Im zweiten Teil öffnet sich für Faust die Welt; er reist, mit Hilfe des Mephistopheles, durch die Geschichte; er ist Berater an Kaiserhöfen und entwirft neue Staatsideen. Aber am Ziel seiner Wünsche fühlt er sich erst, als er versucht, dem Meer neues Land abzugewinnen und es mit Menschen zu besiedeln. Hier kehrte Goethe zum ursprünglichen Ansatz der Doppelwette zurück. Faust, d. h. seine Seele, wird gerettet, weil er sich in den Dienst der Menschheit stellte. Am Ende des zweiten Teils, als Faust stirbt, heißt es:)

Engel schwebend in der höheren Atmosphäre, Faustens Unsterbliches tragend.
Gerettet ist das edle Glied
Der Geisterwelt vom Bösen:
Wer immer strebend sich bemüht,
Den können wir erlösen.
Und hat an ihm die Liebe gar
Von oben teilgenommen,
Begegnet ihm die selige Schar
Mit herzlichem Willkommen.

(Werke, Band III, Insel Verlag, Frankfurt/Main 1966, S. 15–17, 52, 337)

1 Goethe hat in seinen ersten Textentwürfen zum Faust noch bewusst »volkstümlich« (d. h. im Stile des 16. Jahrhunderts) gereimt und ein einfaches Betonungsschema für seine Verse gewählt. Man spricht vom »Knittelvers«. Die typischen Merkmale des Knittelverses finden Sie in der Eingangsszene. Stellen Sie Ihre Beobachtungen zusammen.

2 In Goethes Bearbeitung des alten Stoffes wird Faust gerettet; er macht auch eine Entwicklung, einen »Läuterungsprozess« durch. Wie interpretieren Sie die Rechtfertigung – »Wer immer strebend sich bemüht / Den können wir erlösen.« – für seine (geistige) Rettung?

Iphigenie auf Tauris

Goethe hatte das Schauspiel *Iphigenie auf Tauris* zunächst in Prosa geschrieben. Für die endgültige Fassung (1786) wählte er den Blankvers in fünfhebigen Jamben. Der Stoff stammt aus der griechischen Sage: Um die beleidigte Göttin Diana (Artemis) zu versöhnen und für die Flotte der Griechen bei der Ausfahrt gegen Troja günstige Winde zu erbitten, lässt Agamemnon seine Tochter opfern; die Göttin aber entrückt sie in das ferne Taurien, wo Iphigenie unter den Barbaren als Priesterin dient. Unter ihrem Einfluss hat Thoas, der König der Taurier, den barbarischen Brauch abgeschafft, jeden Fremden, der an das Gestade kommt, der Göttin zu opfern. Da aber Iphigenie, die immer noch auf ihre Rückkehr nach Griechenland hofft, sich den Werbungen des Königs verweigert, will Thoas den alten Brauch der Menschenopfer wieder einführen, und die Ersten sollen die Fremden sein, die man am Strand überrascht hat.

Hier setzt die Handlung des Schauspiels ein. Die beiden Fremden sind Orest, Iphigenies Bruder, und sein Freund Pylades. Orest, der seine Mutter getötet hatte, um den Mord an seinem Vater zu rächen, kann den Fluch, den er auf sich geladen hat, nur von sich abwenden, wenn er, wie ein Orakelspruch lautet, die Schwester wieder heimführt. Da er den Doppelsinn des Orakels nicht versteht, will er das Bildnis der Göttin, der Schwester Apollos, aus dem Barbarenland entführen. Iphigenie will den Ankömmlingen helfen und sie retten; der Konflikt verschärft sich, als sie erfährt, wer die Fremden sind. In ihrer äußersten Not entschließt sie sich auf die Macht der Wahrheit zu vertrauen und sich Thoas zu offenbaren; kein Betrug soll den Ausgang des Konflikts verdunkeln. Mit dieser entscheidenden Szene endet auch das Schauspiel:

Iphigenie. Thoas. Orest.

IPHIGENIE Befreit von Sorge mich, eh ihr zu sprechen
Beginnet. Ich befürchte bösen Zwist,
Wenn du, o König, nicht der Billigkeit
Gelinde Stimme hörest, du, mein Bruder,
Der raschen Jugend nicht gebieten willst.
THOAS Ich halte meinen Zorn, wie es dem Ältern
Geziemt, zurück. Antworte mir! Womit
Bezeugst du, dass du Agamemnons Sohn
Und Dieser Bruder bist?
OREST Hier ist das Schwert,
Mit dem er Trojas tapfre Männer schlug.
Dies nahm ich seinem Mörder ab und bat
Die Himmlischen, den Mut und Arm, das Glück
Des großen Königes mir zu verleihn,

Und einen schönen Tod mir zu gewähren.
Wähl einen aus den Edeln deines Heers
Und stelle mir den Besten gegenüber.
So weit die Erde Heldensöhne nährt,
Ist keinem Fremdling dies Gesuch verweigert.

THOAS Dies Vorrecht hat die alte Sitte nie
Dem Fremden hier gestattet.

OREST So beginne
Die neue Sitte denn von dir und mir!
Nachahmend heiliget ein ganzes Volk
Die edle Tat der Herrscher zum Gesetz.
Und lass mich nicht allein für unsre Freiheit,
Lass mich, den Fremden, für die Fremden kämpfen!
Fall ich, so ist ihr Urteil mit dem meinen
Gesprochen; aber gönnet mir das Glück,
Zu überwinden, so betrete nie
Ein Mann dies Ufer, dem der schnelle Blick
Hülfreicher Liebe nicht begegnet, und
Getröstet scheide jeglicher hinweg!

THOAS Nicht unwert scheinest du, o Jüngling, mir
Der Ahnherrn, deren du dich rühmst, zu sein.
Groß ist die Zahl der edeln, tapfern Männer,
Die mich begleiten; doch ich stehe selbst
In meinen Jahren noch dem Feinde, bin
Bereit, mit dir der Waffen Los zu wagen.

IPHIGENIE Mitnichten! Dieses blutigen Beweises
Bedarf es nicht, o König! Lasst die Hand
Vom Schwerte! Denkt an mich und mein Geschick.
Der rasche Kampf verewigt einen Mann:
Er falle gleich, so preiset ihn das Lied.
Allein die Tränen, die unendlichen,
Der überbliebnen, der verlassnen Frau
Zählt keine Nachwelt, und der Dichter schweigt
Von tausend durchgeweinten Tag- und Nächten,
Wo eine stille Seele den verlornen,
Rasch abgeschiednen Freund vergebens sich
Zurückzurufen bangt und sich verzehrt.
Mich selbst hat eine Sorge gleich gewarnt,
Dass der Betrug nicht eines Räubers mich
Vom sichern Schutzort reiße, mich der Knechtschaft

Verrate. Fleißig hab ich sie befragt,
Nach jedem Umstand mich erkundigt, Zeichen
Gefordert, und gewiss ist nun mein Herz.
Sieh hier an seiner rechten Hand das Mal
Wie von drei Sternen, das am Tage schon,
Da er geboren ward, sich zeigte, das
Auf schwere Tat, mit dieser Faust zu üben,
Der Priester deutete. Dann überzeugt
Mich doppelt diese Schramme, die ihm hier
Die Augenbraune spaltet. Als ein Kind
Ließ ihn Elektra, rasch und unvorsichtig
Nach ihrer Art, aus ihren Armen stürzen.
Er schlug auf einen Dreifuß auf – Er ists –
Soll ich dir noch die Ähnlichkeit des Vaters,
Soll ich das innre Jauchzen meines Herzens
Dir auch als Zeugen der Versichrung nennen?

THOAS Und hübe deine Rede jeden Zweifel
Und bändigt' ich den Zorn in meiner Brust:
So würden doch die Waffen zwischen uns
Entscheiden müssen; Frieden seh ich nicht.
Sie sind gekommen, du bekennest selbst,
Das heilge Bild der Göttin mir zu rauben.
Glaubt ihr, ich sehe dies gelassen an?
Der Grieche wendet oft sein lüstern Auge
Den fernen Schätzen der Barbaren zu,
Dem goldnen Felle, Pferden, schönen Töchtern;
Doch führte sie Gewalt und List nicht immer
Mit den erlangten Gütern glücklich heim.

OREST Das Bild, o König, soll uns nicht entzweien!
Jetzt kennen wir den Irrtum, den ein Gott
Wie einen Schleier um das Haupt uns legte,
Da er den Weg hierher uns wandern ließ.
Um Rat und um Befreiung bat ich ihn
Von dem Geleit der Furien; er sprach:
Bringst du die Schwester, die an Tauris' Ufer
Im Heiligtume wider Willen bleibt,
Nach Griechenland, so löset sich der Fluch. –
Wir legen's von Apollens Schwester aus,
Und er gedachte dich! Die strengen Bande
Sind nun gelöst; du bist den Deinen wieder,

Du Heilige, geschenkt. Von dir berührt,
War ich geheilt; in deinen Armen fasste
Das Übel mich mit allen seinen Klauen
Zum letzten Mal und schüttelte das Mark
Entsetzlich mir zusammen; dann entfloh's
Wie eine Schlange zu der Höhle. Neu
Genieß ich nun durch dich das weite Licht
Des Tages. Schön und herrlich zeigt sich mir
Der Göttin Rat. Gleich einem heilgen Bilde,
Daran der Stadt unwandelbar Geschick
Durch ein geheimes Götterwort gebannt ist,
Nahm sie dich weg, dich Schützerin des Hauses;
Bewahrte dich in einer heilgen Stille
Zum Segen deines Bruders und der Deinen.
Da alle Rettung auf der weiten Erde
Verloren schien, gibst du uns alles wieder.
Lass deine Seele sich zum Frieden wenden,
O König! Hindre nicht, dass sie die Weihe
Des väterlichen Hauses nun vollbringe,
Mich der entsühnten Halle wiedergebe,
Mir auf das Haupt die alte Krone drücke!
Vergilt den Segen, den sie dir gebracht,
Und lass des nähern Rechtes mich genießen!
Gewalt und List, der Männer höchster Ruhm,
Wird durch die Wahrheit dieser hohen Seele
Beschämt, und reines kindliches Vertrauen
Zu einem edeln Manne wird belohnt.

IPHIGENIE Denk an dein Wort, und lass durch diese Rede
Aus einem graden, treuen Munde dich
Bewegen! Sieh uns an! Du hast nicht oft
Zu solcher edeln Tat Gelegenheit.
Versagen kannst du's nicht; gewähr es bald!

THOAS So geht!

IPHIGENIE Nicht so, mein König! Ohne Segen,
In Widerwillen scheid ich nicht von dir.
Verbann uns nicht! Ein freundlich Gastrecht walte
Von dir zu uns: so sind wir nicht auf ewig
Getrennt und abgeschieden. Wert und teuer,
Wie mir mein Vater war, so bist du's mir,
Und dieser Eindruck bleibt in meiner Seele.

Bringt der Geringste deines Volkes je
Den Ton der Stimme mir ins Ohr zurück,
Den ich an euch gewohnt zu hören bin,
Und seh ich an dem Ärmsten eure Tracht:
Empfangen will ich ihn wie einen Gott,
Ich will ihm selbst ein Lager zubereiten,
Auf einen Stuhl ihn an das Feuer laden,
Und nur nach dir und deinem Schicksal fragen.
O geben dir die Götter deiner Taten
Und deiner Milde wohlverdienten Lohn!
Leb wohl! O wende dich zu uns und gib
Ein holdes Wort des Abschieds mir zurück!
Dann schwellt der Wind die Segel sanfter an,
Und Tränen fließen lindernder vom Auge
Des Scheidenden. Leb wohl! Und reiche mir
Zum Pfand der alten Freundschaft deine Rechte.

THOAS Lebt wohl!

(Werke, Band II, Insel Verlag, Frankfurt/Main 1966, S. 306–310)

Die *Iphigenie* wurde immer wieder als Goethes Bekenntnis zur reinen Menschlichkeit gepriesen. Dabei darf aber nicht übersehen werden, dass dieser Entwurf eines sittlichen Verhaltens vom Einverständnis aller abhängt. Nur durch Iphigenies moralische Lauterkeit und ihre bedingungslose Wahrhaftigkeit, das heißt: durch ihr Vorbild einer reinen Menschlichkeit, wird Thoas bewogen ähnlich zu handeln. Der glückliche Ausgang war kein notwendiger, sondern ein möglicher.

3 Die letzten Worte in diesem Schauspiel spricht König Thoas: »Lebt wohl!« Was beinhaltet dieser Abschiedsgruß gegenüber den Worten kurz vorher »So geht!«?

4 Gliedern Sie die Schlussszene nach den einzelnen Argumenten, die von den Beteiligten vorgebracht werden. Wie wird Spannung erzeugt?

5 Goethe hat für die endgültige Fassung nicht nur die Versform (Blankverse) gewählt, auch die Sprache ist dem Alltag enthoben. An welchen Stellen lässt sich dies besonders deutlich zeigen?

Vermächtnis

Kein Wesen kann zu nichts zerfallen!
Das Ewge regt sich fort in allen,
Am Sein erhalte dich beglückt!
Das Sein ist ewig: denn Gesetze
Bewahren die lebendgen Schätze,
Aus welchen sich das All geschmückt.

Das Wahre war schon längst gefunden,
Hat edle Geisterschaft verbunden;
Das alte Wahre, fass es an!
Verdank es, Erdensohn, dem Weisen,
Der ihr*, die Sonne zu umkreisen,
Und dem Geschwister wies die Bahn.

Sofort nun wende dich nach innen:
Das Zentrum findest du da drinnen,
Woran kein Edler zweifeln mag.
Wirst keine Regel da vermissen.
Denn das selbstständige Gewissen
Ist Sonne deinem Sittentag.

Den Sinnen hast du dann zu trauen,
Kein Falsches lassen sie sich schauen,
Wenn dein Verstand dich wach erhält.
Mit frischem Blick bemerke freudig
Und wandle, sicher wie geschmeidig,
Durch Auen reich begabter Welt.

Genieße mäßig Füll und Segen;
Vernunft sei überall zugegen,
Wo Leben sich des Lebens freut.
Dann ist Vergangenheit beständig,
Das Künftige voraus lebendig,
Der Augenblick ist Ewigkeit.

Und war es endlich dir gelungen,
Und bist du vom Gefühl durchdrungen:
Was fruchtbar ist, allein ist wahr –
Du prüfst das allgemeine Walten,
Es wird nach seiner Weise schalten,
Geselle dich zur kleinsten Schar.

Und wie von alters her, im Stillen,
Ein Liebewerk nach eignem Willen
Der Philosoph, der Dichter schuf,
So wirst du schönste Gunst erzielen:
Denn edlen Seelen vorzufühlen
Ist wünschenswertester Beruf.

* Zum Verständnis: »ihr« bezieht sich auf die Erde in »Erdensohn«.

(Werke, Band I, Insel Verlag, Frankfurt/Main 1966, S. 231 f.)

6 Dieses Gedicht hat Goethe in seinen letzten Lebensjahren geschrieben; es ist sein »Vermächtnis«. Auch wenn Sie nicht alles »aufschlüsseln« und verstehen können, versuchen Sie, die für Sie wichtigsten »Lebensregeln« mit Ihren eigenen Worten wiederzugeben.

7 Welche Aussagen würden Sie als bezeichnend für die Zeit der deutschen Klassik halten? Welche sollten nach Ihrer Meinung ein zeitloses Vermächtnis sein?

Friedrich Schiller

Maria Stuart

In dem Trauerspiel *Maria Stuart* (1800) griff Friedrich Schiller einen historischen Stoff auf. 1587 hatte Elisabeth I. die schottische Königin Maria Stuart, die bei ihr Schutz gesucht hatte, aus Furcht, dass sie ihr das Recht auf den englischen Thron streitig machen könnte, hinrichten lassen. Dabei spielten Marias Beteiligung an der Verschwörung gegen die englische Thronfolgerin und konfessionelle Gegensätze eine wichtige Rolle.
Zu Beginn der Handlung ist das Urteil über Maria Stuart bereits gefällt; die Vollstreckung steht bevor. Das Trauerspiel ist nach dem Vorbild der antiken Tragödie in fünf Aufzüge (Akte) eingeteilt. Den Mittelpunkt und auch die Wende bildet der dritte Aufzug, die Begegnung der beiden Rivalinnen, die sich vorher noch nie gesehen hatten. Freunde Marias hatten diese Begegnung arrangiert, in der Hoffnung, dass das Todesurteil doch noch aufgehoben werden könnte:

ELISABETH *(kalt und streng)*
Was habt Ihr mir zu sagen, Lady Stuart?
Ihr habt mich sprechen wollen. Ich vergesse
Die Königin, die schwer beleidigte,
Die fromme Pflicht der Schwester zu erfüllen,
Und meines Anblicks Trost gewähr ich Euch.
Dem Trieb der Großmut folg ich, setze mich
Gerechtem Tadel aus, dass ich so weit
Herunter steige – denn Ihr wisst,
Dass Ihr mich habt ermorden lassen wollen.
MARIA Womit soll ich den Anfang machen, wie
Die Worte klüglich stellen, dass sie Euch
Das Herz ergreifen, aber nicht verletzen!
O Gott, gib meiner Rede Kraft, und nimm
Ihr jeden Stachel, der verwunden könnte!
Kann ich doch für mich selbst nicht sprechen, ohne Euch
Schwer zu verklagen, und das will ich nicht.
– Ihr habt an mir gehandelt, wie nicht recht ist,
Denn ich bin eine Königin wie Ihr,
Und Ihr habt als Gefangne mich gehalten,
Ich kam zu Euch als eine Bittende,
Und Ihr, des Gastrechts heilige Gesetze,
Der Völker heilig Recht in mir verhöhnend,
Schlosst mich in Kerkermauern ein, die Freunde,

Die Diener werden grausam mir entrissen,
Unwürdgem Mangel werd ich preis gegeben,
Man stellt mich vor ein schimpfliches Gericht –
Nichts mehr davon! Ein ewiges Vergessen
Bedecke, was ich Grausames erlitt.
– Seht! Ich will alles eine Schickung nennen,
Ihr seid nicht schuldig, ich bin auch nicht schuldig,
Ein böser Geist stieg aus dem Abgrund auf,
Den Hass in unsern Herzen zu entzünden,
Der unsre zarte Jugend schon entzweit.
Er wuchs mit uns, und böse Menschen fachten
Der unglückselgen Flamme Atem zu.
Wahnsinnge Eiferer bewaffneten
Mit Schwert und Dolch die unberufne Hand –
Das ist das Fluchgeschick der Könige,
Dass sie, entzweit, die Welt in Hass zerreißen,
Und jeder Zwietracht Furien entfesseln.
– Jetzt ist kein fremder Mund mehr zwischen uns,
(nähert sich ihr zutraulich und mit schmeichelndem Ton)
Wir stehn einander selbst nun gegenüber.
Jetzt Schwester redet! Nennt mir meine Schuld,
Ich will Euch völliges Genügen leisten.
Ach, dass Ihr damals mir Gehör geschenkt,
Als ich so dringend Euer Auge suchte!
Es wäre nie so weit gekommen, nicht
An diesem traur'gen Ort geschähe jetzt
Die unglückselig traurige Begegnung.

ELISABETH Mein guter Stern bewahrte mich davor,
Die Natter an den Busen mir zu legen.
– Nicht die Geschicke, Euer schwarzes Herz
Klagt an, die wilde Ehrsucht Eures Hauses.
Nichts Feindliches war zwischen uns geschehn,
Da kündigte mir Euer Ohm, der stolze,
Herrschwütge Priester, der die freche Hand
Nach allen Kronen streckt, die Fehde an,
Betörte Euch, mein Wappen anzunehmen,
Euch meine Königstitel zuzueignen,
Auf Tod und Leben in den Kampf mit mir
Zu gehn – Wen rief er gegen mich nicht auf?
Der Priester Zungen und der Völker Schwert,

Des frommen Wahnsinns fürchterliche Waffen,
Hier selbst, im Friedenssitze meines Reichs,
Blies er mir der Empörung Flammen an –
Doch Gott ist mit mir, und der stolze Priester
Behält das Feld nicht – Meinem Haupte war
Der Streich gedrohet, und das Eure fällt!

MARIA Ich steh in Gottes Hand. Ihr werdet Euch
So blutig Eurer Macht nicht überheben –

ELISABETH Wer soll mich hindern? Euer Oheim gab
Das Beispiel allen Königen der Welt,
Wie man mit seinen Feinden Frieden macht,
Die Sankt Barthelemi sei meine Schule!
Was ist mir Blutsverwandtschaft, Völkerrecht?
Die Kirche trennet aller Pflichten Band,
Den Treubruch heiligt sie, den Königsmord,
Ich übe nur, was Eure Priester lehren.
Sagt! Welches Pfand gewährte mir für Euch,
Wenn ich großmütig Eure Bande löste?
Mit welchem Schloss verwahr ich Eure Treue,
Das nicht Sankt Peters Schlüssel öffnen kann?
Gewalt nur ist die einzge Sicherheit,
Kein Bündnis ist mit dem Gezücht der Schlangen.

MARIA O das ist euer traurig finstrer Argwohn!
Ihr habt mich stets als eine Feindin nur
Und Fremdlingin betrachtet. Hättet ihr
Zu Eurer Erbin mich erklärt, wie mir
Gebührt, so hätten Dankbarkeit und Liebe
Euch eine treue Freundin und Verwandte
In mir erhalten.

ELISABETH Draußen, Lady Stuart,
Ist eure Freundschaft, Euer Haus das Papsttum,
Der Mönch ist Euer Bruder – Euch, zur Erbin
Erklären! Der verräterische Fallstrick!
Dass Ihr bei meinem Leben noch mein Volk
Verführtet, eine listige Armida
Die edle Jugend meines Königreichs
In Eurem Buhlernetze schlau verstricktet –
Dass alles sich der neu aufgehnden Sonne
Zuwendete, und ich –

MARIA Regiert in Frieden!

Jedwedem Anspruch auf dies Reich entsag ich.
Ach, meines Geistes Schwingen sind gelähmt,
Nicht Größe lockt mich mehr – Ihr habts erreicht,
Ich bin nur noch der Schatten der Maria.
Gebrochen ist in langer Kerkerschmach
Der edle Mut – Ihr habt das Äußerste an mir
Getan, habt mich zerstört in meiner Blüte!
– Jetzt macht ein Ende, Schwester. Sprecht es aus,
Das Wort, um dessentwillen Ihr gekommen,
Denn nimmer will ich glauben, dass Ihr kamt,
Um euer Opfer grausam zu verhöhnen.
Sprecht dieses Wort aus. Sagt mir: »Ihr seid frei,
Maria! Meine Macht habt Ihr gefühlt,
Jetzt lernet meinen Edelmut verehren.«
Sagts, und ich will mein Leben, meine Freiheit
Als ein Geschenk aus Eurer Hand empfangen.
– Ein Wort macht alles ungeschehn. Ich warte
Darauf. O lasst michs nicht zu lang erharren!
Weh Euch, wenn Ihr mit diesem Wort nicht endet!
Denn wenn Ihr jetzt nicht segenbringend, herrlich,
Wie eine Gottheit von mir scheidet – Schwester!
Nicht um dies ganze reiche Eiland, nicht
Um alle Länder, die das Meer umfasst,
Möcht Ich vor Euch so stehn, wie Ihr vor mir!

Elisabeth Bekennt Ihr endlich Euch für überwunden?
Ist's aus mit Euren Ränken? Ist kein Mörder
Mehr unterwegs? Will kein Abenteurer
Für Euch die traur'ge Ritterschaft mehr wagen?
– Ja es ist aus, Lady Maria. Ihr verführt
Mir keinen mehr. Die Welt hat andre Sorgen.
Es lüstet keinen Euer – vierter Mann
Zu werden, denn Ihr tötet Eure Freier,
Wie Eure Männer!

Maria *(auffahrend)* Schwester! Schwester!
Oh Gott! Gott! Gib mir Mäßigung!

Elisabeth *(sieht sie lange mit einem Blick stolzer Verachtung an)*
Das also sind die Reizungen, Lord Leicester,
Die ungestraft kein Mann erblickt, daneben
Kein andres Weib sich wagen darf zu stellen!
Fürwahr! Der Ruhm war wohlfeil zu erlangen,

Es kostet nichts, die allgemeine Schönheit
Zu sein, als die gemeine sein für alle!

MARIA Das ist zu viel!

ELISABETH *(höhnisch lachend)*
Jetzt zeigt ihr Euer wahres
Gesicht, bis jetzt wars nur die Larve.

MARIA *(von Zorn glühend, doch mit einer edlen Würde)*
Ich habe menschlich, jugendlich gefehlt,
Die Macht verführte mich, ich hab es nicht
Verheimlicht und verborgen, falschen Schein
Hab ich verschmäht, mit königlichem Freimut.
Das Ärgste weiß die Welt von mir und ich
Kann sagen, ich bin besser als mein Ruf.
Weh euch, wenn sie von Euren Taten einst
Den Ehrenmantel zieht, womit Ihr gleißend
Die wilde Glut verstohlner Lüste deckt.
Nicht Ehrbarkeit habt Ihr von Eurer Mutter
Geerbt, man weiß, um welcher Tugend willen
Anna von Boleyn das Schafott bestiegen.

SHREWSBURY
(tritt zwischen beide Königinnen)
O Gott des Himmels! Muss es dahin kommen!
Ist das die Mäßigung, die Unterwerfung,
Lady Maria?

MARIA Maßigung! Ich habe
Ertragen, was ein Mensch ertragen kann.
Fahr hin, lammherzige Gelassenheit,
Zum Himmel fliehe, leidende Geduld,
Spreng endlich deine Bande, tritt hervor
Aus deiner Höhle, langverhaltner Groll –
Und du, der dem gereizten Basilisk
Den Mordblick gab, leg auf die Zunge mir
Den giftgen Pfeil –

SHREWSBURY O sie ist außer sich!
Verzeih der Rasenden, der schwer gereizten!
(Elisabeth, für Zorn sprachlos, schießt wütende Blicke auf Marien.)

LEICESTER *(in der heftigsten Unruhe, sucht die Elisabeth hinweg zu führen)*
Höre
Die Wütende nicht an! Hinweg, hinweg
Von diesem unglückselgen Ort!

MARIA Der Thron von England durch einen Bastard
Entweiht, der Briten edelherzig Volk
Durch eine listge Gauklerin betrogen.
– Regierte Recht, so läget Ihr vor mir
Im Staube jetzt, denn ich bin Euer König.
(Elisabeth geht schnell ab, die Lords folgen ihr in der höchsten Bestürzung.)

(III, 4; Ausschnitt)

(Werke, Band II, Insel Verlag, Frankfurt/Main 1966, S. 71–75)

Dieser Umschlag der Handlung von der Hoffnung auf eine glückliche Lösung zur Gewissheit der Katastrophe war für die antike Tragödie ein wichtiges Strukturelement; zu spät erkennt die Hauptfigur die wirklichen Zusammenhänge. In der antiken Tragödie sah sich der Mensch dem Schicksal, dem Walten der Götter ausgesetzt. Schiller stellte das Verhängnis als einen Machtkampf zwischen Menschen dar.

8 Beschreiben Sie die Ausgangsposition der Begegnung. Wie verhält sich Elisabeth, wie Maria Stuart?

9 Charakterisieren Sie die einzelnen Stufen dieses Streitgesprächs bis zur Katastrophe. Welche Mittel der Steigerung und Spannung setzt Schiller ein?

10 Hatte Maria Stuart überhaupt eine Chance? (Ganz abgesehen von den historischen Fakten, die Schiller ja auch hätte ändern können.)

11 Schiller hat in das Streitgespräch der beiden Königinnen viele historische Details eingebaut. Sie sind für die Handlung selbst nicht entscheidend, aber sie erweitern das Wissen um die Hintergründe. Informieren Sie sich in einem Lexikon oder im Internet über Maria Stuart und Elisabeth I.

Der Handschuh

Vor seinem Löwengarten,
Das Kampfspiel zu erwarten,
Saß König Franz,
Und um ihn die Großen der Krone,
Und rings auf hohem Balkone
Die Damen in schönem Kranz.

Und wie er winkt mit dem Finger,
Auftut sich der weite Zwinger,
Und hinein mit bedächtigem Schritt
Ein Löwe tritt.
Und sieht sich stumm
Rings um,
Mit langem Gähnen,
Und schüttelt die Mähnen,
Und streckt die Glieder,
Und legt sich nieder.

Und der König winkt wieder,
Da öffnet sich behend,

Ein zweites Tor,
Daraus rennt
Mit wildem Sprunge
Ein Tiger hervor,
Wie er den Löwen erschaut,
Brüllt er laut,
Schlägt mit dem Schweif
Einen furchtbaren Reif,
Und recket die Zunge,
Und im Kreise scheu
Umgeht er den Leu
Grimmig schnurrend,
Darauf streckt er sich murrend
Zur Seite nieder.

Und der König winkt wieder,
Da speit das doppelt geöffnete Haus
Zwei Leoparden auf einmal aus,
Die stürzen mit mutiger Kampfbegier
Auf das Tigertier,
Das packt sie mit seinen grimmigen Tatzen,
Und der Leu mit Gebrüll
Richtet sich auf, da wird's still,
Und herum im Kreis,
Von Mordsucht heiß,
Lagern sich die greulichen Katzen.

Da fällt von des Altans Rand
Ein Handschuh von schöner Hand
Zwischen den Tiger und den Leun
Mitten hinein.

Und zu Ritter Delorges spottender Weis
Wendet sich Fräulein Kunigund:
»Herr Ritter, ist Eure Lieb so heiß,
Wie Ihr mir's schwört zu jeder Stund,
Ei, so hebt mir den Handschuh auf.«

Und der Ritter in schnellem Lauf
Steigt hinab in den furchtbarn Zwinger
Mit festem Schritte,
Und aus der Ungeheuer Mitte
Nimmt er den Handschuh mit keckem Finger.

Und mit Erstaunen und mit Grauen
Sehen's die Ritter und Edelfrauen,
Und gelassen bringt er den Handschuh zurück,
Da schallt ihm sein Lob aus jedem Munde,
Aber mit zärtlichem Liebesblick –
Er verheißt ihm sein nahes Glück –
Empfängt ihn Fräulein Kunigunde.
Und er wirft ihr den Handschuh ins Gesicht:
»Den Dank, Dame, begehr ich nicht«,
Und verlässt sie zur selben Stunde.

(Werke, Band III, Insel Verlag, Frankfurt/Main 1966, S. 126–128)

12▸ Die Ballade *Der Handschuh* hat zwei Teile. Im ersten Teil wird die Eröffnung eines Kampfspiels beschrieben. Im zweiten Teil, mit einem unvermittelten »Da«, wird die Szene dramatisiert; der Blick wendet sich von den Tieren zu den Zuschauern. Welche Aufgabe hat die dreigliedrige Eröffnung mit dem Löwen, dem Tiger und den zwei Leoparden?

13▸ Vergleichen Sie die zwei Ebenen des »Kampfspiels«, einmal zwischen Tieren, einmal zwischen Menschen.

14▸ *Der Handschuh* entstand in dem so genannten »Balladenjahr« (1797), als Schiller und Goethe sich ihre Entwürfe zu den Balladen gegenseitig austauschten und auch eine Definition der Gattung versuchten. Ein wesentliches Merkmal der Ballade ist ihre Kürze (z. B. gegenüber einer ausführlichen Erzählung); die Handlung muss auf den Punkt (»Pointe«) gebracht werden. Lässt sich dies an Schillers Text zeigen?

Das Wort Klassik ist von dem lateinischen Adjektiv classicus abgeleitet, das in der römischen Verfassung den Angehörigen der höchsten Vermögensklasse bezeichnete. Bereits in der Antike wurde es schon im übertragenen Sinne für erstklassig, vorbildlich verwendet. Bei der Übernahme in andere Sprachen wurde es zunächst auf die vorbildhaften antiken Schriftsteller bezogen, dann auf Autoren, die den antiken Vorbildern nacheiferten und ihnen ebenbürtig waren, schließlich auch auf nationale Autoren und Literaturepochen, die für die Entwicklung der eigenen nationalen Literatur vorbildhaft und richtungweisend waren.

Als Epochenbezeichnung wird der Begriff in der deutschen Literatur für die Jahre verwendet, als Goethe und Schiller ihre Hauptwerke in Weimar schrieben. Man kann sagen, dass die deutsche Klassik in der Provinz stattgefunden habe; der kleine, kunstbegeisterte Hof in Weimar musste die fehlende politische und kulturelle Einheit Deutschlands ersetzen.

Um die deutsche, genauer: Weimarer Klassik nach ihren Zielen und Inhalten zu charakterisieren, kann man auf den Vorbildcharakter der Antike hinweisen. Goethe hat während seines Aufenthaltes in Italien (1786–1788) die antike Welt und ihr Fortleben kennen gelernt; Schiller hat über die Philosophie den Zugang zur antiken Welt gefunden. Es ging aber in den Werken beider Autoren nicht um eine schlichte Nachahmung antiker Vorbilder: Erstens haben sie sich nicht nur mit antiken Stoffen beschäftigt, sondern auch die eigene Geschichte und Gegenwart literarisch gestaltet. Zweitens war die Auseinandersetzung mit den antiken Vorbildern der Versuch, in der eigenen Literatur Formen poetischer Gestaltung zu finden, die über den Tag hinaus Geltung haben. Das Ideal der deutschen Klassik war der innerlich freie, sich selbst verantwortliche Mensch, der sich in den Dienst der Gemeinschaft stellte. Das »Humanitätsideal« hatte viel mit mitmenschlicher Verantwortung und mit der Bereitschaft zum Dialog zu tun, wie man heute sagen würde (vgl. *Iphigenie auf Tauris, S. 97 ff.*).

Jean Paul im Biergarten.
Zeitgenössisches Aquarell

Zwischen Klassik und Romantik (1786–1805)

Hölderlin, Jean Paul, Kleist und Hebel waren Zeitgenossen Goethes und Schillers; sie setzten sich mit deren literarischen Zielen – die zum Teil auch ihre waren – auseinander, aber sie hielten Distanz. Friedrich Hölderlin (1770–1843) sah in der Dichtung der griechischen Antike sein großes Vorbild. Jean Paul (1763–1825) versuchte in seinen Erzählungen, den Kontrast zwischen der Wirklichkeit und dem Ideal durch den Humor zu mildern. Heinrich von Kleist (1777–1811), von dem Philosophen Kant belehrt, dass der Erkennbarkeit der Wirklichkeit Grenzen gesetzt seien, klammerte sich an das Gefühl als letzte Instanz; aber viele seiner Gestalten scheitern gerade am Widerspruch zwischen dem eigenen Gefühl und den gesellschaftlichen Zwängen. Johann Peter Hebel (1760–1826) zählt zu den großen Volksschriftstellern; einige seiner *Kalendergeschichten* sind im wahrsten Sinne des Wortes Klassiker geworden.

Friedrich Hölderlin

Friedrich Hölderlin

Hälfte des Lebens

Mit gelben Birnen hänget
Und voll mit wilden Rosen
Das Land in den See,
Ihr holden Schwäne,
Und trunken von Küssen
Tunkt ihr das Haupt
Ins heilignüchterne Wasser.

Weh mir, wo nehm ich, wenn
Es Winter ist, die Blumen, und wo
Den Sonnenschein,
Und Schatten der Erde?
Die Mauern stehn
Sprachlos und kalt, im Winde
Klirren die Fahnen.

(Sämtliche Werke, Insel Verlag, Frankfurt/Main 1965, S. 315)

Die Rückkehr des Menschen zur Einheit mit der Natur in einer freien Gesellschaft ist das große Thema in den Werken von **Friedrich Hölderlin** (1770–1843). Ein fernes Bild dieser ursprünglichen Harmonie zwischen Mensch, Gesellschaft und Natur sah er im antiken Griechenland; seine Hoffnung setzte er auf die Ziele der Französischen Revolution. Das verbindet ihn mit der Weimarer Klassik. Seine literarische Schaffenszeit dauerte nur wenige Jahre. Zunächst hielt er sich als Hauslehrer über Wasser; seit 1806 verschlechterte sich seine geistige und körperliche Verfassung so sehr, dass er in die Pflege einer Tübinger Familie kam.

1 Das Gedicht *Hälfte des Lebens* (1805) ist so etwas wie eine persönliche Vorahnung, gleichzeitig lässt sich sein Inhalt aber auch verallgemeinern. Stellen Sie die jeweilige Stimmung der beiden Strophen gegenüber. Welche Bilder herrschen in der ersten Strophe, welche in der zweiten Strophe vor? Achten Sie dabei auch auf die Wortwahl.

Jean Paul

Jean Paul

Leben des Quintus Fixlein

Für **Jean Paul** (eigentlich: **Johann Paul Friedrich Richter**, 1763–1825) war der Humor ein hilfreicher Ansatz, um den Widerspruch oder die Spannung zwischen der Wirklichkeit und dem erstrebten Ideal zu ertragen. Der Humor hebe die Unterschiede auf, »weil vor der Unendlichkeit alles gleich ist und nichts«. Die Hauptfiguren seiner Romane und Erzählungen sind zwar Sonderlinge und oft Käuze, aber hinter der Verkleidung verbergen sich Gestalten, die es schaffen, mit der Begrenztheit ihrer Lebensumstände zurechtzukommen. Im *Leben des Quintus Fixlein* (1796) erzählt Jean Paul den glückhaften Aufstieg eines Sonderlings, der eigentlich nur sich selbst im Wege steht. So kauzig wie der Titelheld ist auch die Erzählweise. Der Roman beginnt, als Fixlein, Lehrer einer Quinta, der zweiten Klasse einer höheren Lehranstalt, in die Hundstagsferien fährt:

Egidius Zebedäus Fixlein war gerade acht Tage wirklicher Quintus gewesen und hatte sich warm doziert, als das Glück ihm vier erquickende, mit Blumen und Streuzucker überschüttete Kollationen[1] und Gänge auf den Esstisch setzte: es waren die vier Kanikularwochen[2]. Ich möchte noch den Totenkopf des guten Mannes streicheln, der die Hundsferien erfand; ich kann nie in ihnen spazieren gehen, ohne zu denken: jetzt richten sich im Freien tausend gekrümmte Schulleute empor, und der harte Ranzen liegt abgeschnallet zu ihren Füßen, und sie können doch suchen, was ihre Seele lieb hat, Schmetterlinge – oder Wurzeln von Zahlen – oder die von Worten – oder Kräuter – oder ihre Geburtsdörfer.

Seines suchte unser Fixlein. Er rückte aber erst am Sonntage – denn man will auch wissen, wie Ferien in der Stadt schmecken – mit seinem Pudel und einem Quintaner, der seinen grünen Schlafrock trug, aus dem Stadttor aus: es tauete noch, und als er schon hinter den Gärten lief, stießen erst die Waisenhauskinder mit einem Morgenliede in die Kehlen aus Trompetentextur. Die Stadt hieß Flachsenfingen, das Dorf Hukelum, der Hund Schill und die Jahreszahl 1791.

»Männlein,« (sagt' er zum Quintaner; denn er redete gern wie die Liebe, die Kinder und die Wiener in Diminutiven) »Männlein, gib mir den Bündel her bis ans Dorf – lauf dich aus und suche dir einen kleinen Vogel, wie du bist, damit du was zu ätzen hast unter den

Ferien.« – Denn das Männlein war zugleich sein Edelknabe – Zimmerfrotteur – Stubenkamerad – Gesellschaftkavalier und Laufmädchen; und der Pudel war zugleich sein Männlein.

Er schritt langsam fort durch die mit kouleurten[3] Tau-Glaskügelchen vollgehangen, gekräuselten Kohlbeete und sah den Gebüschen zu, aus denen, wenn sie der Morgenwind auseinander zog, ein Flug Juwelenkolibri aufzusteigen schien, so funkelten sie. Er zog von Zeit zu Zeit die Klingschnur des – Pfeifens, damit sich der Kleine nicht versprenge, und kürzte sich seine anderthalbe Stunden dadurch ab, dass er den Weg nicht nach ihnen, sondern nach Dörfern ausmaß. Es ist angenehmer für den Fußgänger – für den Geographen gar nicht –, nach Westen[4] als nach Meilen zu rechnen. Unterwegs lernte der Quintus die wenigen Felder auswendig, worauf schon geschnitten war. –

Aber jetzt streife noch langsamer, Fixlein, durch den Herrschaftsgarten von Hukelum, nicht etwa deswegen, damit du mit deinem Rocke keine Tulpenstaubfäden abbürstest, sondern damit deine gute Mutter nur so viel Zeit gewinne, um ihre Amorsbinde von schwarzem Taft um die glatte Stirn zu legen. Es ärgert mich, dass es der guten Frau die Leserinnen übelnehmen, dass sie die Binde erst plätten will: sie müssen nicht wissen, dass sie keine Magd hat und dass sie heute das ganze Meisteressen- die Geldprästationen[5] dazu hatte der Gast drei Tage vorher übermacht – allein, ohne eine Erbküchenmeisterin beschicken musste. Und überhaupt trägt der dritte Stand (sie war eine Kunstgärtnerin) allemal wie ein Rebhuhn die Schalen des Werkeltags-Eies, aus dem er sich hackt, noch unter der Vormittagskirche am Steiße herum.

Man kann sich denken, wie die herzensgute Mutter den ganzen Morgen auf ihren Schulherrn mag gelauert haben, den sie liebte wie ihren Augapfel, da sie auf der ganzen vollen Erde niemand weiter – Mann und erster Sohn waren gestorben – für ihre in Liebe überquellende Seele hatte, niemand weiter als ihren Zebedäus. Konnte sie jemals irgend etwas von ihm erzählen, ich meine nur etwas Freudiges, ohne zehnmal die Augen abzuwischen? Verschnitt sie nicht einmal ihren einzigen Kirmeskuchen an zwei Bettelstudenten, weil sie dachte, Gott strafe sie, dass sie so schmause, indes ihr Kind in Leipzig nichts zu beißen habe und an den Kuchengarten nur wie an andere Gärten rieche?

»Tausend! Du bist's schon, Zebedäus!«, – sagte die Mutter und lächelte verlegen, um nicht zu weinen, als der Sohn, der sich unter dem Fenster weggeduckt und an die mit Grummet[6] gepolsterte Tür nicht angeklopft hatte, plötzlich eingetreten war. Sie konnte vor Vergnügen den Plättstein nicht in die Plätte[7] schütteln, da der vornehme Schulmann sie unter dem lauten Sieden des Bratens zärtlich auf die nackte Stirn küsste und gar Mama sagte – welcher Name sich an sie so weich anlegte wie ein Herzkissen. Alle Fenster waren offen, und der Garten war mit seinem Blumenrauche und Vögelgeschrei und Schmetterlingssammlungen fast halb in der Stube. Ich werde aber noch nicht berichtet haben, dass das kleine Gärtnerhäuschen, das mehr eine Stube als ein Haus war, in der westlichen Landspitze des Schloßgartens belegen war. Der Edelmann ließ die Witwe aus Gnaden diesen Witwensitz behalten, weil der Sitz ohnehin leer gestanden wäre, da er keinen Gärtner mehr hielt.

Fixlein konnt' aber trotz der Freude nicht lange bleiben, weil er in die Kirche musste, die für seinen geistigen Magen eine Hofküche, eine mütterliche war. Ihm gefiel eine Predigt, bloß weil sie eine Predigt war und weil er schon eine gehalten hatte. Der Mutter war's recht: die guten Weiber glauben schon die Gäste zu genießen, wenn sie ihnen nur zu genießen geben.

[1] kleine Zwischenmahlzeit [2] Hundsferien [3] eingefärbt [4] altes Längenmaß [5] Geldleistungen [6] zweites Heu [7] Bügeleisen

(Werke, Band I, Carl Hanser Verlag, München 1969, S. 355 f.)

2 Wie vermischen sich die Bemerkungen des Erzählers mit der eigentlichen Erzählung?

3 In der Einleitung zu seinem *Quintus Fixlein* schrieb Jean Paul über die „drei Wege, glücklicher (nicht glücklich) zu werden": „Der erste, der in die Höhe geht, ist: so weit über das Gewölke des Lebens hinauszudringen, dass man die ganze äußere Welt mit ihren Wolfsgruben, Beinhäusern und Gewitterableitern von weitem unter seinen Füßen nur wie ein eingeschrumpftes Kindergärtchen liegen sieht. – Der zweite ist: – gerade herabzufallen ins Gärtchen und da sich so einheimisch in eine Furche einzunisten, dass, wenn man aus seinem warmen Lerchennest heraussieht, man ebenfalls keine Wolfsgruben, Beinhäuser und Stangen, sondern nur Ähren erblickt, deren jede für den Nestvogel ein Baum und ein Sonnen- und Regenschirm ist. – Der dritte endlich – den ich für den schwersten und klügsten halte – ist der, mit den beiden andern zu wechseln."
Vergleichen Sie diese Aussage mit dem Textausschnitt.

Heinrich von Kleist

Heinrich von Kleist

Das Bettelweib von Locarno

Am Fuße der Alpen, bei Locarno im oberen Italien, befand sich ein altes, einem Marchese gehöriges Schloss, das man jetzt, wenn man vom St. Gotthard kommt, in Schutt und Trümmern liegen sieht: ein Schloss mit hohen und weitläufigen Zimmern, in deren einem einst, auf Stroh, das man ihr unterschüttete, eine alte kranke Frau, die sich bettelnd vor der Tür eingefunden hatte, von der Hausfrau aus Mitleiden gebettet worden war. Der Marchese, der, bei der Rückkehr von der Jagd, zufällig in das Zimmer trat, wo er seine Büchse abzusetzen pflegte, befahl der Frau unwillig aus dem Winkel, in welchem sie lag, aufzustehen und sich hinter den Ofen zu verfügen. Die Frau, da sie sich erhob, glitschte mit der Krücke auf dem glatten Boden aus und beschädigte sich, auf eine gefährliche Weise, das Kreuz; dergestalt dass sie zwar noch mit unsäglicher Mühe aufstand und quer, wie es vorgeschrieben war, über das Zimmer ging, hinter dem Ofen aber, unter Stöhnen und Ächzen, niedersank und verschied.

Mehrere Jahre nachher, da der Marchese, durch Krieg und Misswachs, in bedenkliche Vermögensumstände geraten war, fand sich ein florentinischer Ritter bei ihm ein, der das Schloss, seiner schönen Lage wegen, von ihm kaufen wollte. Der Marchese, dem viel an dem Handel gelegen war, gab seiner Frau auf, den Fremden in dem oben erwähnten leer stehenden Zimmer, das sehr schön und prächtig eingerichtet war, unterzubringen. Aber wie betreten war das Ehepaar, als der Ritter mitten in der Nacht, verstört und bleich, zu ihnen herunterkam, hoch und teuer versichernd, dass es in dem Zimmer spuke, indem etwas, das dem Blick unsichtbar gewesen, mit einem Geräusch, als ob es auf Stroh gelegen, im Zimmerwinkel aufgestanden, mit vernehmlichen Schritten, langsam und gebrechlich, quer über das Zimmer gegangen und hinter dem Ofen, unter Stöhnen und Ächzen, niedergesunken sei.

Der Marchese erschrocken, er wusste selbst nicht recht warum, lachte den Ritter mit erkünstelter Heiterkeit aus und sagte, er wolle sogleich aufstehen und die Nacht zu seiner Beruhigung mit ihm in dem Zimmer zubringen. Doch der Ritter bat um die Gefälligkeit, ihm zu erlauben, dass er auf einem Lehnstuhl in seinem Schlafzimmer übernachte, und als der Morgen kam, ließ er anspannen, empfahl sich und reiste ab.

Dieser Vorfall, der außerordentliches Aufsehen machte, schreckte auf eine dem Marchese höchst unangenehme Weise mehrere Käufer ab; dergestalt dass, da sich unter seinem eigenen Hausgesinde, befremdend und unbegreiflich, das Gerücht erhob, dass es in dem

Zimmer, zur Mitternachtsstunde, umgehe, er, um es mit einem entscheidenden Verfahren niederzuschlagen, beschloss die Sache in der nächsten Nacht selbst zu untersuchen. Demnach ließ er, bei Einbruch der Dämmerung, sein Bett in dem besagten Zimmer aufschlagen und erharrte ohne zu schlafen, die Mitternacht. Aber wie erschüttert war er, als er in der Tat, mit dem Schlage der Geisterstunde, das unbegreifliche Geräusch wahrnahm; es war, als ob ein Mensch sich von Stroh, das unter ihm knisterte, erhob, quer über das Zimmer ging und hinter dem Ofen, unter Geseufz und Geröchel niedersank.

Die Marquise, am andern Morgen, da er herunter kam, fragte ihn, wie die Untersuchung abgelaufen; und da er sich, mit scheuen und ungewissen Blicken, umsah und, nachdem er die Tür verriegelt, versicherte, dass es mit dem Spuk seine Richtigkeit habe: So erschrak sie, wie sie in ihrem Leben nicht getan, und bat ihn, bevor er die Sache verlauten ließe, sie noch einmal in ihrer Gesellschaft, einer kaltblütigen Prüfung zu unterwerfen. Sie hörten aber, samt einem treuen Bedienten, den sie mitgenommen hatten, in der Tat, in der nächsten Nacht, dasselbe unbegreifliche, gespensterartige Geräusch; und nur der dringende Wunsch, das Schloss, es koste, was es wolle, los zu werden, vermochte sie, das Entsetzen, das sie ergriff, in Gegenwart ihres Dieners zu unterdrücken und dem Vorfall irgendeine gleichgültige und zufällige Ursache, die sich entdecken lassen müsse, unterzuschieben. Am Abend des dritten Tages, da beide, um der Sache auf den Grund zu kommen, mit Herzklopfen wieder die Treppe zu dem Fremdenzimmer bestiegen, fand sich zufällig der Haushund, den man von der Kette losgelassen hatte, vor der Tür desselben ein; dergestalt dass beide, ohne sich bestimmt zu erklären, vielleicht in der unwillkürlichen Absicht, außer sich selbst noch etwas Drittes Lebendiges bei sich zu haben, den Hund mit sich in das Zimmer nahmen. Das Ehepaar, zwei Lichter auf dem Tisch, die Marquise unausgezogen, der Marchese Degen und Pistolen, die er aus dem Schrank genommen, neben sich, setzen sich mit Gesprächen, so gut sie vermögen, zu unterhalten suchen, legt sich der Hund, Kopf und Beine zusammengekauert, in der Mitte des Zimmers nieder und schläft ein. Drauf, in dem Augenblick der Mitternacht, lässt sich das entsetzliche Geräusch wieder hören; jemand, den kein Mensch mit Augen sehen kann, hebt sich, auf Krücken, im Zimmerwinkel empor; man hört das Stroh, das unter ihm rauscht; und mit dem ersten Schritt: tapp! tapp! erwacht der Hund, hebt sich plötzlich, die Ohren spitzend, vom Boden empor und knurrend und bellend, grad als ob ein Mensch auf ihn eingeschritten käme, rückwärts gegen den Ofen weicht er aus. Bei diesem Anblick stürzt die Marquise, mit sträubenden Haaren, aus dem Zimmer; und während der Marquis, der den Degen ergriffen: Wer da? ruft, und da ihm niemand antwortet, gleich einem Rasenden, nach allen Richtungen die Luft durchhaut, lässt sie anspannen, entschlossen, augenblicklich, nach der Stadt abzufahren. Aber ehe sie noch einige Sachen zusammengepackt und aus dem Tore herausgerasselt, sieht sie schon das Schloss ringsum in Flammen aufgehn. Der Marchese, von Entsetzen überreizt, hatte eine Kerze genommen und dasselbe, überall mit Holz getäfelt wie es war, an allen vier Ecken, müde seines Lebens, angesteckt. Vergebens schickte sie Leute hinein den Unglücklichen zu retten; er war auf die elendiglichste Weise bereits umgekommen, und noch jetzt liegen, von den Landleuten zusammengetragen, seine weißen Gebeine in dem Winkel des Zimmers, von welchem er das Bettelweib von Locarno hatte aufstehen heißen.

(Sämtliche Werke, Droemersche Verlagsanstalt, München 1952, S. 763–765)

Heinrich von Kleist (1777–1811) schrieb in einem Brief: »Wir können nicht entscheiden, ob das, was wir Wahrheit nennen, wahrhaft Wahrheit ist oder ob es uns nur so scheint.« Die Gestalten in seinen Dramen (z.B. *Prinz Friedrich von Homburg*) und Erzählungen (z.B. *Michael Kohlhaas*) schwanken zwischen Verstand und Gefühl; daraus erwachsen ihre Konflikte. Dies trifft auch für die kleine Erzählung *Das Bettelweib von Locarno* (1810) zu. Zunächst liest sich die Erzählung zwar wie eine Gespenstergeschichte. Wenn man aber den Aufbau nach den einzelnen Erzählschritten untersucht, wird man erkennen, dass nicht das Bettelweib, sondern der Marchese die Hauptperson ist.

4▸ Mit welchen dramatischen Erzählmitteln gibt der Erzähler die wachsende Verwirrung oder Verstörung des Marchese wieder? Nimmt der Erzähler direkt Stellung? Urteilt er über die Vorgänge oder bleibt er Beobachter?

5▸ Kleists Sprache verlangt dem Leser einiges ab. Man sollte sich den Text eigentlich laut vorsprechen, um die Besonderheiten des Satzbaus zu erkennen. Schauen Sie sich einzelne Sätze auf ihre Länge, ihren Aufbau und den jeweils mitgeteilten Inhalt genauer an.

6▸ Kleists Erzählungen sind, der literarischen Gattung nach, Novellen. Wichtige Merkmale der Novelle sind: ein besonderes, erzählenswertes Ereignis; der dramatische Aufbau, der auf einen Höhepunkt zielt; ein Wendepunkt, durch den das Geschehen eine unerwartete »Wende« nimmt. Gehen Sie den Text nach diesen Merkmalen durch.

Johann Peter Hebel

Johann Peter Hebel

Unverhofftes Wiedersehen

In Falun in Schweden küsste vor guten fünfzig Jahren und mehr ein junger Bergmann seine junge hübsche Braut und sagte zu ihr: »Auf Sankt Luciä wird unsere Liebe von des Priesters Hand gesegnet. Dann sind wir Mann und Weib und bauen uns ein eigenes Nestlein.« – »Und Friede und Liebe soll darin wohnen«, sagte die schöne Braut mit holdem Lächeln, »denn du bist mein Einziges und alles, und ohne dich möchte ich lieber im Grab sein als an einem andern Ort.« Als sie aber vor St. Luciä der Pfarrer zum zweitenmal in der Kirche ausgerufen hatte: »So nun jemand Hindernis wüsste anzuzeigen, warum diese Personen nicht möchten ehelich zusammenkommen«, da meldete sich der Tod. Denn als der Jüngling den andern Morgen in seiner schwarzen Bergmannskleidung an ihrem Haus vorbeiging, der Bergmann hat sein Totenkleid immer an, da klopfte er zwar noch einmal an ihrem Fenster und sagte ihr guten Morgen, aber keinen guten Abend mehr. Er kam nimmer aus dem Bergwerk zurück, und sie saumte vergeblich selbigen Morgen ein schwarzes Halstuch mit rotem Rand für ihn zum Hochzeitstag, sondern als er nimmer kam, legte sie es weg und weinte um ihn und vergaß ihn nie.

Unterdessen wurde die Stadt Lissabon in Portugal durch ein Erdbeben[1] zerstört, und der Siebenjährige Krieg[2] ging vorüber, und Kaiser Franz I. starb[3], und der Jesuitenorden wurde aufgehoben[4] und Polen geteilt[5], und Kaiserin Maria Theresia starb[6], und der Struensee wurde hingerichtet[7]. Amerika wurde frei[8], und die vereinigte französische und spanische Macht konnte Gibraltar nicht erobern[9]. Die Türken schlossen den General Stein in der Veteraner Höhle in Ungarn ein, und der Kaiser Joseph starb auch[10]. Der König Gustav von Schweden eroberte russisch Finnland[11], und die Französische Revolution und der lange Krieg fing an[12], und der Kaiser Leopold der Zweite ging auch ins Grab[13]. Napoleon eroberte Preußen[14], und die Engländer bombardierten Kopenhagen[15], und die Ackerleute säeten und schnitten. Der Müller mahlte, und die Schmiede hämmerten, und die Bergleute gruben nach den Metalladern in ihrer unterirdischen Werkstatt.

Als aber die Bergleute in Falun im Jahr 1809 etwas vor oder nach Johannis zwischen zwei Schachten eine Öffnung durchgraben wollten, gute dreihundert Ellen tief unter dem Boden, gruben sie aus dem Schutt und Vitriolwasser den Leichnam des Jünglings heraus, der ganz mit Eisenvitriol durchdrungen, sonst aber unverwest und unverändert war; also dass man seine Gesichtszüge und sein Alter noch völlig erkennen konnte, als wenn er erst vor einer Stunde gestorben oder ein wenig eingeschlafen wäre an der Arbeit. Als man ihn aber zu Tag ausgefördert hatte, Vater und Mutter, Gefreundte und Bekannte waren schon lange tot, kein Mensch wollte den schlafenden Jüngling kennen und etwas von seinem Unglück wissen, bis die ehemalige Verlobte des Bergmanns kam, der eines Tages auf die Schicht gegangen war und nimmer zurückkehrte. Grau und zusammengeschrumpft kam sie an einer Krücke an den Platz und erkannte ihren Bräutigam: und mehr mit freudigem Entzücken als mit Schmerz sank sie auf die geliebte Leiche nieder, und erst als sie sich von einer langen heftigen Bewegung des Gemüts erholt hatte, »es ist mein Verlobter«, sagte sie endlich, »um den ich fünfzig Jahre lang getrauert hatte und den mich Gott noch einmal sehen lässt vor meinem Ende. Acht Tage vor der Hochzeit ist er unter die Erde gegangen und nimmer heraufgekommen.« Da wurden die Gemüter aller Umstehenden von Wehmut und Tränen ergriffen, als sie sahen die ehemalige Braut jetzt in der Gestalt des hingewelkten kraftlosen Alters und den Bräutigam noch in seiner jugendlichen Schöne, und wie in ihrer Brust nach fünfzig Jahren die Flamme der Liebe noch einmal erwachte; aber er öffnete den Mund nimmer zum Lächeln oder die Augen zum Wiedererkennen; und wie sie ihn endlich von den Bergleuten in ihr Stüblein tragen ließ, als die Einzige, die ihm angehöre und ein Recht auf ihn habe, bis sein Grab gerüstet sei auf dem Kirchhof. Den andern Tag, als das Grab gerüstet war auf dem Kirchhof und ihn die Bergleute holten, schloss sie ein Kästlein auf, legte ihm das schwarzseidene Halstuch mit roten Streifen um und begleitete ihn alsdann in ihrem Sonntagsgewand, als wenn es ihr Hochzeitstag und nicht der Tag seiner Beerdigung wäre. Denn als man ihn auf dem Kirchhof ins Grab legte, sagte sie: »Schlafe nun wohl, noch einen Tag oder zehn im kühlen Hochzeitsbett, und lass dir die Zeit nicht lang werden. Ich habe nur noch wenig zu tun und komme bald, und bald wird's wieder Tag. – Was die Erde einmal wiedergegeben hat, wird sie zum zweitenmal auch nicht behalten«, sagte sie, als sie fortging und noch einmal umschaute.

[1] 1. XI. 1755 [2] 1756–1763 [3] 1765 [4] 1773 (vorübergehend) durch Papst Clemens XIV. [5] 1772 erste Teilung Polens zwischen Österreich, Preußen und England [6] 1780 [7] dänischer Staatsmann, 1772 in Kopenhagen hingerichtet [8] 4. Juli 1776 – Loslösung von England durch die Unabhängigkeitserklärung; Gründung der Vereinigten Staaten von Amerika [9] 1779 [10] 1790 [11] 1788–1790 [12] 1789 [13] 1792 [14] 1806 [15] 1807

(Werke, Hanser Verlag, München o.J., S. 136–138)

Johann Peter Hebel (1760–1826), Lehrer und Pfarrer am Oberrhein, zählt zu den großen Volksschriftstellern. Über die süddeutsche Sprachlandschaft hinaus wurde er durch das *Schatzkästlein des rheinischen Hausfreundes* (1811) bekannt; es ist eine Sammlung kurzer Erzählungen, die in dem Jahreskalender *Der Rheinländische Hausfreund* erschienen waren; deshalb nennt man sie auch *Kalendergeschichten*. Über ihren literarischen Anspruch schrieb er: »So leicht alles hingegossen scheint, so gehört bekanntlich viel mehr dazu etwas zu schreiben, dem man die Kunst und den Fleiß nicht ansieht, als etwas, dem man sie ansieht und das in der nämlichen Form um den Beifall der Gebildetsten zugleich und der Ungebildetsten ringt.«

Für seine wohl bekannteste Kalendergeschichte *Unverhofftes Wiedersehen* diente Hebel als Vorlage eine wirkliche Begebenheit, die 1809 als Merkwürdigkeit in der Zeitung stand. Hebel hat an den Einzelheiten nichts geändert: 50 Jahre nach einem Grubenunglück wird der Leichnam eines Bergmanns fast unversehrt gefunden, da Eisenvitriol ihn konserviert hatte. Eine alte Frau, seine Verlobte, kann ihn identifizieren. Hebel hat nur die Reihenfolge geändert: Was die Einwohner von Falun erst 1809 aus dem Munde der alten Frau erfuhren – das vergebliche Warten auf den verunglückten Bräutigam –, hat Hebel an den Anfang der Geschichte gestellt; er erzählt nacheinander.

7 Die Geschichte ist deutlich in drei Abschnitte unterteilt: das Unglück, die Zeit bis zur Auffindung des Leichnams, das »unverhoffte Wiedersehen«. Der Mittelteil ist mit vielen historischen Einzelheiten »bestückt«, die man heute erläutern muss. Warum, meinen Sie, zählte Hebel diese Vielzahl an Ereignissen auf? Achten Sie dabei auch auf den letzten Satz des Mittelteils.

8 Hebel hat den ersten und den dritten Teil durch das Dingsymbol – »ein schwarzes Halstuch mit rotem Rand« – verbunden. Und die alte Frau begleitete den Leichenzug »in ihrem Sonntagsgewand, als wenn es ihr Hochzeitstag und nicht der Tag seiner Beerdigung wäre«. Hebel hat damit etwas ins Bild gesetzt, was er nicht unmittelbar in Worten ausdrücken wollte. Oder anders gesagt: was ist der zeitlose, die großen politischen Ereignisse überdauernde Inhalt dieser Geschichte?

Es ist schwierig und auch problematisch, die Geschichte der Literatur in ein nachträgliches geordnetes System aufeinander folgender Epochen oder Strömungen zu gliedern. Es gibt immer wieder vielfache Überlagerungen. Klassik und Romantik waren für die Zeitgenossen nicht unbedingt genau unterscheidbare Richtungen. Viele Romantiker sahen z. B. in Goethe und seinen klassischen Werken ihre großen Vorbilder oder die Bestätigung ihrer eigenen Kunstanschauung.

Zwei Männer in Betrachtung des Mondes. Gemälde von Caspar David Friedrich (1774–1840)

Romantik (1795–1835)

Romantisch bezeichnete man ursprünglich die in den romanischen Volkssprachen geschriebene Literatur. Die romanischen Volkssprachen hatten sich zwar aus dem Lateinischen, der Sprache der »romani« (Römer) entwickelt, aber die Kultur der romanischen Völker hatte sich von den antiken Vorbildern gelöst und ihre eigene Geschichte entdeckt.

An diese Entwicklung schloss Friedrich Schlegel (1772–1829), der Theoretiker der deutschen Romantik, an: *Romantisch* wurde zum Sammelbegriff für die Möglichkeiten einer neuen, zeitgenössischen Dichtung, die den Gegensatz von Verstand und Gefühl, von Regelzwang und schöpferischer Freiheit, von Wahrscheinlichem und Unerklärbarem aufheben sollte. Das Programm der Romantiker zielte auf eine Dichtung, die allumfassend war. Die Vielfalt in Natur und Gesellschaft, auch die Gegensätze und Widersprüche, alles sollte sich zumindest in der Dichtung versöhnen.

Wichtige historische Daten für die deutsche Romantik sind die Französische Revolution (1789) und der Wiener Kongress (1815) – oder anders gesagt: der Aufbruch in die Freiheit und der Sieg der Restauration (Wiederherstellung des alten politischen Systems). Die deutsche Romantik lässt sich allerdings nicht einheitlich fassen; deshalb unterscheidet man verschiedene Richtungen.

Die Jenaer Romantik bestand aus einem Freundeskreis von Dichtern und Philosophen, angeführt von den Brüdern August Wilhelm (1767–1845) und Friedrich Schlegel (1772–1829). In diesem Freundeskreis sprach man von der Aufgabe und dem Wesen der Dichtung. In der Dichtung werde die Welt nicht nach den Regeln der »vernünftigen denkenden Vernunft« erklärt, sondern in Gleichnissen und Bildern gedeutet, wie es in den großen Mythen der Völker schon immer geschehen sei. Um dies zu verdeutlichen: Die Dichter der Antike entwarfen ihr Weltbild im Gewande der Göttermythen; in den Gestalten der Götter versinnlichten sie die Weltkräfte. Die Lehre des Christentums dagegen ging von der biblischen Idee des einen Weltschöpfers aus. Für die Jenaer Romantiker war die Leitidee, d. h. der neue Mythos, dass jede Sinngebung vom erkennenden Ich, von dessen Einbildungskraft ausgehe: der Mensch selbst schaffe sich ein Bild von der Welt. Und dieses Bild sei ständigen Korrekturen unterworfen. Deshalb sprachen sie von einer »progressiven Universalpoesie«; die Dichtung, die Poesie, schreite mit der Menschheitsgeschichte immer weiter fort, sie sei progressiv und sie versuche, immer neu die großen Zusammenhänge aus der Perspektive des erkennenden Ich darzustellen und zu deuten.

Die so genannte »*schwarze Romantik*« ist die andere Seite der Romantik: In den Mythen aller Völker spiegelt sich nicht nur der Glaube an eine heile, unversehrte Welt, es wird auch dem Unerklärlichen und dem Bedrohenden eine bildliche Gestalt geben. Am deutlichsten hat wohl E.T.A. Hoffmann (1776–1822) diese Kehrseite der Ich-Erfahrung in seinen Erzählungen thematisiert und beschrieben.

Die Heidelberger Romantik bezeichnet eine Richtung, die sich besonders auf die nationale Tradition berief. 1805 erschien in Heidelberg der erste Band der Volksliedersammlung *Des Knaben Wunderhorn*, herausgegeben von Achim von Arnim (1781–1831) und Clemens Brentano (1778–1842). Die Brüder Grimm gaben die *Kinder- und Hausmärchen* (1812–1815) heraus. Dieser Rückgriff auf die Vergangenheit hatte neben dem Anliegen, die mündliche Volksliteratur zu sammeln, auch einen aktuellen Anlass: Die literarische Überlieferung sollte die fehlende politische Einheit Deutschlands ausgleichen oder für den Leser überbrücken.

Die Romantik in Deutschland, als literarische Epoche, hat viele Erscheinungsformen. Sie reichen von der radikalen Absage gegenüber überlieferten Inhalten und Darstellungsweisen bis zum festen Beharren auf alte Erzählstoffe und Erzählweisen. Entscheidend ist aber, dass für beide Richtungen das Ich, der Einzelne als Betroffener, in den Blickpunkt der Geschichte oder Handlung gerückt wird.

Friedrich Schlegel

Friedrich Schlegel

Athenäums-Fragment 116

Athenäum, 1798 von den beiden Brüdern August Wilhelm (1767–1845) und **Friedrich Schlegel** (1772–1829) gegründet, war eine Zeitschrift, in der die wichtigsten Thesen der *Jenaer Romantik* – man nennt sie auch *Frühromantik* – veröffentlicht wurden. Vieles erschien darin in der vorläufigen Form des Fragments; der Text sollte für weitere Änderungen und neue Gedanken offen sein, ganz im Sinne eines Fortschreitens, einer »progressiven« Entwicklung:

Die romantische Poesie ist eine progressive Univesalpoesie. Ihre Bestimmung ist nicht bloß, alle getrennten Gattungen der Poesie wieder zu vereinigen, und die Poesie mit der Philosophie und Rhetorik[1] in Berührung zu setzen. Sie will und soll auch Poesie und Prosa, Genialität und Kritik, Kunstpoesie und Naturpoesie bald mischen, bald verschmelzen, die Poesie lebendig und gesellig und das Leben und die Gesellschaft poetisch machen, den Witz poetisieren, und die Formen der Kunst mit gediegenem Bildungsstoff jeder Art anfüllen und sättigen, und durch die Schwingungen des Humors beseelen. Sie umfasst alles, was nur poetisch ist, vom größten wieder mehrere Systeme in sich enthaltenden System der Kunst bis zu dem Seufzer, dem Kuss, den das dichtende Kind aushaucht in kunstlosem Gesang. Sie kann sich so in das Dargestellte verlieren, dass man glauben möchte, poetische Individuen jeder Art zu charakterisieren sei ihr Eins und Alles; und doch gibt es noch keine Form, die so dazu gemacht wäre, den Geist des Autors vollständig auszudrücken: sodass manche Künstler, die nur auch einen Roman schreiben wollten, von ungefähr sich selbst dargestellt haben. Nur sie kann gleich dem Epos ein Spiegel der ganzen umgebenden Welt, ein Bild des Zeitalters werden. Und doch kann auch sie am meisten zwischen dem Dargestellten und dem Darstellenden, frei von allem realen und idealen Interesse auf den Flügeln der poetischen Reflexion in der Mitte schweben, diese Reflexion immer wieder potenzieren[2] und wie in einer endlosen Reihe von Spiegeln vervielfachen. Sie ist der höchsten und der allseitigsten Bildung fähig; nicht bloß von innen heraus, sondern auch von außen hinein; indem sie jedem, was ein Ganzes in ihren Produkten sein soll, alle Teile ähnlich organisiert, wodurch ihr die Aussicht auf eine grenzenlos wachsende Klassizität eröffnet wird. Die romantische Poesie ist unter den Künsten, was der Witz[3] der Philosophie, und die Gesellschaft, Umgang, Freundschaft und Liebe im Leben ist. Andre Dichtarten sind fertig und können nun vollständig zergliedert werden. Die romantische Dichtart ist noch im Werden; ja das ist ihr eigentliches Wesen, dass sie ewig nur werden, nie vollendet sein kann. Sie kann durch keine Theorie erschöpft werden, und nur eine divinatorische[4] Kritik dürfte es wagen, ihr Ideal charakterisieren zu wollen. Sie allein ist unendlich, wie sie allein frei ist, und das als ihr erstes Gesetz anerkennt, dass die Willkür des Dichters kein Gesetz über sich leide. Die romantische Dichtart ist die einzige, die mehr als Art und gleichsam die Dichtkunst selbst ist; denn in einem gewissen Sinn ist oder soll alle Poesie romantisch sein.

[1] Lehre von der Redekunst [2] verstärken [3] geistreiche Aussage oder Formulierung [4] seherisch, vorahnend

(Kritische Schriften und Fragmente, Studienausgabe, Band II, Verlag Ferdinand Schöningh, Paderborn 1988, S. 114–115)

Das Fragment, ein erster, unvollständiger Entwurf zu einer künftigen Theorie der romantischen Literatur, ist nicht gleich beim ersten Durchlesen zu verstehen. Wichtig ist für das Verständnis die Klammer zwischen dem Anfang, dass die romantische Poesie eine »progressive Universalpoesie« sei, und dem Ende, dass all das Gesagte auf die Definition des Begriffes »romantisch« ziele. Friedrich Schlegel wies – wie keiner vor ihm – der Poesie, der Dichtung, eine Aufgabe zu, die allumfassend war. Die romantische Dichtung sollte – in Geschichte und Gegenwart – ein Spiegel des gesamten Lebens (»Universalpoesie«) sein und sie sollte für neue, künftige Entwicklungen stets offen sein. Deshalb kenne sie auch keine Unterscheidungen der literarischen Gattungen; lyrische, epische und dramatische Elemente könnten gleichzeitig auftauchen und zur Darstellung eingesetzt werden.

1 »Entschlüsseln« Sie den Text, indem Sie nacheinander die Argumente aufzählen und mit eigenen Worten wiedergeben, die den Begriff »progressive Universalpoesie« erklären sollen.

2 Welchen Anspruch stellt Friedrich Schlegels poetisches Programm an die Autorinnen und Autoren? Ist eine solche »Universalität« überhaupt zu erreichen und ist damit nicht schon das ganze Programm eine Überforderung?

Novalis

Novalis

Heinrich von Ofterdingen

Novalis (eigentlich: Georg Philipp Friedrich von Hardenberg, 1772–1801) hat die Handlung seines Romans *Heinrich von Ofterdingen* ins Mittelalter verlegt. Es ist ein Bildungsroman. Heinrich, Sohn eines Handwerkers in Eisenach, lernt auf seiner Reise nach Augsburg die verschiedenen Berufe und Lebensformen der mittelalterlichen Welt kennen; es ist eine einheitliche Welt, in der alles aufeinander abgestimmt ist. Dieser Rückblick ist ein Appell an die Gegenwart und Zukunft.
Novalis sprach auch in anderen Werken immer wieder von der »Erwartung« – so der Titel des ersten Romanteils –, dass das einheitliche Weltbild des christlichen Mittelalters, wie er es sich vorstellte, in der eigenen Gegenwart und Zukunft, wenn auch auf einer neuen Ebene, wieder erstehe. Der zweite Teil des Romans mit dem Titel »Die Erfüllung« blieb unvollendet.
Schon eingangs des Romans hat Heinrich den Traum von der »blauen Blume«; sie wird zum Symbol seiner Sehnsucht nach einem sinnerfüllten Leben. Die Hochzeit in Augsburg mit der Tochter des Dichters Klingsohr scheint seine Sehnsucht zu erfüllen: Mathilde erscheint ihm zugleich als die geliebte Frau und als ein Ebenbild der Poesie, in der sich in einer künftigen »Versöhnungszeit« alle Widersprüche aufheben.

Der folgende Ausschnitt stammt aus dem ersten Teil *Die Erwartung* (1. Kap.). Heinrich ist von den Erzählungen eines Fremden tief ergriffen; besonders beeindruckt hat ihn die rätselhafte Erwähnung der »blauen Blume«. Er schläft ein und beginnt zu träumen:

Da träumte ihm erst von unabsehlichen Fernen, und wilden, unbekannten Gegenden. Er wanderte über Meere mit unbegreiflicher Leichtigkeit; wunderliche Tiere sah er; er lebte mit mannigfaltigen Menschen, bald im Kriege, im wilden Getümmel, in stillen Hütten. Er geriet in Gefangenschaft und in die schmählichste Not. Alle Empfindungen stiegen bis zu einer nie gekannten Höhe in ihm. Er durchlebte ein unendlich buntes Leben; starb und kam wieder, liebte bis zur höchsten Leidenschaft, und war dann wieder auf ewig von seiner Geliebten getrennt. Endlich gegen Morgen, wie draußen die Dämmerung anbrach, wurde es stiller in seiner Seele, klarer und bleibender wurden die Bilder. Es kam ihm vor, als ginge er in einem dunkeln Walde allein. Nur selten schimmerte der Tag durch das grüne Netz. Bald kam er vor eine Felsenschlucht, die bergan stieg. Er musste über bemooste Steine klettern, die ein ehemaliger Strom heruntergerissen hatte. Je höher er kam, desto lichter wurde der Wald. Endlich gelangte er zu einer kleinen Wiese, die am Hange des Berges lag. Hinter der Wiese erhob sich eine hohe Klippe, an deren Fuß er eine Öffnung erblickte, die der Anfang eines in den Felsen gehauenen Ganges zu sein schien. Der Gang führte ihn gemächlich eine Zeit lang eben fort, bis zu einer großen Weitung, aus der ihm schon von fern ein helles Licht entgegen glänzte. Wie er hineintrat, ward er einen mächtigen Strahl gewahr, der wie aus einem Springquell bis an die Decke des Gewölbes stieg und oben in unzählige Funken zerstäubte, die sich unten in einem Becken von neuem sammelten. Die Flüssigkeit glänzte wie entzündetes Gold; nicht das mindeste Geräusch war zu hören: eine heilige Stille umgab das herrliche Schauspiel. Er näherte sich dem Becken, das mit unendlichen Farben wogte und zitterte. Die Wände der Höhle waren mit dieser Flüssigkeit überzogen, die nicht heiß, sondern kühl war, und an den Wänden nur ein mattes, blauliches Licht von sich warf. Er tauchte seine Hand in das Becken, und benetzte seine Lippen. Es war, als verdränge ihn ein geistiger Hauch, und er fühlte sich innigst gestärkt und erfrischt. Ein unwiderstehliches Verlangen ergriff ihn, sich zu baden, er entkleidete sich und stieg in das Becken. Es dünkte ihn, als umflösse ihn eine Wolke des Abendrots, eine himmlische Empfindung überströmte sein Inneres; mit inniger Wollust strebten unzählbare Gedanken in ihm sich zu vermischen; neue, nie gesehene Bilder entstanden, die auch ineinander flossen und zu sichtbaren Wesen um ihn wurden, und jede Welle des lieblichen Elements schmiegte sich wie ein zarter Busen ihm an. Die Flut schien eine Auflösung reizender Mädchen, die an dem Jünglinge sich augenblicklic verkörperten.

Berauscht von Entzücken und doch jedes Eindrucks bewusst, schwamm er gemach dem leuchtenden Strome nach, der aus dem Becken in den Felsen hineinfloss. Eine Art von süßem Schlummer befiel ihn, in welchem er unbeschreibliche Begebenheiten träumte, und woraus ihn eine andere Erleuchtung weckte. Er fand sich auf einem weichen Rasen am Rand einer Quelle, die in die Luft hinausquoll und sich darin zu verzehren schien. Dunkelblaue Felsen mit bunten Adern erhoben sich in einiger Entfernung; das Tageslicht, das ihn umgab, war heller und milder als das gewöhnliche; der Himmel war schwarzblau und völlig rein. Was ihn aber mit voller Macht anzog, war eine hohe lichtblaue Blume, die zunächst an der Quelle stand und ihn mit ihren breiten, glänzenden Blättern berührte. Rund um sie her standen unzählige Blumen von allen Farben und der köstliche Geruch erfüllte die Luft. Er sah nichts als die blaue Blume und betrachtete sie lange mit unnennbarer Zärtlichkeit. Endlich wollte er sich ihr nähern, als sie auf einmal sich zu bewegen und zu verändern anfing; die Blätter wurden glänzender und schmiegten sich an den wachsenden Stengel, die Blume neigte sich nach ihm zu, und die Blütenblätter zeigten einen blauen ausgebreiteten Kragen, in welchem ein zartes Gesicht schwebte. Sein süßes Staunen wuchs mit der sonderbaren Verwandlung, als ihn plötzlich die Stimme seiner Mutter weckte, und er sich in der elterlichen Stube fand, die schon die Morgensonne vergoldete. Er war zu entzückt, um unwillig über diese Störung zu sein; vielmehr bot er seiner Mutter freundlich guten Morgen, und erwiderte ihre herzliche Umarmung.

(Werke in einem Band, Carl Hanser Verlag, München 1981, S. 241–242)

3▸ In dem Roman Heinrich von Ofterdingen wird die blaue Blume mehrfach mit der Poesie, mit der Dichtung gleichgesetzt. Welche Vorstellung von der Aufgabe der Dichtung verbindet sich Ihrer Meinung nach mit dieser Gleichsetzung?

4▸ Im Brockhaus (Band 3, 1987), einem Lexikon, steht unter dem Eintrag blaue Blume: »das Symbol der Dichtung in NOVALIS' Roman »Heinrich von Ofterdingen« (1802) und seither (u. a. in der Jugendbewegung) als Symbol der romant. Poesie und ihrer auf das Unendliche gerichteten Sehnsucht.« – Unter Jugendbewegung versteht man bürgerliche Jugendbünde zu Beginn des 20. Jahrhunderts: »In der Absicht, aus eigener Kraft eine wahrhaftige Lebensgestaltung zu finden, bildeten sich Jugendgruppen, die beim Wandern, auf Fahrt, am Lager und beim Heimabend das Erlebnis der Einfachheit und Naturverbundenheit und eine auf Freundschaft gegründete Gemeinschaft, den Bund unter selbst gewählten Führern suchten.« (Brockhaus, Band 11, 1990) Es war ein »Ausbruch aus Stadtleben und Industriegesellschaft«. Warum, meinen Sie, berief sich die jugendliche »Aussteiger«-Bewegung zu Beginn des 20. Jahrhunderts auf die blaue Blume aus dem Roman von Novalis?

Bonaventura

Nachtwachen

1804 erschien ein Meisterwerk der so genannten *»schwarzen Romantik«*: der Ich-Roman *Nachtwachen*. Der unbekannte Autor nannte sich **Bonaventura** (wahrscheinlich ist es der Braunschweiger Theaterdirektor Ernst August Klingemann, 1777–1831). Auf seinen nächtlichen Rundgängen als Nachtwächter beobachtet der Erzähler das Treiben der Menschen hinter den Fenstern. Seine Bilanz ist niederschmetternd: Die *Aufklärung* habe keinen Fortschritt gebracht; die Welt sei und bleibe ein Chaos. Das letzte Wort seiner Abrechnung ist »Nichts«. Sein Spott gilt auch den Dichtern und ihrem Traum von einer besseren Welt:

Erste Nachtwache

Die Nachtstunde schlug; ich hüllte mich in meine abenteuerliche Vermummung, nahm die Pike und das Horn zur Hand, ging in die Finsternis hinaus und rief die Stunde ab, nachdem ich mich durch ein Kreuz gegen die bösen Geister geschützt hatte.
Es war eine von jenen unheimlichen Nächten, wo Licht und Finsternis schnell und seltsam miteinander abwechselten. Am Himmel flogen die Wolken, vom Winde getrieben,

wie wunderliche Riesenbilder vorüber, und der Mond erschien und verschwand im raschen Wechsel. Unten in den Straßen herrschte Totenstille, nur hoch oben in der Luft hauste der Sturm, wie ein unsichtbarer Geist.
Es war mir schon recht und ich freute mich über meinen einsam widerhallenden Fußtritt; denn ich kam mir unter den vielen Schläfern vor wie der Prinz im Märchen in der bezauberten Stadt, wo eine böse Macht jedes lebende Wesen in Stein verwandelt hatte, oder wie ein einzig Übriggebliebener nach einer allgemeinen Pest oder Sündflut.
Der letzte Vergleich machte mich schaudern und ich war froh ein einzelnes mattes Lämpchen noch hoch oben über der Stadt auf einem freien Dachkämmerchen brennen zu sehen.
Ich wusste wohl, wer da so hoch in den Lüften regierte; es war ein verunglückter Poet, der nur in der Nacht wachte, weil dann seine Gläubiger schliefen und die Musen allein nicht zu den Letzten gehörten.
Ich konnte mich nicht entbrechen folgende Standrede an ihn zu halten:
»O du, der du da oben dich herumtreibst, ich verstehe dich wohl, denn ich war einst deinesgleichen! Aber ich habe diese Beschäftigung aufgegeben gegen ein ehrliches Handwerk, das seinen Mann ernährt und das für denjenigen, der sie darin aufzufinden weiß, doch keineswegs ganz ohne Poesie ist. Ich bin dir gleichsam wie ein satirischer Stentor[1] in den Weg gestellt und unterbreche deine Träume von Unsterblichkeit, die du da oben in der Luft träumst, hier unten auf der Erde regelmäßig durch die Erinnerung an die Zeit und Vergänglichkeit. Nachtwächter sind wir zwar beide; schade nur dass dir deine Nachtwachen in dieser kalt-prosaischen Zeit nichts einbringen, indes die meinigen doch immer ein Übriges abwerfen. Als ich noch in der Nacht poesierte, wie du, musste ich hungern, wie du, und sang tauben Ohren; das Letzte tue ich zwar noch jetzt, aber man bezahlt mich dafür. O Freund Poet, wer jetzt leben will, der darf nicht dichten! Ist dir aber das Singen angeboren und kannst du es durchaus nicht unterlassen, nun so werde Nachtwächter, wie ich, das ist noch der einzige solide Posten, wo es bezahlt wird und man dich nicht dabei verhungern lässt. – Gute Nacht, Bruder Poet.«
Ich blickte noch einmal hinauf, und gewahrte seinen Schatten an der Wand, er war in einer tragischen Stellung begriffen, die eine Hand in den Haaren, die andre hielt das Blatt, von dem er wahrscheinlich seine Unsterblichkeit sich vorrezitierte.
Ich stieß ins Horn, rief ihm laut die Zeit zu und ging meiner Wege. –

1 stimmgewaltiger Held im Trojanischen Krieg

(August Klingemann, Nachtwachen von Bonaventura, Insel Verlag, Frankfurt/Main 1976, S. 9–11)

5 Vergleichen Sie diese ernüchternde Bestandsaufnahme über den Zustand der Welt und über das Los der Dichter mit Friedrich Schlegels Vorstellung von der Aufgabe der Poesie und mit dem Traum von der »blauen Blume« im Roman von Novalis.

E. T. A. Hoffmann

Der Sandmann

E. T. A. Hoffmann

Kein deutscher Dichter hat die romantischen Strömungen im In- und Ausland so beeinflusst wie **Ernst Theodor Amadeus Hoffmann** (1776–1822). Über sich schrieb er: »Die Wochentage bin ich Jurist und höchstens etwas Musiker, sonntags am Tage wird gezeichnet und abends bin ich ein sehr witziger Autor bis in die späte Nacht.«

Seine Doppelexistenz als Künstler und Beamter spiegelt sich in den vielen Erzählungen und Romanen (z. B. *Der goldene Topf*, 1814; *Elexiere des Teufels*, 1816). In diesen Geschichten vermischt sich die Welt des Phantastischen, d. h. die Wunschwelt, mit dem Alltäglichen oder bricht unvermittelt in den gewohnten Lauf der Dinge. Einer seiner Erzählbände hat den Titel *Nachtstücke* (1816f.). Es ist ein doppeldeutiger Titel; er kann auch, so die Absicht des Autors, die Nachtseiten der menschlichen Seele meinen, nämlich Wahnideen, die bis zur Selbstzerstörung führen, wie in der Erzählung *Der Sandmann* (1816). Es ist die Geschichte des Studenten Nathanael, der unter schrecklichen Kindheitserinnerungen leidet, die ihn an seinem Studienort einzuholen scheinen. Eingangs der Erzählung schreibt Nathanael seinem Freund über die Ereignisse in der Kindheit und wie er glaubt, seinem größten Quäler wieder begegnet zu sein:

Etwas Entsetzliches ist in mein Leben getreten! – Dunkle Ahnungen eines grässlichen mir drohenden Geschicks breiten sich wie schwarze Wolkenschatten über mich aus, undurchdringlich jedem freundlichen Sonnenstrahl. – Nun soll ich dir sagen, was mir widerfuhr. Ich muss es, das sehe ich ein, aber nur es denkend, lacht es wie toll aus mir heraus. – Ach, mein herzlieber Lothar, wie fange ich es denn an, dich nur einigermaßen empfinden zu lassen, dass das, was mir vor einigen Tagen geschah, denn wirklich mein Leben so feindlich zerstören konnte! Wärst du nur hier, so könntest du selbst schauen; aber jetzt hältst du mich gewiss für einen aberwitzigen Geisterseher. – Kurz und gut, das Entsetzliche, das mir geschah, dessen tödlichen Eindruck zu vermeiden ich mich vergebens bemühe, besteht in nichts anderm, als dass vor einigen Tagen, nämlich am 30. Oktober, mittags um zwölf Uhr, ein Wetterglashändler in meine Stube trat und mir seine Ware anbot. Ich kaufte nichts und drohte, ihn die Treppe herabzuwerfen, worauf er aber von selbst fortging. –

Du ahnest, dass nur ganz eigne, tief in mein Leben eingreifende Beziehungen diesem Vorfall Bedeutung geben können, ja, dass wohl die Person jenes unglückseligen Krämers gar feindlich auf mich wirken muss. So ist es in der Tat. Mit aller Kraft fasse ich mich zusammen, um ruhig und geduldig dir aus meiner frühern Jugendzeit so viel zu erzählen, dass deinem regen Sinn alles klar und deutlich in leuchtenden Bildern aufgehen wird. Indem ich anfangen will, höre ich dich lachen und Klara sagen: »Das sind ja rechte Kindereien!« – Lacht, ich bitte euch, lacht mich recht herzlich aus! – ich bitt euch sehr! – Aber Gott im Himmel! Die Haare sträuben sich mir, und es ist, als flehe ich euch an, mich auszulachen, in wahnsinniger Verzweiflung, wie Franz Moor[1] den Daniel. – Nun fort zur Sache! – Außer dem Mittagessen sahen wir, ich und meine Geschwister, tagsüber den Vater wenig. Er mochte mit seinem Dienst viel beschäftigt sein. Nach dem Abendessen, das alter Sitte gemäß schon um sieben Uhr aufgetragen wurde, gingen wir alle, die Mutter mit uns, in des Vaters Arbeitszimmer und setzten uns um einen runden Tisch. Der Vater rauchte Tabak und trank ein großes Glas Bier dazu. Oft erzählte er uns viele wunderbare Geschichten und geriet darüber so in Eifer, dass ihm die Pfeife immer ausging, die ich, ihm brennend Papier hinhaltend, wieder anzünden musste, welches mir denn ein Hauptspaß war. Oft gab er uns aber Bilderbücher in die Hände, saß stumm und starr in seinem Lehnstuhl und blies starke Dampfwolken von sich, dass wir alle wie im Nebel schwammen. An solchen Abenden war die Mutter sehr traurig, und kaum schlug die Uhr neun, so sprach sie: »Nun Kinder! – zu Bette! zu Bette! Der Sandmann kommt, ich merk es schon.« Wirklich hörte ich dann jedesmal etwas schweren, langsamen Tritts die Treppe heraufpoltern; das musste der Sandmann sein. Einmal war mir jenes dumpfe Treten und Poltern besonders graulich; ich fragte die Mutter, indem sie uns fortführte: »Ei, Mama! wer ist denn der böse Sandmann, der uns immer von Papa forttreibt? – wie sieht er denn aus?« »Es gibt keinen Sandmann, mein liebes Kind«, erwiderte die Mutter, »wenn ich sage, der Sandmann kommt, so will das nur heißen, ihr seid schläfrig und könnt die Augen nicht offen behalten, als hätte man euch Sand hineingestreut.« – Der Mutter Antwort befriedigte mich nicht, ja in meinem kindischen Gemüt entfaltete sich deutlich der Gedanke, dass die Mutter den Sandmann nur verleugne, damit wir uns von ihm nicht fürchten sollten, ich hörte ihn ja immer die Treppe heraufkommen. Voll Neugierde, Näheres von diesem Sandmann und seiner Beziehung auf uns Kinder zu erfahren, fragte ich endlich die alte Frau, die meine jüngste Schwester wartete, was denn das für ein Mann sei, der Sandmann. »Ei Thanelchen«, erwiderte diese, »weißt du das noch nicht? Das ist ein böser Mann, der kommt zu den Kindern, wenn sie nicht zu Bett gehen wollen, und wirft ihnen Hände voll Sand in die Augen, dass sie blutig zum Kopf herausspringen, die wirft er dann in den Sack und trägt sie in den Halbmond zur Atzung für seine Kinderchen; die sitzen dort im Nest und haben krumme Schnäbel, wie die Eulen, damit picken sie der unartigen Menschenkindlein Augen auf.« – Grässlich malte sich nun im Innern mir das Bild des grausamen Sandmanns aus; sowie es abends die Treppe heraufpolterte, zitterte ich vor Angst und Entsetzen. Nichts als den unter Tränen hergestotterten Ruf: »Der Sandmann!« konnte die Mutter aus mir herausbringen. Ich lief darauf in das Schlafzimmer, und wohl die ganze Nacht über quälte mich die fürchterliche Erscheinung des Sandmanns. – Schon alt genug war ich geworden, um einzusehen, dass das mit dem Sandmann und seinem Kindernest im Halbmonde, so wie es mir die Wartefrau erzählt hatte, wohl nicht ganz seine Richtigkeit haben könne; indessen blieb mir der Sandmann ein fürchterliches Gespenst, und Grauen – Entsetzen ergriff mich, wenn ich ihn nicht allein die Treppe heraufkommen, sondern auch meines Vaters Stubentür heftig aufreißen und hineintreten hörte. Manchmal blieb er lange weg, dann kam er öfter hintereinander. Jahrelang dauerte das, und nicht gewöhnen konnte ich mich an den unheimlichen Spuk, nicht bleicher wurde in mir das Bild des grausigen Sandmanns. Sein Umgang mit dem Vater fing an, meine Phantasie immer mehr und mehr zu beschäftigen; den Vater darum zu befragen, hielt mich eine unüberwindliche Scheu zurück, aber selbst – selbst das Geheimnis zu erforschen, den fabelhaften Sandmann zu sehen, dazu keimte mit den Jahren immer mehr die Lust in mir empor. Der Sandmann hatte mich auf die Bahn des Wunderbaren, Abenteuerlichen gebracht, das so schon leicht im kindlichen Gemüt sich einnistet. Nichts war mir lieber, als schauerliche Geschichten von Kobolden, Hexen, Däumlingen und so weiter zu hören oder zu lesen; aber obenan stand immer der Sandmann, den ich in den seltsamsten, abscheulichsten Gestalten überall auf Tische, Schränke und Wände mit Kreide, Kohle hinzeichnete. Als ich zehn Jahre alt geworden, wies mich die Mutter aus der Kinderstube in ein Kämmerchen, das auf dem Korridor unfern von meines Vaters Zimmer lag. Noch immer mussten wir uns, wenn auf den Schlag neun Uhr sich jener Unbekannte im Hause hören ließ, schnell entfernen. In meinem Kämmerchen vernahm ich, wie er bei dem Vater hineintrat, und bald darauf war es mir dann, als verbreite sich im Hause ein feiner, seltsam riechender Dampf. Immer höher mit der Neugierde wuchs der Mut, auf irgendeine Weise des Sandmanns Bekanntschaft zu machen. Oft schlich ich schnell aus dem Kämmerchen auf den Korridor, wenn die Mutter vorübergegangen, aber nichts konnte ich erlauschen, denn immer war der Sandmann schon zur Türe hinein, wenn ich den Platz erreicht hatte, wo er mir sichtbar werden musste. Endlich von unwiderstehlichem Drange getrieben, beschloss ich, im Zimmer des Vaters selbst mich zu verbergen und den Sandmann zu erwarten.

An des Vaters Schweigen, an der Mutter Traurigkeit merkte ich eines Abends, dass der Sandmann kommen werde; ich schützte daher große Müdigkeit vor, verließ schon vor neun Uhr das Zimmer und verbarg mich dicht neben der Türe in einen Schlupfwinkel. Die Haustür knarrte, durch den Flur ging es, langsamen, schweren, dröhnenden Schrittes nach der Treppe. Die Mutter eilte mit den Geschwistern an mir vorüber. Leise – leise öffnete ich des Vaters Stubentür. Er saß, wie gewöhnlich, stumm und starr den Rücken der Türe zugekehrt, er bemerkte mich nicht, schnell war ich hinein und hinter der Gardine, die einem gleich neben der Türe stehenden offnen Schrank, worin meines Vaters Kleider hingen, vorgezogen war. – Näher – immer näher dröhnten die Tritte – es hustete und scharrte und brummte seltsam draußen. Das Herz bebte mir vor Angst und Erwartung. – Dicht, dicht vor der Tür ein scharfer Tritt – ein heftiger Schlag auf die Klinke, die Tür springt rasselnd auf! – Mit Gewalt mich ermannend, gucke ich behutsam hervor. Der

Sandmann steht mitten in der Stube vor meinem Vater, der helle Schein der Lichter brennt ihm ins Gesicht! – Der Sandmann, der fürchterliche Sandmann ist der alte Advokat Coppelius, der manchmal bei uns zu Mittag isst! –
Aber die grässlichste Gestalt hätte mir nicht tieferes Entsetzen erregen können als eben dieser Coppelius. –

(Diesen Advokat Coppelius, der ihm immer unheimlicher wurde, macht Nathanael auch für den Tod seines Vaters verantwortlich. Beide experimentierten unter geheimnisvollen Umständen in dem häuslichen Chemielabor. Bei einer Explosion kam der Vater ums Leben.)

Die Explosion hatte die Nachbarn geweckt, der Vorfall wurde ruchbar und kam vor die Obrigkeit, welche den Coppelius zur Verantwortung vorfordern wollte. Der war aber spurlos vom Orte verschwunden.
Wenn ich dir nur sage, mein herzlieber Freund, dass jener Wetterglashändler eben der verruchte Coppelius war, so wirst du mir es nicht verargen, dass ich die feindliche Erscheinung als schweres Unheil bringend deute. Er war anders gekleidet, aber Coppelius' Figur und Gesichtszüge sind zu tief in mein Innerstes eingeprägt, als dass hier ein Irrtum möglich sein sollte. Zudem hat Coppelius nicht einmal seinen Namen geändert. Er gibt sich hier, wie ich höre, für einen piemontesischen Mechanikus aus und nennt sich Giuseppe Coppola.
Ich bin entschlossen, es mit ihm aufzunehmen und des Vaters Tod zu rächen, mag es denn nun gehen, wie es will.

Für Nathanael verdichtet sich der Verdacht, dass er den Mörder seines Vaters wieder getroffen habe, zur Gewissheit. Auch die Einwände der Freundin, er bilde sich alles nur ein, die furchtbare Erinnerung sei ein Produkt seiner Phantasie, – sie sind vergeblich. Er fühlt sich verfolgt, wird wahnsinnig und stürzt sich bei einer Turmbesteigung verzweifelt in den Tod.

[1] Hauptfigur aus Schillers Drama »Die Räuber«

(Gesammelte Werke, Band V, Atlantis Verlag, Zürich 1982, S. 136–140, 145)

6 Dieses Protokoll einer Krankheitsgeschichte gehört zu Hoffmanns bekanntesten und am meisten interpretierten Erzählungen. Sicherlich ist der Grund dafür nicht die »Schauergeschichte«. Was könnte – Ihrer Meinung nach – das große Interesse an dieser Erzählung erklären?

7 Dieses Beispiel der so genannten »schwarzen Romantik« zeigt die Zerstörung einer kindlichen Seele durch Drohgeschichten und durch Ereignisse, die das Kind noch nicht verstehen konnte, die sich aber in ihm festsetzten und auch sein späteres Leben beeinflussten. Erinnern Sie sich an Ähnliches?

Karoline von Günderode

Karoline von Günderode

Überall Liebe

Kann ich im Herzen heiße Wünsche tragen?
Dabei des Lebens Blütenkränze sehn,
Und unbekränzt daran vorüber gehn
Und muss ich traurend nicht in mir verzagen?

Soll frevelnd ich dem liebsten Wunsch entsagen?
Soll mutig ich zum Schattenreiche gehn?
Um andre Freuden, andre Götter flehn,
Nach neuen Wonnen bei den Toten fragen?

Ich stieg hinab, doch auch in Plutons[1] Reichen,
Im Schoß der Nächte, brennt der Liebe Glut,
Dass sehnend Schatten sich zu Schatten neigen.

Verloren ist, wen Liebe nicht beglücket,
Und stieg er auch hinab zur styg'schen Flut[2],
Im Glanz der Himmel blieb er unentzücket.

[1] Pluton: in der griechischen Sage Gott der Unterwelt
[2] Styx: Gewässer in der griechischen Sage, das die Unterwelt umgibt.

(Der Schatten eines Traumes – Gedichte, Prosa, Briefe, herausgegeben von Christa Wolf, Luchterhand Verlag, Darmstadt 1979, S. 6 f.)

Karoline von Günderode (1780–1806) war mit Clemens Brentano und seiner Schwester Bettina befreundet. Sie schwärmte bedingungslos für ein selbstbestimmtes Leben, das nicht dem Zwang konventioneller Lebensformen unterworfen sein sollte.

8 Das Gedicht ist ein Sonett. Es ist nach festen Regeln aufgebaut: Auf zwei Vierzeiler folgen zwei Dreizeiler; auch die Reimfolge ist nicht zufällig. Im Inhalt werden Bilder aus der griechischen Sagenwelt zitiert, um das eigne Gefühl der Einsamkeit zu beschreiben. Welche »Stimmung« vermittelt Ihnen dieses Gedicht? Eine unmittelbare, eine spontane? Oder müssen Sie sich erst durch den Text »durchlesen«, um ihm näher zu kommen?

Des Knaben Wunderhorn

Titelblatt des ersten Bandes

Der Rattenfänger von Hameln

Wer ist der bunte Mann im Bilde?
Er führet Böses wohl im Schilde,
Er pfeift so wild und so bedacht;
Ich hätt' mein Kind ihm nicht gebracht!

In Hameln fochten Mäus und Ratzen
Bei hellem Tage mit den Katzen,
Es war viel Not, der Rat bedacht,
Wie andre Kunst zuweg gebracht.

Da fand sich ein der Wundermann,
Mit bunten Kleidern angetan,
Pfiff Ratz und Mäus zusamm' ohn Zahl,
Ersäuft sie in der Weser all.

Der Rat will ihm dafür nicht geben,
Was ihm ward zugesagt so eben,
Sie meinten, das ging gar zu leicht
Und wär wohl gar ein Teufelsstreich.

Wie hart er auch den Rat besprochen,
Sie dräuten seinem bösen Pochen,
Er konnt zuletzt vor der Gemein'
Nur auf dem Dorfe sicher sein.

Die Stadt von solcher Not befreiet
Im großen Dankfest sich erfreuet,
Im Betstuhl saßen alle Leut,
Es läuten alle Glocken weit.

Die Kinder spielten in den Gassen,
der Wundermann durchzog die Straßen,
Er kam und pfiff zusamm' geschwind
Wohl auf ein hundert schöne Kind.

Der Hirt sie sah zur Weser gehen,
Und keiner hat sie je gesehen,
Verloren sind sie an dem Tag
Zu ihrer Eltern Weh und Klag.

Im Strome schweben Irrlicht nieder,
Die Kindlein frischen drin die Glieder,
Dann pfeifet er sie wieder ein,
Für seine Kunst bezahlt zu sein.

Ihr Leute, wenn ihr Gift wollt legen,
So hütet doch die Kinder gegen,
Das Gift ist selbst der Teufel wohl,
Der uns die lieben Kinder stohl.

(Des Knaben Wunderhorn, Winkler Verlag, München 1963, S. 30 f.)

1805 erschien in Heidelberg der erste Band der Volksliedersammlung *Des Knaben Wunderhorn*, herausgegeben von Achim von Arnim und *Clemens Brentano*. Die beiden Freunde hatten seit 1802 mündlich überlieferte Volkslieder aufgeschrieben; in ihre Sammlung nahmen sie aber auch schriftlich überlieferte Texte aus Vergangenheit und Gegenwart auf.
Die wichtigsten Vertreter der Jenaer und der Heidelberger Romantik waren miteinander befreundet; es bestand ein reger Gedankenaustausch. Trotzdem gab es Unterschiede. Für die Heidelberger Romantik ist bezeichnend, dass altes Liedgut und Balladen aus der nationalen Tradition aufgezeichnet wurden. Diese Sammlungen sollten ein Ersatz für die fehlende politische Einheit der Deutschen sein.

9 Die Volksballade *Der Rattenfänger von Hameln* geht auf eine Sage aus dem Mittelalter zurück. In der Hamelner Marktkirche war seit dem 14. Jahrhundert ein Glasbild zu sehen; es zeigte einen Mann in bunten Kleidern, der von einer Kinderschar umgeben war. Darauf scheint sich die Eingangsstrophe der Ballade zu beziehen. Was wird in der Ballade erzählt? In welcher Reihenfolge? Wie wird das Ganze umrahmt?

10 Ein Merkmal der Volksballade ist die vierzeilige Strophe mit einem festen Betonungsgefüge und einer einfachen Reimform. Überprüfen Sie dies am vorliegenden Text.

11 Mit der Volksballade eng verwandt ist der Bänkelsang. Die Bezeichnung geht auf die Holzbank (Bänkel) zurück, von der aus auf den Jahrmärkten Schausteller zu Drehorgelmusik in einfacher Balladenform von schauerlich-rührseligen Vorfällen (Moritaten) erzählten oder aktuelle Ereignisse kommentierten. Die Vorfälle und Ereignisse wurden durch Bildtafeln illustriert. Die Bänkellieder endeten meistens mit einer handfesten Moral. Auch im *Rattenfänger von Hameln* finden sich Elemente des Bänkelsangs. Untersuchen Sie daraufhin Anfang und Ende des Textes. Wie könnte die Bilderfolge sein? Woran erkennt man, dass der Text für den öffentlichen Vortrag gedacht war?

Brüder Grimm

Brüder Grimm

Kinder- und Hausmärchen

Die Brüder **Jacob** (1785–1863) und **Wilhelm** (1786–1859) **Grimm** nahmen Brentanos Anregung zu einer Sammlung der deutschen Märchen auf; die *Kinder- und Hausmärchen* erschienen in zwei Bänden (1812–1815). Die Brüder Grimm haben viele der ihnen mündlich mitgeteilten Märchen nach ihren Vorstellungen überarbeitet; so entstand eine eigene, die *Grimm'sche Märchenform*. Ihr Grundmuster ist, dass der zu Unrecht Leidende belohnt und der Bösewicht exemplarisch bestraft wird. Der gute Ausgang aus allen Nöten ist von Anfang an gewiss; überirdische Kräfte stehen den Bedrängten zur Seite.

Die Vorrede zur zweiten Auflage (1819) schrieb Wilhelm Grimm:

Wir finden es wohl, wenn von Sturm oder anderem Unglück, das der Himmel schickt, eine ganze Saat zu Boden geschlagen wird, dass noch bei niedrigen Hecken oder Sträuchen, die am Wege stehen, ein kleiner Platz sich gesichert hat und einzelne Ähren aufrecht geblieben sind. Scheint dann die Sonne wieder günstig, so wachsen sie einsam und unbeachtet fort: keine frühe Sichel schneidet sie für die großen Vorratskammern, aber im Spätsommer, wenn sie reif und voll geworden, kommen arme Hände, die sie suchen, und Ähre an Ähre gelegt, sorgfältig gebunden und höher geachtet als sonst ganze Garben, werden sie heimgetragen, und winterlang sind sie Nahrung, vielleicht auch der einzige Samen für die Zukunft.

So ist es uns vorgekommen, wenn wir gesehen haben, wie von so vielem, was in früherer Zeit geblüht hat, nichts mehr übrig geblieben, selbst die Erinnerung daran fast ganz verloren war, als unter dem Volke Lieder, ein paar Bücher, Sagen und diese unschuldigen Hausmärchen. Die Plätze am Ofen, der Küchenherd, Bodentreppen, Feiertage noch gefeiert, Triften und Wälder in ihrer Stille, vor allem die ungetrübte Phantasie sind die Hecken gewesen, die sie gesichert und einer Zeit aus der andern überliefert haben.

Es war vielleicht gerade Zeit, diese Märchen festzuhalten, da diejenigen, die sie bewahren sollen, immer seltner werden. Freilich, die sie noch wissen, wissen gemeinlich auch recht viel, weil die Menschen ihnen absterben, sie nicht den Menschen: aber die Sitte selbst nimmt immer mehr ab, wie alle heimlichen Plätze in Wohnungen und Gärten, die vom

Großvater bis zum Enkel fortdauerten, dem stetigen Wechsel einer leeren Prächtigkeit weichen, die dem Lächeln gleicht, womit man von diesen Hausmärchen spricht, welches vornehm aussieht und doch wenig kostet. Wo sie noch da sind, leben sie so, dass man nicht dran denkt, ob sie gut oder schlecht sind, poetisch oder für gescheite Leute abgeschmackt: man weiß sie und liebt sie, weil man sie eben so empfangen hat, und freut sich daran, ohne einen Grund dafür. So herrlich ist lebendige Sitte, ja auch das hat die Poesie mit allem Unvergänglichen gemein, dass man ihr selbst gegen einen andern Willen geneigt sein muss. Leicht wird man übrigens bemerken, dass sie nur da gehaftet hat, wo überhaupt eine regere Empfänglichkeit für Poesie oder eine noch nicht von den Verkehrtheiten des Lebens ausgelöschte Phantasie vorhanden war. Wir wollen in gleichem Sinne diese Märchen nicht rühmen oder gar gegen eine entgegengesetzte Meinung verteidigen: ihr bloßes Dasein reicht hin, sie zu schützen. Was so mannigfach und immer wieder von neuem erfreut, bewegt und belehrt hat, das trägt seine Notwendigkeit in sich und ist gewiss aus jener ewigen Quelle gekommen, die alles Leben betaut, und wenn es auch nur ein einziger Tropfen wäre, den ein kleines, zusammenhaltendes Blatt gefasst hat, so schimmert er doch in dem ersten Morgenrot.

(Kinder- und Hausmärchen, Band I, Reclam Verlag, Stuttgart 1980, S. 15 f.)

12 Zweimal äußert sich Wilhelm Grimm schon eingangs seiner Vorrede über die Phantasie: »die ungetrübte Phantasie« – »eine noch nicht von den Verkehrtheiten des Lebens ausgelöschte Phantasie«. Die Märchen sind erfundene Geschichten; in der Phantasie werden Konflikte durchgespielt und Lösungen, oft auch »märchenhafte«, gesucht. Erinnern Sie sich an ein Märchen, das Ihnen ganz persönlich geholfen hat, um einen Konflikt (mit den Eltern, den Geschwistern oder Freunden) in den Griff zu bekommen?

13 Überprüfen Sie die Aussagen der Vorrede an einem Grimm'schen Märchen Ihrer Wahl.

Clemens Brentano

Clemens Brentano

Abendständchen

Hör', es klagt die Flöte wieder,
Und die kühlen Brunnen rauschen.
Golden wehn die Töne nieder,
Stille, stille, lass uns lauschen!

Holdes Bitten, mild Verlangen,
Wie es süß zum Herzen spricht!
Durch die Nacht, die mich umfangen,
Blickt zu mir der Töne Licht.

Dieses Gedicht von **Clemens Brentano** (1778–1842) stammt aus einem Singspiel. Es ist ein Duett zwischen einem Mädchen und einem blinden Sänger: Es ist Abend und hinter der Szene hört man eine Flöte, die sich nähert. Die ursprüngliche Fassung (1803) hat folgende Aufteilung:

Fabiola
Hör', es klagt die Flöte wieder,
Und die kühlen Brunnen rauschen.

Piast
Golden wehn die Töne nieder,
Stille, stille, lass uns lauschen!

Fabiola
Holdes Bitten, mild Verlangen,
Wie es süß zum Herzen spricht!

Piast
Durch die Nacht, die mich umfangen,
Blickt zu mir der Töne Licht.

(Gedichte und Erzählungen, Wissenschaftliche Buchgesellschaft, Darmstadt 1986, S. 170)

14▶ Das Gedicht lebt aus seiner Musikalität. In der Abendstimmung fließen die Sinneswahrnehmungen ineinander. Man nennt dies Synästhesie: Unterschiedliches wird zugleich wahrgenommen. Nennen Sie dafür Beispiele aus dem Gedicht.

Joseph von Eichendorff

Joseph von Eichendorff

Mondnacht

Es war, als hätt' der Himmel
Die Erde still geküsst,
Dass sie im Blütenschimmer
Von ihm nun träumen müsst.

Die Luft ging durch die Felder,
Die Ähren wogten sacht,
Es rauschten leis die Wälder,
So sternklar war die Nacht.

Und meine Seele spannte
Weit ihre Flügel aus,
Flog durch die stillen Lande,
Als flöge sie nach Haus.

(Werke, Carl Hanser Verlag, München 1972, S. 271 f.)

Joseph von Eichendorff (1788–1857), wie Clemens Brentano aus dem Kreis der Heidelberger Romantiker, gilt für viele als der Dichter des deutschen Waldes; im 19. Jahrhundert wurden seine bekanntesten Waldgedichte vertont und sie wurden fast Volkslieder. Doch das Vorurteil stimmt nicht ganz. Eichendorff kommt in seinen Gedichten zwar der einfachen Volksliedform sehr nahe, aber seine Landschaftsbilder sind keine genaue Beschreibung der Natur. Die Landschaftsbilder sind nur ein Anlass, um über sie hinaus zu denken. Das beste Beispiel dafür ist das Gedicht *Mondnacht* (1837).

15 Die drei Strophen entsprechen drei Stufen der Beobachtung oder Reflexion. In der ersten Strophe wird die Abendstimmung in einem Vergleichsbild eingefangen, sie wird »vermenschlicht«. In der zweiten Strophe schweift der Blick über die Felder und Wälder. In der dritten Strophe kommt das lyrische Ich selbst zu Wort; die Naturstimmung überträgt sich auf den Beobachter. Welches Vergleichsbild verwendet der Beobachter für sich? Warum spricht er von seiner Seele? Was meint er mit dem Schlussvers?

Aus dem Leben eines Taugenichts

Das Rad an meines Vaters Mühle brauste und rauschte schon wieder recht lustig, der Schnee tröpfelte emsig vom Dache, die Sperlinge zwitscherten und tummelten sich dazwischen; ich saß auf der Türschwelle und wischte mir den Schlaf aus den Augen; mir war so recht wohl in dem warmen Sonnenscheine. Da trat der Vater aus dem Hause; er hatte schon seit Tagesanbruch in der Mühle rumort und die Schlafmütze schief auf dem Kopfe, der sagte zu mir: Du Taugenichts! da sonnst du dich schon wieder und dehnst und reckst dir die Knochen müde und lässt mich alle Arbeit allein tun. Ich kann dich hier nicht länger füttern. Der Frühling ist vor der Tür, geh auch einmal hinaus in die Welt und erwirb dir selber dein Brot. – Nun, sagte ich, wenn ich ein Taugenichts bin, so ist's gut, so will ich in die Welt gehn und mein Glück machen. Und eigentlich war mir das recht lieb, denn es war mir kurz vorher selber eingefallen, auf Reisen zu gehn, da ich die Goldammer, welche im Herbst und Winter immer betrübt an unserem Fenster sang: Bauer, miet mich, Bauer miet mich! nun in der schönen Frühlingszeit wieder ganz stolz und lustig vom Baume rufen hörte: Bauer, behalt deinen Dienst! – Ich ging also in das Haus hinein und holte meine Geige, die ich recht artig spielte, von der Wand, mein Vater gab mir noch einige Groschen Geld mit auf den Weg, und so schlenderte ich durch das lange Dorf hinaus. Ich hatte recht meine heimliche Freude, als ich da alle meine alten Bekannten und Kameraden rechts und links, wie gestern und vorgestern und immerdar, zur Arbeit hinausziehen, graben und pflügen sah, während ich so in die freie Welt hinausstrich. Ich rief den armen Leuten nach allen Seiten recht stolz und zufrieden Adjes zu, aber da kümmerte sich eben keiner sehr darum. Mir war es wie ein ewiger Sonntag im Gemüte. Und als ich endlich ins freie Feld hinauskam, da nahm ich meine liebe Geige vor und spielte und sang, auf der Landstraße fortgehend:

Wem Gott will rechte Gunst erweisen,
Den schickt er in die weite Welt,
Dem will er seine Wunder weisen
In Berg und Wald und Strom und Feld.

Die Trägen, die zu Hause liegen,
Erquicket nicht das Morgenrot,
Sie wissen nur vom Kinderwiegen,
Von Sorgen, Last und Not um Brot.

Die Bächlein von den Bergen springen,
Die Lerchen schwirren hoch vor Lust,
Was sollt ich nicht mit ihnen singen
Aus voller Kehl und frischer Brust?

Den lieben Gott lass ich nur walten;
Der Bächlein, Lerchen, Wald und Feld
Und Erd und Himmel will erhalten,
Hat auch mein Sach aufs Best' bestellt!

Indem, wie ich mich so umsehe, kömmt ein köstlicher Reisewagen ganz nahe an mich heran, der mochte wohl schon einige Zeit hinter mir drein gefahren sein, ohne dass ich es merkte, weil mein Herz so voller Klang war, denn es ging ganz langsam, und zwei vornehme Damen steckten die Köpfe aus dem Wagen und hörten mir zu. Die eine war besonders schön und jünger als die andere, aber eigentlich gefielen sie mir alle beide. Als ich nun aufhörte zu singen, ließ die ältere still halten und redete mich holdselig an: Ei, lustiger Gesell, Er weiß ja recht hübsche Lieder zu singen. Ich nicht zu faul dagegen: Ew. Gnaden aufzuwarten, wüsst ich noch viel schönere. Darauf fragte sie mich wieder: Wohin wandert Er denn so am frühen Morgen? Da schämte ich mich, dass ich das selber nicht wusste, und sagte dreist: Nach Wien; nun sprachen beide miteinander in einer fremden Sprache, die ich nicht verstand. Die jüngere schüttelte einigemal mit dem Kopfe, die andere lachte aber in einem fort und rief mir endlich zu: Spring Er nur hinten mit auf, wir fahren auch nach Wien. Wer war froher als ich! Ich machte eine Reverenz* und war mit einem Sprunge hinter dem Wagen, der Kutscher knallte und wir flogen über die glänzende Straße fort, dass mir der Wind am Hute pfiff.

* Verbeugung, Ehrerbietung

(Werke, Carl Hanser Verlag, München 1972, S. 1061–1063)

Die Italienreise des Ich-Erzählers ist zwar mit einigen Abenteuern, Verwechslungen und Verwicklungen verbunden, aber am Ende klärt sich alles auf. Der Taugenichts findet sein geliebtes Mädchen. Ihr junges Glück, fernab der Stadt, umrahmt die Natur: »die Donau rauschte dazwischen herauf – und es war alles, alles gut!«

16 Der *Taugenichts* (1826) ist Eichendorffs bekannteste Erzählung. Sie ist heiter und märchenhaft. Der Glückspilz hat ein sonniges Gemüt, nichts kann ihn anfechten. Sein Lebensweg steht unter dem Motto: »Den lieben Gott lass ich nur walten«, denn er »hat auch mein Sach aufs Best' bestellt«. Wie würden Sie diese Lebenseinstellung charakterisieren?

Für die deutsche Romantik kann man drei Hauptrichtungen nennen:
– Die Wortführer der Jenaer Romantik sprachen von einer »progressiven Universalpoesie«. Die Dichtung habe die Aufgabe, das ganze Leben widerzuspiegeln und deshalb auch für künftige Entwicklungen offen zu sein. Die traditionelle Trennung nach der lyrischen, epischen (erzählerischen) und dramatischen Gattung hebe sich in einem romantischen Kunstwerk auf. Die letzte Instanz der Erkenntnis sei das beobachtende Ich, das sich ein nie endgültiges Bild von der Welt mache.
– Die Heidelberger Romantik griff auf die nationale Geschichte zurück. Zwar wurde das Mittelalter nicht verherrlicht, in den Werken tauchte es aber immer wieder als ein Beispiel nationaler und geistiger Einheit auf, die in der Gegenwart fehle. In Anthologien wurde die mündliche Volksliteratur gesammelt. Und die Autoren selbst übten sich in den überlieferten Formen der Volksliteratur.
– Die »schwarze Romantik«, nennt man auch die »andere Seite der Romantik«. Die Behauptung, dass der Einzelne, das Ich, sich eine Vorstellung von der Welt schaffe und darnach handle, wurde wörtlich genommen. Es entstanden die ersten Protokolle geistiger Verstörungen oder Verwirrungen.

Lesekabinett, Zeitgenössisches Gemälde

Restaurationszeit (1815–1848)

Politisch sind die Jahre zwischen 1815 und 1848 durch den Begriff *Restaurationszeit* treffend gekennzeichnet. Der Wiener Kongress (1815) endete mit der Wiederherstellung (d. h. Restauration) der alten Herrschaftsordnung, wie sie vor der Französischen Revolution (1789) bestanden hatte; der Adel bestimmte wieder die Landespolitik, das Bürgertum war weitgehend von den politischen Entscheidungen ausgeschlossen. Die Märzrevolution (1848) war der erste Versuch einer bürgerlichen Öffentlichkeit, auch in Deutschland demokratische Landesverfassungen durchzusetzen.

Schwieriger ist es, die literarischen Strömungen jener Zeit zu ordnen und zu charakterisieren, wenn man nicht den politischen Begriff allgemein auch auf sie übertragen will; dies wäre aber nur ein zeitlicher Rahmen. Deshalb ist es vorzuziehen, die Literatur jener Jahre nach der jeweiligen Reaktion auf die politischen Verhältnisse aufzugliedern. Für die Werke der Schriftstellerinnen und Schriftsteller, die das politische Geschehen weitgehend ausklammerten, hat sich der Begriff *Biedermeier* durchgesetzt. Die Ansätze einer demokratischen Literatur, die aufklärend einwirken und verändern wollte, werden unter den Bezeichnungen *Junges Deutschland* (ungefähr bis 1835) und *Vormärz* (das Jahrzehnt vor der Märzrevolution von 1848) zusammengefasst.

Der Begriff *Biedermeier* ist aus der Kunstgeschichte übernommen, die damit vor allem die bürgerliche Wohn- und Modekultur im frühen 19. Jahrhundert beschrieb. In die Literaturgeschichte wurde er zunächst als Gesamtbezeichnung für die ganze Epoche eingeführt, dann aber auf die konservativen Strömungen im Bürgertum eingegrenzt. Das literarische Biedermeier war Ausdruck des Rückzugs weiter Kreise des politisch entmündigten Bürgertums in den privaten Alltag der Familie. Das Bewusstsein des Widerspruchs zwischen den realen Verhältnissen und der aufklärerischen Forderung nach geistiger und politischer Mündigkeit aber blieb. Was die eigene Zeit nicht einlösen konnte, wurde in Beispielen aus der Geschichte gestaltet. Auch Gefühl und Naturempfinden spielten eine wichtige Rolle. Dies verband das Biedermeier teilweise mit der Romantik.

Die Opposition gegen die Restaurationspolitik rekrutierte sich vor allem aus der Studentenschaft. Wenige Jahre nach dem Wiener Kongress waren studentische Verbände die eigentlichen Wortführer einer demokratischen Reform in Staat und Gesellschaft. Gegen sie richteten sich daher vor allem die staatlichen Einschüchterungen und Verbote. 1835 verbot der Bundestag in Frankfurt die Schriften mehrerer Autoren des *Jungen Deutschland*, wie sie ein zeitgenössischer Literaturkritiker genannt hatte: An der Spitze der Liste stand der Name von Heinrich Heine. Die Autoren des Jungen Deutschland bildeten weder eine literarische Schule, noch hatten sie ein einheitliches politisches Programm. Einig waren sie sich aber in der Überzeugung, dass die Literatur eine öffentliche Aufgabe habe, dass sie politisch aufklären müsse.

Der Begriff *Vormärz* zielt in zwei Richtungen. Zum einen bezeichnet er den Zeitabschnitt bis zur Märzrevolution von 1848. Zum andern meint er die politische Radikalisierung der Literatur, auch schon vor dem Verbot der *Jungdeutschen*. Radikalisierung der Literatur bedeutete für die einen, Kampflieder und Aufrufe für den Tag zu schreiben, auch ohne den literarischen »Feinschliff«. Für die anderen war es eine Herausforderung, diese neue Aufgabe auch in neue Gestaltungsformen umzusetzen, die Bestand haben könnten; das berühmteste Beispiel dafür ist das Dramenfragment *Woyzeck* von Georg Büchner, der 1835 steckbrieflich von seinem hessischen Landesvater gesucht wurde.

Franz Grillparzer

Franz Grillparzer

Der Traum, ein Leben

Franz Grillparzer (1791–1872) war offiziell als Dramatiker des Wiener Hoftheaters verpflichtet. Er schrieb seine Werke aus dem Bewusstsein der Geschichtlichkeit unseres Denkens und Handelns. Die Auswahl seiner Stoffe reichte von der griechischen Antike bis zur eigenen Geschichte Österreichs. Er beschäftigte sich auch mit der spanischen Barockliteratur; denn die Wiener Hofkultur war nachhaltig von Spanien geprägt worden.

In dem dramatischen Märchen *Der Traum, ein Leben* (1834) kehrte Grillparzer den Titel der spanischen Vorlage um. Bei *Calderón (Das Leben, ein Traum, 1635)* erlebt der Königssohn Segismundo die Wirklichkeit als Traum. Bei Grillparzer ist der Traum eine Vorwegnahme möglicher verhängnisvoller Entwicklungen: Rustan will aus dem geordneten Landleben ausbrechen und die große Welt genießen. Bevor er aber seine Reise beginnen kann, träumt er seine Wunschwelt und auch die Verstrickungen, in die er – im Traum – durch verbrecherische Schuld gerät. In der größten Panik erwacht er und erkennt entsetzt, was als gefährliche Möglichkeit in ihm selbst schlummerte:

Die Personen: Massud, ein reicher Landmann; Mirza, seine Tochter; Rustan, sein Neffe; Zanga, Negersklave.
(Vierter Aufzug, Schluss)

RUSTAN Eine Nacht! und war ein Leben.
MASSUD Eine Nacht. Es war ein Traum.
Schau, die Sonne, sie, dieselbe,
Älter nur um einen Tag,
Die beim Scheiden deinem Trotze,
Deiner Härte Zeugnis gab,
Schau, in ihren ew'gen Gleisen
Steigt sie dort den Berg hinan,
Scheint erstaunt auf dich zu weisen,
Der so träg in neuer Bahn;
Und mein Sohn auch, willst du reisen,
Es ist Zeit, schick nur dich an!

(Die durch das Fenster sichtbare Gegend, die schon früher alle Stufen des kommenden Tages gezeigt hat, strahlt jetzt in vollem Glanze des Sonnenaufganges.)

RUSTAN *(auf die Knie stürzend)*
Sei gegrüßt, du heil'ge Frühe,
Ew'ge Sonne, sel'ges Heut!
Wie dein Strahl das nächt'ge Dunkel

Und der Nebel Schar zerstreut,
Dringt er auch in diesen Busen,
Siegend ob der Dunkelheit.
Was verworren war, wird helle,
Was geheim, ist's fürder nicht;
Die Erleuchtung wird zur Wärme,
Und die Wärme, sie ist Licht.
Dank dir, Dank! dass jene Schrecken,
Die die Hand mit Blut besäumt,
Dass sie Warnung nur, nicht Wahrheit,
Nicht geschehen, nur geträumt.
Dass dein Strahl in seiner Klarheit,
Du Erleuchterin der Welt,
Nicht auf mich, den blut'gen Frevler,
Nein, auf mich, den Reinen, fällt.
Breit es aus mit deinen Strahlen,
Senk es tief in jede Brust:
Eines nur ist Glück hienieden,
Eins: des Innern stiller Frieden
Und die schuldbefreite Brust!
Und die Größe ist gefährlich,
Und der Ruhm ein leeres Spiel;
Was er gibt, sind nicht'ge Schatten,
Was er nimmt, es ist so viel!
So denn sag' ich mich auf immer
Los von seiner Schmeichelei,
Und von dir, noch auf den Knieen,
Fleh' ich, Ohm, der Gaben drei: –

MIRZA Rustan! – Vater!

RUSTAN Erst verzeih!
Nimm, geneigt der heißen Bitte,
Wieder auf in deine Hütte
Den Verirrten, seine Reu'!

MIRZA Hörst du, Vater?

MASSUD O, wie gerne!

RUSTAN Dann gib dem Versucher dort,
Ihm, vor dem gewarnt die Sterne,
Gib die Freiheit ihm, gib Gold,
Lass ihn ziehn in alle Ferne!

ZANGA Herr!

RUSTAN *(zu Zanga)* Ich will's! – Ich bitte, Vater!

MASSUD Du begegnest meinen Wünschen.
(Zu Zanga.)
Ziehe hin, denn du bist frei!
Nimm dir eins der beiden Pferde.
Was des Säckels Inhalt fasst,
Den ich gab als Reisezehrung,
Es sei Dein, nur aber scheide!

ZANGA Wirklich frei?

MASSUD Du bist's!

ZANGA *(gegen Rustan).* Was sag' ich?

RUSTAN Zeig den Dank, indem du gehst.

ZANGA Ich benütz' die erste Freude.
Lebt denn wohl, ihr guten beide!
Schöne Jungfrau, seid bedankt,
Und nun fort durch Busch und Heide!
(Mit einem Sprung zur Tür hinaus.)

RUSTAN *(der aufgestanden ist)*
Nun zur letzten meiner Bitten!
Gestern Abend, noch beim Scheiden,
Ließest du mich hoffen, glauben,
Dass hier diese, deine Tochter –

MASSUD Davon schweig und sprich nicht weiter!
Dies mein Haus und jede Gabe
Teil' ich mit dem Reu'gen gern;
Doch, was mehr als Haus und Habe,
Meines Lebens tiefsten Kern,
Damit lass für jetzt mich sparen,
Bis die Zeiten offenbaren,
Ob, was floh, auf immer fern.

RUSTAN Oheim, wie? und du kannst zweifeln?

MASSUD Nicht, dass jetzo du so fühlst;
Doch vergiss es nicht: die Träume,
Sie erschaffen nicht die Wünsche,
Die vorhandnen wecken sie;
Und was jetzt verscheucht der Morgen,

Lag als Keim in dir verborgen;
Hüte dich, so will auch ich.
RUSTAN Oheim, höre!
MIRZA Hör ihn, Vater!
MASSUD Du auch trittst auf seine Seite?
MIRZA Ist er doch so mild und gut.
(Leise Klänge lassen sich hören.)
MASSUD Horch!
MIRZA Mein Vater!
MASSUD Leise Töne!
MIRZA Sprich ein Wort!
MASSUD Sie kömmen näher.
(Zanga und der alte Derwisch gehen außen am Fenster vorüber. Der Alte spielt die Harfe, Zanga bläst auf der Flöte dazu. Es ist die am Ende des ersten Aufzuges gehörte Melodie.)
MASSUD Ist das Zanga nicht, der Schwarze?
Und der Greis an seiner Seite –
RUSTAN Weh! Entsetzen!
MIRZA Und warum?
Ist es doch der güt'ge Derwisch,
Er, der wundertät'ge Mann,
Der mit Raten und mit Lehren
Vatergleich an mir getan.
RUSTAN Nun, hinab, ihr dunkeln Träume!
Vater, sprich ein gütig Wort!
MASSUD Schau, sie nahen, schau, sie kommen!
Neigen nun sich vor der Sonnen.
MIRZA Vater, sprichst du nicht?
MASSUD *(leise)* Ei, später!
Lass uns horchen jetzt; nur leis!
RUSTAN *(ebenso)* Aber dann –?
MIRZA *(ebenso)* Versprich es!
MASSUD Stille!
RUSTAN UND MIRZA *(sich umfassend)*
Vater! Oheim!
MASSUD *(noch immer nach außen hinhorchend, mit der linken Hand das Zeichen der Einwilligung gebend, leise)*
Ja doch, sei's!
(Die beiden sinken, ihn und sich umfassend, auf die Knie. Die Töne klingen noch immer fort.)

Der Vorhang fällt.

(Ausgewählte Werke, Band V, Max Hesses Verlag, Leipzig o.J., S. 163–166)

1 Am Schluss des »Märchens« ist die ländliche Idylle gerettet. Rustan ist mit dem zufrieden, was er hat und ist. Vergleichen Sie Rustans Äußerungen (»Eines nur ist Glück hienieden,« ...) mit Massuds Vorbehalt (»Doch vergiss es nicht: die Träume, / Sie erschaffen nicht die Wünsche,« ...).

2 An mehreren Stellen ist die einzelne Verszeile auf verschiedene Sprecher verteilt. Welche Wirkung wird damit erzielt?

Annette von Droste-Hülshoff

Annette von Droste-Hülshoff

Der Knabe im Moor

O schaurig ist's übers Moor zu gehn,
Wenn es wimmelt vom Heiderauche,
Sich wie Phantome die Dünste drehn
Und die Ranke häkelt am Strauche,
Unter jedem Tritte ein Quellchen springt,
Wenn aus der Spalte es zischt und singt,
O schaurig ist's übers Moor zu gehn,
Wenn das Röhricht knistert im Hauche!

Fest hält die Fibel das zitternde Kind
Und rennt, als ob man es jage;
Hohl über die Fläche sauset der Wind –
Was raschelt drüben am Hage?
Das ist der gespenstige Gräberknecht,
Der dem Meister die besten Torfe verzecht;
Hu, hu, es bricht wie ein irres Rind!
Hinducket das Knäblein zage.

Vom Ufer starret Gestumpf hervor,
Unheimlich nicket die Föhre,
Der Knabe rennt, gespannt das Ohr,
Durch Riesenhalme wie Speere;
Und wie es rieselt und knittert darin!
Das ist die unselige Spinnerin,
Das ist die gebannte Spinnlenor',
Die den Haspel dreht im Geröhre!

Voran, voran, nur immer im Lauf,
Voran als woll' es ihn holen;
Vor seinem Fuße brodelt es auf,
Es pfeift ihm unter den Sohlen
Wie eine gespenstige Melodei;
Das ist der Geigemann ungetreu
Das ist der diebische Fiedler Knauf,
Der den Hochzeitheller gestohlen!

Da birst das Moor, ein Seufzer geht
Hervor aus der klaffenden Höhle;
Weh, weh, da ruft die verdammte Margret:
»Ho, ho, meine arme Seele!«
Der Knabe springt wie ein wundes Reh,
Wär' nicht Schutzengel in seiner Näh',
Seine bleichenden Knöchelchen fände spät
Ein Gräber im Moorgeschwele.

Da mählich gründet der Boden sich,
Und drüben, neben der Weide,
Die Lampe flimmert so heimatlich,
Der Knabe steht an der Scheide.
Tief atmet er auf, zum Moor zurück
Noch immer wirft er den scheuen Blick:
Ja, im Geröhre war's fürchterlich,
O schaurig war's in der Heide!

(Sämtliche Werke, Winkler Verlag, München 1973, S. 60 f.)

Annette von Droste-Hülshoff (1797–1848) stammte aus einem alten westfälischen Adelsgeschlecht. In ihren Naturgedichten überwand sie durch genaue Detailbeobachtung die romantische Stimmungslyrik. Ihre Erzählungen (z. B. *Die Judenbuche*, 1842) und Balladen gehen vielfach auf historische Ereignisse oder Sagenstoffe aus Westfalen zurück. Die Ballade *Der Knabe im Moor* (1841) gehört zu dem Gedichtzyklus *Heidebilder*.

3 In der Ballade tauchen Sagengestalten aus der westfälischen Heimat auf. Für den Knaben sind sie Wirklichkeit; er sieht sie in seiner Angst. Wie entstehen diese »Hirngespinste«? Welche Erklärung gibt die Autorin dafür?

Eduard Mörike

Eduard Mörike

Um Mitternacht

Gelassen stieg die Nacht ans Land,
Lehnt träumend an der Berge Wand,
Ihr Auge sieht die goldne Waage nun
Der Zeit in gleichen Schalen stille ruhn;
Und kecker rauschen die Quellen hervor,
Sie singen der Mutter, der Nacht, ins Ohr
Vom Tage,
Vom heute gewesenen Tage.

Das uralt alte Schlummerlied,
Sie achtet's nicht, sie ist es müd;
Ihr klingt des Himmels Bläue süßer noch,
Der flüchtgen Stunden gleichgeschwungnes Joch.
Doch immer behalten die Quellen das Wort,
Es singen die Wasser im Schlafe noch fort
Vom Tage,
Vom heute gewesenen Tage.

(Sämtliche Werke, Carl Hanser Verlag, München 1964, S. 100 f.)

Während der Studienzeit in Tübingen erfand **Eduard Mörike** (1804–1875) sein »Traumland Orplid«. Es war ein Ort der Poesie, vergleichbar mit dem fernen Reich der »blauen Blume« (Novalis) der Romantik. Es sei zerfallen, »als die alte Einfalt nach und nach einer verderblichen Verfeinerung der Denkweise und der Sitten zu weichen begann«. Etwas von diesem Traum der ursprünglichen Einfalt lebte zumindest in Mörikes Gedichten weiter. In seiner Naturlyrik bevorzugte er tageszeitliche Übergänge, er setzte das Naturbild in Bewegung um und gab den Naturerscheinungen menschliche Züge. Das Gedicht Um Mitternacht (1828) ist dafür ein gutes Beispiel.

4 Beachten Sie den rhythmischen Wechsel zwischen den »Nacht«-Versen und den »Quellen«-Versen. Wie könnte man den Unterschied beschreiben und charakterisieren?

5 Was wird in den Eingangszeilen in ein poetisches Bild umgesetzt? Geben Sie es als realistische Vorgangsbeschreibung wieder. Im Vergleich des Originals mit Ihrer nüchternen Beschreibung wird sich zeigen, was die Qualität dieses Gedichtes ausmacht.

Georg Büchner

Georg Büchner

Der Hessische Landbote

Erste Botschaft

Darmstadt, im Juli 1834.
Vorbericht

Dieses Blatt soll dem hessischen Lande die Wahrheit melden, aber wer die Wahrheit sagt, wird gehenkt; ja sogar der, welcher die Wahrheit liest, wird durch meineidige Richter vielleicht gestraft. Darum haben die, welchen dies Blatt zukommt, folgendes zu beobachten:

1. Sie müssen das Blatt sorgfältig außerhalb ihres Hauses vor der Polizei verwahren;
2. sie dürfen es nur an treue Freunde mitteilen;
3. denen, welchen sie nicht trauen wie sich selbst, dürfen sie es nur heimlich hinlegen;
4. würde das Blatt dennoch bei einem gefunden, der es gelesen hat, so muss er gestehen, dass er es eben dem Kreisrat habe bringen wollen;
5. wer das Blatt nicht gelesen hat, wenn man es bei ihm findet, der ist natürlich ohne Schuld.

Friede den Hütten! Krieg den Palästen!

Im Jahre 1834 siehet es aus, als würde die Bibel Lügen gestraft. Es sieht aus, als hätte Gott die Bauern und Handwerker am fünften Tage und die Fürsten und Vornehmen am sechsten gemacht, und als hätte der Herr zu diesen gesagt: ›Herrschet über alles Getier, das auf Erden kriecht‹, und hätte die Bauern und Bürger zum Gewürm gezählt. Das Leben der Vornehmen ist ein langer Sonntag: sie wohnen in schönen Häusern, sie tragen zierliche Kleider, sie haben feiste Gesichter und reden eine eigne Sprache; das Volk aber liegt vor ihnen wie Dünger auf dem Acker. Der Bauer geht hinter dem Pflug, der Vornehme aber geht hinter ihm und dem Pflug und treibt ihn mit den Ochsen am Pflug, er nimmt das Korn und lässt ihm die Stoppeln. Das Leben des Bauern ist ein langer Werktag; Fremde verzehren seine Äcker vor seinen Augen, sein Leib ist eine Schwiele, sein Schweiß ist das Salz auf dem Tische der Vornehmen.

Im Großherzogtum Hessen sind 718 373 Einwohner, die geben an den Staat jährlich an 6 363 436 Gulden, als

1. Direkte Steuern	2 128 131 Fl.
2. Indirekte Steuern	2 478 264 Fl.
3. Domänen[1]	1 547 394 Fl.
4. Regalien	46 938 Fl.
5. Geldstrafen	98 511 Fl.
6. Verschiedene Quellen	64 198 Fl.
....	6 363 436 Fl.

Dies Geld ist der Blutzehnte, der vom Leib des Volkes genommen wird. An 700 000 Menschen schwitzen, stöhnen und hungern dafür. Im Namen des Staates wird es erpresst, die Presser berufen sich auf die Regierung, und die Regierung sagt, das sei nötig, die Ordnung im Staat zu erhalten. Was ist denn nun das für gewaltiges Ding: der Staat? Wohnt eine Anzahl Menschen in einem Land und es sind Verordnungen oder Gesetze vorhanden, nach denen jeder sich richten muss, so sagt man, sie bilden einen Staat. Der Staat also sind alle; die Ordner im Staate sind die Gesetze, durch welche das Wohl aller gesichert wird und die aus dem Wohl aller hervorgehen sollen. – Seht nun, was man in dem Großherzogtum aus dem Staat gemacht hat; seht, was es heißt: die Ordnung im Staate erhalten! 700 000 Menschen bezahlen dafür 6 Millionen, d. h. sie werden zu Ackergäulen und Pflugstieren gemacht, damit sie in Ordnung leben. In Ordnung leben heißt hungern und geschunden werden.

Wer sind denn die, welche diese Ordnung gemacht haben und die wachen, diese Ordnung zu erhalten? Das ist die Großherzogliche Regierung. Die Regierung wird gebildet von dem Großherzog und seinen obersten Beamten. Die andern Beamten sind Männer, die von der Regierung berufen werden, um jene Ordnung in Kraft zu erhalten. Ihre Anzahl ist Legion: Staatsräte und Regierungsräte, Landrate und Kreisräte, geistliche Räte und Schulräte, Finanzräte und Forsträte usw. mit allem ihrem Heer von Sekretären usw. Das Volk ist ihre Herde, sie sind seine Hirten, Melker und Schinder; sie haben die Häute der Bauern an, der Raub der Armen ist in ihrem Hause; die Tränen der Witwen und Waisen sind das Schmalz auf ihren Gesichtern; sie herrschen frei und ermahnen das Volk zur Knechtschaft. Ihnen gebt ihr 6 000 000 Fl. Abgaben; sie haben dafür die Mühe, euch zu regieren; d. h. sich von euch füttern zu lassen und euch eure Menschen- und Bürgerrechte zu rauben. Sehet, was die Ernte eures Schweißes ist!

[1] Staatsgüter [2] Einnahmen aus landesherrlichen Nutzungsrechten (Zollwesen, Münzrecht, Post usw.)

(Sämtliche Werke, Büchergilde Gutenberg, Frankfurt/Main 1963, S. 195–197)

Georg Büchner (1813–1837) war der Sohn eines Arztes am Darmstädter Bürgerspital. Durch seinen Vater erfuhr er schon während seiner Schulzeit einiges über die wirtschaftliche Not der einfachen Leute und über die drückenden Steuerlasten. Als er in Gießen studierte, gründete er eine Sektion der »Gesellschaft der Menschenrechte«. Dort las er auch den ersten Entwurf zu seiner Flugschrift *Der Hessische Landbote* vor. Nach einer Überarbeitung durch den Butzbacher Schulrektor **Friedrich Ludwig Weidig** (1791–1837) wurde sie nachts heimlich in Oberhessen verteilt. Wie gefährlich dieses Unternehmen war, zeigt schon der warnende »Vorbericht«. Büchner kam durch seine Flucht ins Ausland, nach Straßburg, einer drohenden Verhaftung zuvor.
Kern dieser Flugschrift ist Büchners Überzeugung, dass die politische Veränderung an der Basis durch Aufklärung der niederen Volksklassen betrieben werden müsse. Diese Flugschrift ist wohl das bekannteste Beispiel politischer Agitation während der Restaurationszeit; sie hatte aber für die aktuelle Situation nur eine geringe Wirkung: Die meisten Exemplare wurden bei der Behörde abgeliefert oder aus Angst vernichtet. Die »Adressaten« standen zu sehr unter dem Druck der Obrigkeit.

6 Vor allem durch den Butzbacher Schulrektor Weidig wurden Büchners revolutionäre Argumente durch Hinweise auf die Bibel, die fast ausschließliche Lektüre der Landbevölkerung, veranschaulicht. Nennen Sie dafür Beispiele.

7 *»Friede den Hütten! Krieg den Palästen!«* – Stellen Sie unter diesem Motto die Fakten zusammen, die zu Beginn der »Ersten Botschaft« angeführt werden.

Woyzeck

Das Drama *Woyzeck* (1836) blieb Fragment; es wurde erst 1879 veröffentlicht und 1913 in München uraufgeführt. Der Handlung liegt die Geschichte des Gelegenheitsarbeiters Woyzeck aus Leipzig zugrunde, der die Baderstochter Woost aus Eifersucht erstochen hatte und 1824 öffentlich durch das Schwert hingerichtet worden war. Der Fall hatte damals viel Aufsehen erregt, da einige Gutachter an der Schuldfähigkeit des Angeklagten zweifelten. Büchner kannte die medizinischen Gutachten und er hat auch einiges daraus übernommen; er erweiterte aber die Geschichte zu einem »sozialen Drama«, wohl dem ersten in der deutschen Literatur.

Büchners Woyzeck dient als einfacher Soldat und »Bursche«. Um Marie, seine Geliebte, und das gemeinsame Kind zu versorgen, lässt er sich, da der Sold nicht ausreicht, für Geld zu einem medizinischen Experiment benutzen, das seinen Geisteszustand beeinträchtigt. Als er erfährt, dass Marie ihn mit einem Tambourmajor betrügt, tötet er sie. Der Ausgang der Handlung bleibt offen. In der Szene »Beim Hauptmann« schildert Woyzeck seine Lage, die Lage der »armen Leute«:

Beim Hauptmann

Hauptmann, auf einem Stuhl; Woyzeck rasiert ihn.

HAUPTMANN Langsam, Woyzeck, langsam; eins nach dem andern! Er macht mir ganz schwindlig. Was soll ich dann mit den zehn Minuten anfangen, die Er heut zu früh fertig wird? Woyzeck, bedenk Er: Er hat noch seine schöne dreißig Jahr zu leben, dreißig Jahr! Macht dreihundertsechzig Monate! und Tage! Stunden! Minuten! Was will Er denn mit der ungeheuren Zeit all anfangen? Teil Er sich ein, Woyzeck!

WOYZECK Jawohl, Herr Hauptmann.

HAUPTMANN. Es wird mir ganz angst um die Welt, wenn ich an die Ewigkeit denke. Beschäftigung, Woyzeck, Beschäftigung! Ewig: das ist ewig, das ist ewig – das siehst du ein; nun ist es aber wieder nicht ewig, und das ist ein Augenblick, ja ein Augenblick – Woyzeck, es schaudert mich, wenn ich denke, dass sich die Welt in einem Tag herumdreht! Was 'n Zeitverschwendung! Wo soll das hinaus? Woyzeck, ich kann kein Mühlrad mehr sehn, oder ich werd melancholisch.

WOYZECK. Jawohl, Herr Hauptmann.

HAUPTMANN. Woyzeck, Er sieht immer so verhetzt aus! Ein guter Mensch tut das nicht, ein guter Mensch, der sein gutes Gewissen hat. – Red Er doch was, Woyzeck! Was ist heut für Wetter?

WOYZECK. Schlimm, Herr Hauptmann, schlimm: Wind!

HAUPTMANN. Ich spür's schon, 's ist so was Geschwindes draußen; so ein Wind macht mir den Effekt wie eine Maus. *(Pfiffig:)* Ich glaub, wir haben so was aus Süd-Nord?

WOYZECK. Jawohl, Herr Hauptmann.

HAUPTMANN. Ha! ha! ha! Süd-Nord! Ha! ha! ha! Oh, Er ist dumm, ganz abscheulich dumm! – (Gerührt:) Woyzeck, Er ist ein guter Mensch, – aber *(mit Würde:)* Woyzeck, Er hat keine Moral! Moral, das ist, wenn man moralisch ist, versteht Er. Es ist ein gutes Wort. Er hat ein Kind ohne den Segen der Kirche, wie unser hochehrwürdiger Herr Garnisonsprediger sagt, – ohne den Segen der Kirche, es ist nicht von mir.

WOYZECK. Herr Hauptmann, der liebe Gott wird den armen Wurm nicht drum ansehen, ob das Amen drüber gesagt ist, eh er gemacht wurde. Der Herr sprach: Lasset die Kleinen zu mir kommen.

HAUPTMANN. Was sagt Er da? Was ist das für eine kuriose Antwort? Er macht mich ganz konfus mit seiner Antwort. Wenn ich sag: Er, so mein' ich Ihn, Ihn –

WOYZECK. Wir arme Leut – Sehn Sie, Herr Hauptmann: Geld, Geld! Wer kein Geld hat – Da setz einmal eines seinesgleichen auf die Moral in die Welt! Man hat auch sein Fleisch und Blut. Unsereins ist doch einmal unselig in der und der andern Welt. Ich glaub, wenn wir in Himmel kämen, so müssten wir donnern helfen.

HAUPTMANN. Woyzeck, Er hat keine Tugend! Er ist kein tugendhafter Mensch! Fleisch und Blut? Wenn ich am Fenster lieg, wenn's geregnet hat, und den weißen Strümpfen so nachseh, wie sie über die Gassen springen – verdammt, Woyzeck, da kommt mir die Liebe! Ich hab auch Fleisch und Blut. Aber, Woyzeck, die Tugend! die Tugend! Wie sollte ich dann die Zeit herumbringen? Ich sag mir immer: du bist ein tugendhafter Mensch, (gerührt) ein guter Mensch, ein guter Mensch.

WOYZECK. Ja, Herr Hauptmann, die Tugend, – ich hab's noch nit so aus. Sehn Sie: wir gemeine Leut, das hat keine Tugend, es kommt einem nur so die Natur; aber wenn ich ein Herr wär und hätt ein' Hut und eine Uhr und eine Anglaise* und könnt vornehm reden, ich wollt schon tugendhaft sein. Es muss was Schönes sein um die Tugend, Herr Hauptmann. Aber ich bin ein armer Kerl!

HAUPTMANN. Gut, Woyzeck. Du bist ein guter Mensch, ein guter Mensch. Aber du denkst zuviel, das zehrt; du siehst immer so verhetzt aus. – Der Diskurs hat mich ganz angegriffen. Geh jetzt und renn nicht so; langsam, hübsch langsam die Straße hinunter!

* Gesellschaftstanz

(Sämtliche Werke, Büchergilde Gutenberg, Frankfurt/Main 1963, S. 131–133)

8 »Ich glaub, wenn wir in Himmel kämen, so müssten wir donnern helfen.« – »Es muss was Schönes sein um die Tugend, Herr Hauptmann. Aber ich bin ein armer Kerl!« Wie charakterisiert Woyzeck mit diesen Sätzen seine wirtschaftliche und soziale Lage?

9 In einem Brief aus Straßburg schrieb Büchner 1835: »Das Verhältnis zwischen Armen und Reichen ist das einzige revolutionäre Element in der Welt.« Wie lässt sich diese Aussage auf das Drama *Woyzeck* übertragen?

Heinrich Heine

Heinrich Heine

Die Harzreise

Die Stadt Göttingen, berühmt durch ihre Würste und Universität, gehört dem Könige von Hannover, und enthält 999 Feuerstellen, diverse Kirchen, eine Entbindungsanstalt, eine Sternwarte, einen Karzer, eine Bibliothek und einen Ratskeller, wo das Bier sehr gut ist. Der vorbeifließende Bach heißt »die Leine« und dient des Sommers zum Baden; das Wasser ist sehr kalt und an einigen Orten so breit, dass Lüder wirklich einen großen Anlauf nehmen musste, als er hinübersprang. Die Stadt selbst ist schön und gefällt einem am besten, wenn man sie mit dem Rücken ansieht. Sie muss schon sehr lange stehen; denn ich erinnere mich, als ich vor fünf Jahren dort immatrikuliert[1] und bald darauf konsiliiert[2] wurde, hatte sie schon dasselbe graue, altkluge Ansehen, und war schon vollständig eingerichtet mit Schnurren[3], Pudeln[4], Dissertationen, Teedansants[5], Wäscherinnen, Kompendien, Taubenbraten[6], Guelfenorden[7], Promotionskutschen, Pfeifenköpfen, Hofräten, Justizräten, Relegationsräten[8], Profaxen[9] und anderen Faxen. Einige behaupten sogar, die Stadt sei zur Zeit der Völkerwanderung erbaut worden, jeder deutsche Stamm habe damals ein ungebundenes Exemplar seiner Mitglieder darin zurückgelassen, und davon stammten all die Vandalen, Friesen, Schwaben, Teutonen, Sachsen, Thüringer usw., die noch heutzutage in Göttingen hordenweis, und geschieden durch Farben der Mützen und der Pfeifenquäste, über die Weenderstraße einherziehen, auf den blutigen Wahlstätten der Rasenmühle, des Ritschenkrugs und Bovendens sich ewig untereinander herumschlagen, in Sitten und Gebräuchen noch immer wie zur Zeit der Völkerwanderung dahinleben und teils durch ihre Duces[11], welche Haupthähne heißen, teils durch ihr uraltes Gesetzbuch, welches Comment heißt und in den legibus barbarorum[11] eine Stelle verdient, regiert werden.

Im Allgemeinen werden die Bewohner Göttingens eingeteilt in Studenten, Professoren, Philister[12] und Vieh; welche vier Stände doch nichts weniger als streng geschieden sind. Der Viehstand ist der bedeutendste. Die Namen aller Studenten und aller ordentlichen und unordentlichen Professoren hier herzuzählen, wäre zu weitläuftig; auch sind mir in diesem Augenblick nicht alle Studentennamen im Gedächtnisse, und unter den Professoren sind manche, die noch gar keinen Namen haben. Die Zahl der Göttinger Philister muß sehr groß sein, wie Sand, oder besser gesagt, wie Kot am Meer; wahrlich, wenn ich sie des Morgens, mit ihren schmutzigen Gesichtern und weißen Rechnungen, vor den Pforten des akademischen Gerichtes aufgepflanzt sah, so mochte ich kaum begreifen, wie Gott nur so viel Lumpenpack erschaffen konnte.

[1] als Student eingeschrieben [2] vom Studium ausgeschlossen [3] Nachtwächter [4] Pedelle [5] Tanzgesellschaften [6] Zusammenfassungen, Lehrbücher [7] Anhänger des regierenden Welfenhauses [8] Beamte, zuständig für die Verweisung von der Universität [9] Professoren [10] Anführer [11] »Gesetze der Barbaren« [12] Spießbürger oder »Alter Herr« einer studentischen Verbindung

(Werke, Band II, Insel Verlag, Frankfurt/Main., S. 89–90)

Heinrich Heine (1797–1856), dessen Jugendwerk *Das Buch der Lieder* (1827) irrtümlich geradezu als der Höhepunkt der romantischen Dichtung galt, stammte aus einer angesehenen jüdischen Kaufmannsfamilie in Düsseldorf. Vergeblich bemühte er sich nach seinem Studium um eine Anwaltslizenz. 1831 ging er als Korrespondent nach Paris. Nach dem Verbot (1835) seiner Schriften in Deutschland blieb er in Frankreich. *Reisebilder* (erschienen seit 1826), wie Heine sie schrieb, waren in Deutschland etwas Neues. Heine nahm die Form des Reiseberichts nur als Anlass, um seinen satirischen Skizzen und seinen Auseinandersetzungen mit den Vertretern der Restauration einen literarischen Rahmen zu geben. Die *Reisebilder* waren getarnte Zeitkritik; die staatliche Zensur hat sie mehrmals verstümmelt oder ganz verboten.

10 Heine hatte zwar persönliche Gründe, um mit der Göttinger Universitätswelt abzurechnen – er war 1821 nach einem Duell ausgeschlossen worden –, er rechnete aber auch mit den Spießbürgern, den Philistern, ab. Was kritisiert Heine – wenn auch in satirischer Überzeichnung – an den herrschenden Zuständen?

Die schlesischen Weber

Im düstern Auge keine Träne,
Sie sitzen am Webstuhl und fletschen die Zähne:
Deutschland, wir weben dein Leichentuch,
Wir weben hinein den dreifachen Fluch –
Wir weben, wir weben!

Ein Fluch dem Gotte, zu dem wir gebeten
In Winterskälte und Hungersnöten;
Wir haben vergebens gehofft und geharrt,
Er hat uns geäfft und gefoppt und genarrt –
Wir weben, wir weben!

Ein Fluch dem König, dem König der Reichen,
Den unser Elend nicht konnte erweichen,
Der den letzten Groschen von uns erpresst
Und uns wie Hunde erschießen lässt –
Wir weben, wir weben!

Ein Fluch dem falschen Vaterlande,
Wo nur gedeihen Schmach und Schande,
Wo jede Blume früh geknickt,
Wo Fäulnis und Moder den Wurm erquickt –
Wir weben, wir weben!

Das Schiffchen fliegt, der Webstuhl kracht,
Wir weben emsig Tag und Nacht –
Altdeutschland, wir weben dein Leichentuch,
Wir weben hinein den dreifachen Fluch,
Wir weben, wir weben!

(Werke, Band I, Insel Verlag, Frankfurt/Main, S. 269 f.)

1844 kam es zu einer Hungerrevolte der schlesischen Lohnweber im Eulengebirge. Um die Preise der englischen Konkurrenz unterbieten zu können, zahlten die Fabrikanten immer weniger für die geleistete Arbeit. Ein weiterer Grund für den Aufstand war die Angst der Hausweber, durch die in den Fabriken aufgestellten mechanischen Webstühle auch ihre letzte Erwerbsmöglichkeit zu verlieren. Unmittelbar ausgelöst durch die Verhaftung eines Webers, der ein aufrührerisches Lied gesungen habe, weitete sich der Aufstand aus; Kontore und Fabriken wurden zerstört, – bis preußische Truppen jeden Widerstand blutig niederschlugen. Eine Diskussion über das Elend der Hausweber fand auf staatlicher Seite nicht statt. – Heine schrieb das Gedicht *Die schlesischen Weber* kurz nach der blutigen Niederschlagung des Aufstands.

11 Schon nach der zweiten Zeile kommen die Weber (»wir«) selbst zu Wort mit einem dreifachen Fluch und einer Drohung in der letzten Strophe: »Altdeutschland, wir weben dein Leichentuch«. Was werfen die Weber diesem »Altdeutschland«, der Restauration, vor?

12 Wodurch erreicht der Text seine Eindringlichkeit? Achten Sie auf den Versbau, den Sprachrhythmus, die Wortwahl und die Wiederholungen.

Bettina von Arnim

Bettina von Arnim

Das Armenbuch

Bettina von Arnim (1785–1759) war in Kreisen der Romantiker aufgewachsen. Karoline von Günderode war ihre engste Freundin, Clemens Brentano ihr Bruder, Achim von Arnim ihr Mann, den sie um fast drei Jahrzehnte überlebte. Ihre ersten Werke veröffentlichte sie erst nach dem Tode ihres Mannes; sie waren noch Erinnerungen an die Romantik. Politisches Aufsehen erregte ihr dialogischer Roman *Dies Buch gehört dem König* (1843). Durch das Auftreten von Goethes Mutter waren die Gespräche zwar in die Vergangenheit verlegt, ihr Thema war aber die Kritik an der aktuellen restaurativen Politik in Preußen. In den Vierzigerjahren sammelte sie Material für einen umfassenden Bericht über die wachsende Armut des städtischen Proletariats und der Lohnarbeiter auf dem Lande. Als 1844 der schlesische Weberaufstand ausbrach, warf man ihr vor, dass sie mit ihren Recherchen für das geplante *Armenbuch* den Aufstand unterstützt habe. Man wollte sie sogar gerichtlich belangen. Mit Rücksicht auf ihre Familie verzichtete sie auf eine Veröffentlichung. Die Unterlagen und Entwürfe für das *Armenbuch* erschienen erstmals 1962.

»Der Reiche weiß nichts vom Armen«

Der Reiche weiß nichts vom Armen, er hängt vom Äußern ab, aber nicht vom Vaterland. Alles Äußere hängt mit ihm selber zusammen, sein feiner Rock darf seine feine Seele nicht kompromittieren[1], er fühlt sich selbst durch den Rock ausgezeichnet und erhaben über die schuftige Menge. Sein Streben ist Auszeichnung, selbst unter seinesgleichen, seines Pferdes Rasse muss mit seiner Rasse akkordieren[2], selbst durch den Reitknecht muss seine feinere Komplexion[3] hindurchleuchten, und jeder geringste Deut seines äußern Lebens muss alles er selber sein. Blicke und Gebärden sind die Demonstrationen seiner gemachten Standesgesetze; Treue, Tapferkeit, Ehrfurcht, Diensteifer sind Gewandstücke seiner Luxusnatur, in denen er seine Seele als die ihm selber gefällige Person darstellt. Seine Taten sind Repräsentation ihm beliebiger Helden- und Tugendszenen, die seiner Karriere Relief geben. – Das ist die Gebildtheit des Reichen. Sie entspringt aus dem Luxus, nicht aus dem Bedürfnis des Geistesleben! Treibt aus diesem die Wurzel der Vaterlandstugenden? – Oder der Selbsterkenntnis, der Erhöhung und Vorbereitung des Unsterblichen? Den Reichen stürzt sein eignes Geisteselend in den Abgrund. Wie steht der Arme dieser Rockseele gegenüber?

1 in Verlegenheit bringen, gefährden 2 übereinstimmen 3 äußere Erscheinung

(Armenbuch, Insel Verlag, Frankfurt/Main 1981, S. 66 f.)

13 In diesem Ausschnitt setzt sich Bettina von Arnim mit den Reichen und Leuten ihres Standes auseinander. Was wirft sie ihnen vor?

14 Vergleichen Sie den Textausschnitt mit der ersten Botschaft des Hessischen Landboten.

Georg Herwegh

Georg Herwegh

Wiegenlied

»Schlafe, was willst du mehr?« (Goethe)

Deutschland – auf weichem Pfühle
Mach dir den Kopf nicht schwer!
Im irdischen Gewühle
Schlafe, was willst du mehr?

Lass jede Freiheit dir rauben,
setze dich nicht zur Wehr,
du behältst ja den christlichen Glauben:
Schlafe, was willst du mehr?

Und ob man dir alles verböte,
doch grame dich nicht zu sehr,
du hast ja Schiller und Goethe:
Schlafe, was willst du mehr?

Dein König beschützt die Kamele
Und macht sie pensionär[1],
dreihundert Taler die Seele:
Schlafe, was willst du mehr?

Es fechten dreihundert Blätter
Im Schatten, ein Sparterheer,
und täglich erfährst du das Wetter:
Schlafe, was willst du mehr?

Kein Kind läuft ohne Höschen
Am Rhein, dem freien, umher:
Mein Deutschland, mein Dornröschen,
schlafe, was willst du mehr? –

[1] wahrscheinlich eine Anspielung auf die Staatsbeamten, deren Pensionen gesichert waren

(Deutschland, Deutschland. Politische Gedichte vom Vormärz bis zur Gegenwart, hg. von H. Lamprecht, Schünemann Verlag, Bremen 1969, S. 53)

Georg Herwegh (1817–1875) spielte bei seinem *Wiegenlied* (1843) auf ein Gedicht Goethes an: *Nachtgesang* (1804). Die erste Strophe lautet:

O gib, vom weichen Pfühle,
Träumend, ein halb Gehör!
Bei meinem Saitenspiele
Schlafe! was willst du mehr?

Aus dem Liebes- und Schlummerlied, das Goethe wiederum im Refrain einem italienischen Volkslied nachgestaltet hatte, machte Herwegh in satirischer Verfremdung ein politisches Lied.

15 »Lass jede Freiheit dir rauben, / setze dich nicht zur Wehr« – dies ist als Provokation, als Weckruf gesagt. Wovor warnt der Autor? Was wirft er »Deutschland«, d. h. der schweigenden Mehrheit des Bürgertums vor?

Die Restaurationszeit, die Zeitspanne in der ersten Hälfte des 19. Jahrhunderts zwischen dem Wiener Kongress (1815) und der Märzrevolution (1848), ist zum Teil zeitgleich mit der deutschen Klassik – Goethe starb 1832 – und mit der Romantik. Dies trifft auch zum Teil auf die Inhalte und literarischen Gestaltungsformen zu, besonders für jene Autorinnen und Autoren, die unter dem kunstgeschichtlichen Sammelbegriff Biedermeier geführt werden: Die fehlende Möglichkeit des Bürgertums, durch Wahlen und Gesetzesinitiativen am Staatsgeschehen direkt teilzunehmen, führte einerseits zu einem Rückzug in die private Welt der Familie und auch zu einer Betonung der Bildungstradition, die in der Antike ihren Anfang hatte.

Andererseits wuchs der Widerstand gegen den adligen Obrigkeitsstaat. Durch eine demokratische Grundordnung sollten die Bürger gleichberechtigte Partner in den Landesparlamenten werden. Eine wichtige Voraussetzung für die Erreichung dieses Ziels war die Meinungsfreiheit; sie wurde als ein Grundrecht gefordert. Aber 1835 wurden die Schriften der Autoren des Jungen Deutschland, der Jungdeutschen, verboten, weil sie – neben anderen Vorwürfen – auch dazu beitrügen, »die bestehenden sozialen Verhältnisse herabzuwürdigen«. Auf der Liste der Verfemten stand Heinrich Heine. Die Literatur des Vormärz – der Begriff bezieht sich auf die Märzrevolution (1848), durch die ein vorläufiges demokratisches Parlament in die Frankfurter Paulskirche einberufen wurde – ist von der Literatur der Jungdeutschen nur schwer zu unterscheiden, außer dass sich in den Texten der Zugriff auf den politischen Alltag verschärfte.

Eisenwalzwerk. Gemälde von Adolf Menzel (1875)

Realismus (1850–1890)

Mit den Beschlüssen des Wiener Kongresses (1815) hatten die politischen Hoffnungen des aufgeklärten Bürgertums, das eine demokratische Verfassung anstrebte, ein jähes Ende gefunden. Ein zweiter Ansatz war die Märzrevolution (1848); auch sie scheiterte. Die Landesherren hatten den Forderungen der Abgeordneten in der Frankfurter Paulskirche, demokratische Staatsverfassungen auszuarbeiten, zunächst nachgegeben, doch bald danach war alles vergessen. Das Scheitern dieser Forderungen führte im Bürgertum jedoch nicht zu einer neuen oppositionellen Bewegung, sondern zum erneuten Rückzug aus der politischen Öffentlichkeit, die verweigerte Mitverantwortung in den Parlamenten wurde durch einen verstärkten Ausbau der wirtschaftlichen Macht ausgeglichen. In wenigen Jahren gelang der Anschluss an die führenden europäischen Industrienationen, – und damit wuchs auch endgültig der Einfluss des Großbürgertums auf die Politik. Die Industrialisierung brachte aber auch eine soziale Umschichtung mit sich. Verarmte Handwerker und Landarbeiter bildeten in den industriellen Ballungszentren die neue Schicht des Proletariats. Das wohlhabende Bürgertum sah plötzlich seine Privilegien von unten her gefährdet; gegen die Tendenzen eines individuellen Erfolgsstrebens standen die Forderungen der ersten Arbeitervereine nach sozialer Gerechtigkeit und politischer Mitsprache. Das Großbürgertum schlug sich auf die Seite des Adels; das fehlende Adelsprädikat, sofern es nicht aufgrund wirtschaftlicher Verdienste verliehen wurde, ersetzte das Besitzbürgertum durch einen nachdrücklichen Rückgriff auf Bildung; man kann fast sagen, dass erst in dieser Zeit die deutsche »Klassik« endgültig entdeckt wurde und ihren nachträglichen Höhepunkt erreichte.

Die Autorinnen und Autoren jener Zeit, vertraut mit dem Bildungserbe von der Antike bis zur deutschen Klassik und genaue Beobachter der aktuellen Veränderungen, schlugen einen Weg zwischen den Extremen ein. Der Romanschriftsteller Otto Ludwig (1813–1865) hat für die Literatur seiner Zeit den Begriff des *poetischen Realismus* geprägt. Der Realismus beziehe sich zwar auf die Welt, d.h. auf die gesellschaftliche Wirklichkeit, aber er gebe sie nicht unmittelbar wieder, er ordne sie mittels der schöpferischen Phantasie und schaffe sie im Kunstwerk noch einmal. – Realismus in diesem Sinne heißt, dass das literarische Werk eine künstlerisch gestaltete Deutung der Wirklichkeit ist: Die Widersprüche werden durch die poetische Gestaltung zwar nicht aufgehoben, aber doch entschärft. Man beschrieb zwar die veränderte gesellschaftliche Situation, aber eine radikale Gesellschaftskritik wurde vermieden. Deshalb spricht man auch vom *bürgerlichen Realismus*.

Roman, Novelle und Erzählung waren die bevorzugten Gattungen im Realismus. Sie waren in ihrer Struktur verhältnismäßig offen, sie waren an kein festes Regelsystem gebunden und konnten neue Inhalte und Darstellungsformen aufnehmen. Die Prosa ermöglichte eine sprachliche Annäherung an die Alltagserfahrung und Lesegewohnheiten des Bürgertums. Gleichzeitig bildete aber auch die Geschichte, d. h. die Tradition, einen Erzählschatz, der vielfach neugestaltet wurde. Theodor Fontane ließ in seinem Roman *Effi Briest* (1895) den alten Briest immer dann, wenn es mit der Wahrheitsfindung seine Schwierigkeiten hatte, kurzhin sagen: »das ist ein zu weites Feld«. – Und er hatte Recht.

Friedrich Hebbel

Agnes Bernauer

Friedrich Hebbel

Friedrich Hebbel (1813–1863) schrieb in sein Tagebuch: »Es gibt nur eine Notwendigkeit, die, dass die Welt besteht; wie es den Individuen aber in der Welt ergeht, ist gleichgültig.« Dies war eine radikale Absage an den Optimismus der Aufklärung, dass in der Weltgeschichte eine innere Ordnung – »die beste der möglichen Welten« – walte. In seinen *Ideendramen* – mit Stoffen aus der Antike und aus der Geschichte – zeigte er immer wieder das Verhängnis, die »Tragik« des Einzelnen, der sich gegen die herrschende Ordnung auflehnt und scheitert. Aber nur durch Widerspruch ändere sich etwas, wenn auch erst für spätere Generationen.
Thema des historischen Trauerspiels *Agnes Bernauer* (1852) ist das Verhältnis zwischen dem übergeordneten Staatsinteresse und dem Wunsch nach privater Glückserfüllung. Herzog Ernst befürchtet, dass die heimliche Heirat seines Sohnes Albrecht mit der Augsburger Badertochter Agnes Bernauer den Widerstand unter dem bayerischen Adel gegen sein Haus verstärke. Als im Streit um die Thronfolge ein Bürgerkrieg auszubrechen droht, lässt er Agnes in der Donau ertränken. Seine Tat rechtfertigt er damit, dass sie der notwendige Preis für die Rettung des Friedens gewesen sei.
In diesem Drama, dessen Stoff auf die historischen Ereignisse um 1435 zurückgeht, spielt das Recht des Einzelnen auf Glück keine Rolle. Die »Ordnung der Welt«, wie es im folgenden Ausschnitt heißt, stehe über allem; gemeint waren damit die bestehenden Machtverhältnisse. Agnes beugt sich nicht; sie lässt sich nicht auf einen Ausweg ein, der ihr Leben retten könnte, aber einem Verrat ihrer Liebe gleichkäme:

Fünfter Akt.
Erste Szene.

Straubing. Kerker.

Agnes »Ingolstadt ist weit!« Es könnte mich verrückt machen, das schreckliche Wort! Ingolstadt ist keine vierundzwanzig Stunden von hier, und als Theobald eben vorbeistürzt und der Marschall ihn mit vorgestreckter Lanze aufhält, sagt dieser Richter mit einem Blick auf mich: »Lass ihn doch laufen, wohin er will, Ingolstadt ist weit!« Wären keine vierundzwanzig Stunden mehr mein? Herr, mein Gott, so kannst du mich nicht verlassen!

Zweite Szene.

Preising tritt ein.

AGNES *(ihm entgegen)*. Was bringt Ihr mir?

PREISING Was Ihr selbst wollt!

AGNES Was ich selbst will? O, spottet meiner nicht! Ihr werdet mir die düstre Pforte nicht wieder öffnen, die man so fest hinter mir verriegelt hat!

PREISING Ich werde, wenn Ihr Euch fügt!

AGNES Und was verlangt Ihr von mir?

PREISING Ich stehe hier für den Herzog von Bayern. *(Agnes macht eine zurückweichende Bewegung.)* Aber ich meine es redlich mit Euch, und auch mein erlauchter Gebieter ist nicht Euer Feind!

AGNES Nicht mein Feind? Wie komm' ich denn hierher?

PREISING Ihr wisst, wie's steht! Herzog Ernst ist alt, und sein Thron bleibt unbesetzt, wenn Gott ihn abruft, oder sein einziger Sohn muss ihn besteigen. Nun, Albrecht kann Euch nimmermehr mit hinaufnehmen, und da er sich von Euch nicht trennen will, so müsst Ihr Euch von ihm trennen!

AGNES Ich mich von ihm! Eher von mir selbst!

PREISING Ihr müsst! Glaubt's mir, glaubt's einem Mann, der Euer Schicksal schon kennt wie Gott und es gern noch wenden möchte! Ihr könnt kein Misstrauen in mich setzen; warum wär' ich gekommen, wenn Euer Los mir nicht am Herzen läge? Meines Arms bedurfte es doch gewiss nicht; Ihr habt's ja gesehen, wie überflüssig ich war und welchen Gebrauch ich von meinem Schwert machte. Ich zog mit, weil Ihr mich erbarmtet; ich suche Euch jetzt im Kerker, im Vorhof des Todes, auf, weil ich allein noch helfen kann; doch ich wiederhol's Euch: Ihr müsst!

AGNES Ihr habt den armen Menschen gerettet, der vorhin sein Leben für mich wagte, ich muss glauben, dass Ihr's aufrichtig meint, aber Ihr seid ein Mann und wisst nicht, was Ihr fordert! Nein, nein! Das in Ewigkeit nicht!

PREISING Nicht zu rasch, ich beschwör' Euch! Wohl mag's ein schweres Opfer für Euch sein; doch wenn Ihr's verweigert, so wird man – könnt Ihr noch zweifeln nach allem, was heute geschah? – aus Euch selbst ein Opfer machen! Ja, ich gehe vielleicht schon weiter, als ich darf, indem ich Euch überhaupt noch eine Bedingung stelle, und tu's auf meine eigne Gefahr!

AGNES Ihr wollt mich erschrecken, aber es wird Euch nicht gelingen! *(Sie hält sich an einem Tisch.)* So leicht fürchte ich mich nicht, dies Zittern meiner Knie kommt noch von dem Überfall! Mein Gott, erst die Trompeten, dann die blutigen Schwerter und die Toten! Aber für mich besorg' ich nichts, ich bin ja nicht in Räuberhänden, und Herzog Ernst ist ebenso gerecht als streng! *(Sie setzt sich.)* Seht mich nicht so an; mir ward jetzt so wunderlich, weil der tote Törring mir auf einmal vor die Seele trat; es ist schon wieder vorüber. *(Sie erhebt sich wieder.)* Was könnte mir auch wohl widerfahren! Ist doch selbst ein Missetäter, solange der Richter ihn noch nicht verurteilt hat, in seinem Kerker so sicher, als ob die Engel Gottes ihn bewachten, und ich habe den meinigen noch nicht einmal erblickt! Nein, nein, so hat mein Gemahl nicht von seinem Vater gesprochen, dass ich dies glauben dürfte! Doch wenn's auch so wäre, wenn der Tod – es ist unmöglich, ich weiß es, ganz unmöglich – aber wenn er wirklich schon vor der Tür stände und meine Worte zählte: ich könnte nimmermehr anders!

PREISING Der Tod steht vor der Tür, er kommt, wenn ich gehe, ja, er wird anklopfen, wenn ich zu lange säume! Schaut einmal durchs Gitter zur Brücke hinüber! Was seht Ihr?

AGNES Das Volk drängt sich, einige heben die Hände zum Himmel empor, andere starren in die Donau hinab; es liegt doch keiner darin?

PREISING *(mit einem Blick auf sie.)* Noch nicht!

AGNES Allmächtiger Gott! Versteh' ich Euch? *(Preising nickt.)* Und was hab' ich verbrochen?

PREISING *(hebt das Todesurteil in die Höhe)* Die Ordnung der Welt gestört, Vater und Sohn entzweit, dem Volk seinen Fürsten entfremdet, einen Zustand herbeigeführt, in dem nicht mehr nach Schuld und Unschuld, nur noch nach Ursach' und Wirkung gefragt werden kann! So sprechen Eure Richter; denn das Schicksal, das Euch bevorsteht, wurde schon vor Jahren von Männern ohne Furcht und ohne Tadel über Euch verhängt, und Gott selbst hat den harten Spruch bestätigt, da er den jungen Prinzen zu sich rief, der die Vollziehung allein aufhielt. Ihr schaudert, sucht Euch nicht länger zu täuschen, so ist's! Und wenn's einen Edelstein gäbe, kostbarer wie alle zusammen, die in den Kronen der Könige funkeln und in den Schachten der Berge ruhen, aber ebendarum auch ringsum die wildesten Leidenschaften entzünden und Gute wie Böse zu Raub, Mord und Totschlag verlockend: dürfte der Einzige, der noch ungeblendet blieb, ihn nicht mit fester Hand ergreifen und ins Meer hinunterschleudern, um den alleinigen Untergang abzuwenden? Das ist Euer Fall, erwagt's und bedenkt Euch, ich frage zum letztenmal!

AGNES Erwägt auch Ihr, ob Ihr nicht verlangt, was mehr als Tod ist! Ich entsage meinem Gemahl nicht, ich kann's und darf's nicht. Bin ich denn selbst noch, die ich war? Hab' ich bloß empfangen? Hab' ich nicht auch gegeben? Sind wir nicht eins, unzertrennlich eins durch Geben und Nehmen, wie Leib und Seele? Aber ich verbürge mich für ihn, dass er dem Thron entsagt! Fürchtet nicht, dass ich verspreche, was er nicht halten wird! Ich hab's aus seinem eignen Munde, wie ein Zauberwort für die höchste Gefahr! Zwar glaubte ich längst nicht mehr, dass ich's noch brauchen würde, aber diese Stunde hat's mir entrissen, und nun braucht's, wie Ihr wollt!

PREISING Das rettet Euch nicht mehr! Herzog Albrecht kann die angestammte Majestät so wenig ablegen, als Euch damit bekleiden; sie ist unzertrennlich mit ihm verbunden, wie die Schönheit, die ihn fesselt, mit Euch. Will er's nicht seinen Segen nennen, so nenne er's seinen Fluch, aber er gehört seinem Volk und muss auf den Thron steigen, wie Ihr ins Grab. Euch rettet's nur noch, wenn Ihr Eure Ehe für eine sündliche erklärt und augenblicklich den Schleier nehmt.

AGNES Wie mild ist Herzog Ernst! Der will doch nur mein Leben! Ihr wollt mehr! Ja, ja, das braucht' ich bloß zu tun, so wär' ich für ihn wie nie da gewesen; ich selbst hätte mein Andenken in seiner Seele ausgelöscht, und er müsste erröten, mich je geliebt zu haben! Mein Albrecht, deine Agnes dich abschwören! O Gott, wie reich komm' ich mir in meiner Armut jetzt auf einmal wieder vor, wie stark in meiner Ohnmacht! Diesen Schmerz kann ich doch noch von ihm abwenden! Das kann mir doch kein Herzog bieten! Nun zittre ich wirklich nicht mehr!

PREISING O, dass Euer alter Vater neben mir stände und mich unterstützte! Dass er spräche: »Mein Kind, warum willst du einen Platz nicht freiwillig wieder aufgeben, den du doch nur gezwungen einnahmst?« Denn ich weiß ja, dass dies Euer Fall war!

AGNES Gezwungen? So also wird meine Angst, mein Zittern und Zagen ausgelegt? O, wenn Ihr mir Euer Mitleid geschenkt habt, weil Ihr das glaubt, so nehmt's zurück und quält mich nicht länger, ich habe keinen Anspruch darauf. Nein, nein, ich wurde nicht gezwungen! So gewiss ich ihn eher erblickt habe, als er mich, so gewiss habe ich ihn auch eher geliebt, und das war gleich, als ob's immer gewesen wäre und in alle Ewigkeit nicht wieder aufhören könne. Darum keine Anklage gegen ihn; ich war früher schuldig als er! Nie zwar hätt' ich's verraten, ich hätte vielleicht nicht zum zweitenmal zu ihm hinübergeschaut, sondern im Stillen mein Herz zerdrückt und unter Lachen und Weinen ein Gelübde getan. Ach, ich schämte mich vor Gott und vor mir selbst; mir war, als ob mein eignes Blut mir über den Kopf liefe; ich erwiderte ein Lächeln des armen Theobald, um mir recht weh zu tun. Doch als er nun am Abend zu mir herantrat, da wandte ich mich zuerst freilich auch noch ab, aber nur wie ein Mensch, der in den Himmel eintreten soll und weiß, daß er dem Tode die Schuld noch nicht bezahlt hat! Wenn ein Engel den mit sanfter Gewalt über die Schwelle nötigt: hat er ihn gezwungen?

PREISING So ist es Euer letztes Wort?

(Werke, Bibliographisches Institut, Band III, Leipzig o.J., S. 413–417)

1 Agnes Bernauer weiß in dieser Szene um ihre ausweglose Situation, aber sie will um die Rechtmäßigkeit ihrer Ehe kämpfen. Preising, des Herzogs Kanzler, versucht von sich aus, noch eine Lösung zu finden. Stellen Sie die Argumente beider gegenüber. Worauf beruft sich Agnes Bernauer? Welche Argumente legt Preising vor?

2 Nach Hebbels Urteil ist in dem Drama »ganz einfach das Verhältnis des Individuums zur Gesellschaft dargestellt und demgemäß an zwei Charakteren, von denen der eine aus der höchsten Region hervorging, der andere aus der niedrigsten, anschaulich gemacht, dass das Individuum, wie herrlich und groß, wie edel und schön es immer sei, sich der Gesellschaft unter allen Umständen beugen muss, weil in dieser und ihrem formalen Ausdruck, dem Staat, die ganze Menschheit lebt.« Wäre gegen dieses beschriebene »Verhältnis des Individuums zur Gesellschaft« nicht doch das ein oder andere einzuwenden?

Gottfried Keller

Gottfried Keller

Die Leute von Seldwyla

Für seine Novellensammlung *Die Leute von Seldwyla* (1856–1874) dachte sich **Gottfried Keller** (1819–1890) einen Ort und eine Gegend irgendwo in seiner Schweizer Heimat aus. Seldwyla ist ein zweites Schilda, und seine Einwohner stehen den Schildbürgern manchmal sehr nahe. Obwohl Keller die Seldwyler mit nachsichtigem Humor zeichnete, bricht immer wieder die Tendenz zur Satire und zur Zeitkritik durch; denn Seldwyla ist alles andere als ein intaktes Gemeinwesen. In einigen Novellen hielt Keller seinen Zeitgenossen den Spiegel vor und zeigte ihnen, wie privates Glück und Gemeinwohl richtig befördert werden könnten (z. B. *Frau Regel Amrain und ihr Jüngster*). Im Vorspann zur Novellensammlung ist Seldwyla beschrieben:

Seldwyla bedeutet nach der älteren Sprache einen wonnigen und sonnigen Ort, und so ist auch in der Tat die kleine Stadt dieses Namens gelegen irgendwo in der Schweiz. Sie steckt noch in den gleichen alten Ringmauern und Türmen wie vor dreihundert Jahren und ist also immer das gleiche Nest; die ursprüngliche tiefe Absicht dieser Anlage wird durch den Umstand erhärtet, dass die Gründer der Stadt dieselbe eine gute halbe Stunde von einem schiffbaren Flusse angepflanzt, zum deutlichen Zeichen, dass nichts daraus werden solle. Aber schön ist sie gelegen, mitten in grünen Bergen, die nach der Mittagseite zu offen sind, sodass wohl die Sonne herein kann, aber kein rauhes Lüftchen. Deswegen gedeiht auch ein ziemlich guter Wein rings um die alte Stadtmauer, während höher hinauf an den Bergen unabsehbare Waldungen sich hinziehen, welche das Vermögen der Stadt ausmachen; denn dies ist das Wahrzeichen und sonderbare Schicksal derselben, dass die Gemeinde reich ist und die Bürgerschaft arm, und zwar so, dass kein Mensch zu Seldwyla etwas hat und niemand weiß, wovon sie seit Jahrhunderten eigentlich leben. Und sie leben sehr lustig und guter Dinge, halten die Gemütlichkeit für ihre besondere Kunst, und wenn sie irgendwo hinkommen, wo man anderes Holz brennt, so kritisieren sie zuerst die dortige Gemütlichkeit und meinen, ihnen tue es doch niemand zuvor in dieser Hantierung.

Der Kern und der Glanz des Volkes besteht aus den jungen Leuten von etwa zwanzig bis fünf-, sechsunddreißig Jahren, und diese sind es, welche den Ton angeben, die Stange halten und die Herrlichkeit von Seldwyla darstellen. Denn während dieses Alters üben sie das Geschäft, das Handwerk, den Vorteil oder was sie sonst gelernt haben, d. h. sie lassen, solange es geht, fremde Leute für sich arbeiten und benutzen ihre Profession zur Betreibung eines trefflichen Schuldenverkehrs, der eben die Grundlage der Macht, Herrlichkeit und Gemütlichkeit der Herren von Seldwyla bildet und mit einer ausgezeichneten Gegenseitigkeit und Verständnisinnigkeit gewahrt wird; aber wohlgemerkt, nur unter dieser Aristokratie der Jugend. Denn sowie einer die Grenze der besagten blühenden Jahre erreicht, wo die Männer anderer Städtlein etwa anfangen, erst recht in sich zu gehen und zu erstarken, so ist er in Seldwyla fertig; er muss fallen lassen und hält sich, wenn er ein ganz gewöhnlicher Seldwyler ist, ferner am Orte auf als ein Entkräfteter und aus dem Paradies des Kredites Verstoßener, oder wenn noch etwas in ihm steckt, das noch nicht verbraucht ist, so geht er in fremde Kriegsdienste und lernt dort für einen fremden Tyrannen, was er für sich selbst zu üben verschmäht hat, sich einzuknöpfen und steif aufrecht zu halten. Diese kehren als tüchtige Kriegsmänner nach einer Reihe von Jahren zurück und gehören dann zu den besten Exerziermeistern der Schweiz, welche die junge Mannschaft zu erziehen wissen, dass es eine Lust ist. Andere ziehen noch anderwärts auf Abenteuer aus gegen das vierzigste Jahr hin, und in den verschiedensten Weltteilen kann man Seldwyler treffen, die sich alle dadurch auszeichnen, dass sie sehr geschickt Fische zu essen verstehen, in Australien, in Kalifornien, in Texas wie in Paris oder Konstantinopel. Was aber zurückbleibt und am Orte alt wird, das lernt dann nachträglich arbeiten, und zwar jene krabbelige Arbeit von tausend kleinen Dingen, die man eigentlich nicht gelernt, für den täglichen Kreuzer, und die alternden verarmten Seldwyler mit ihren Weibern und Kindern sind die emsigsten Leutchen von der Welt, nachdem sie das erlernte Handwerk aufgegeben, und es ist rührend anzusehen, wie tätig sie dahinter her sind, sich die Mittelchen zu einem guten Stückchen Fleisch von ehedem zu erwerben. Holz haben alle Bürger die Fülle, und die Gemeinde verkauft jährlich noch einen guten Teil, woraus die große Armut unterstützt und genährt wird, und so steht das alte Städtchen in unveränderlichem Kreislauf der Dinge bis heute. Aber immer sind sie im Ganzen zufrieden und munter, und wenn je ein Schatten ihre Seele trübt, wenn etwa eine allzu hartnäckige Geldklemme über der Stadt weilt, so vertreiben sie sich die Zeit und ermuntern sich durch ihre große politische Beweglichkeit, welche ein weiterer Charakterzug der Seldwyler ist. Sie sind nämlich leidenschaftliche Parteileute, Verfassungsrevisoren und Antragsteller, und wenn sie eine recht verrückte Motion[1] ausgeheckt haben und durch ihr Großratsmitglied stellen lassen oder wenn der Ruf nach Verfassungsänderung in Seldwyla ausgeht, so weiß man im Lande, dass im Augenblicke dort kein Geld zirkuliert. Dabei lieben sie die Abwechselung der Meinungen und Grundsätze und sind stets den Tag darauf, nachdem eine Regierung gewählt ist, in der Opposition gegen dieselbe. Ist es ein radikales Regiment, so scharen sie sich, um es zu ärgern, um den konservativen frömmlichen Stadtpfarrer, den sie noch gestern gehänselt, und machen ihm den Hof, indem sie sich mit verstellter Begeisterung in seine Kirche drängen, seine Predigten preisen und mit großem Geräusch seine gedruckten Traktätchen und Berichte der Baseler Missionsgesellschaft umherbieten, natürlich ohne ihm einen Pfennig beizusteuern. Ist aber ein Regiment am Ruder, welches nur halbwegs konservativ aussieht, stracks drängen sie sich um die Schullehrer der Stadt, und der Pfarrer hat genug an den Glaser zu zahlen für eingeworfene Scheiben. Besteht hingegen die Regierung aus liberalen Juristen, so viel auf die Form halten, und aus häklichen Geldmännern, so laufen sie flugs dem nächst wohnenden Sozialisten zu und ärgern die Regierung, indem sie denselben in den Rat wählen mit dem Feldgeschrei: es sei nun genug des politischen Formenwesens, und die materiellen Interessen seien es, welche allein das Volk noch kümmern könnten. Heute wollen sie das Veto haben und sogar die unmittelbarste Selbstregierung mit permanenter Volksversammlung, wozu freilich die Seldwyler am meisten Zeit hätten, morgen stellen sie sich übermüdet und blasiert in öffentlichen Dingen und lassen ein halbes Dutzend alte Stillständer, die vor dreißig Jahren falliert[2] und sich seither stillschweigend rehabilitiert[3] haben, die Wahl besorgen; alsdann sehen sie behaglich hinter den Wirtshausfenstern hervor die Stillständer in die Kirche schleichen und lachen sich in die Faust, wie jener Knabe, welcher sagte: es geschieht meinem Vater schon recht, wenn ich mir die Hände verfriere, warum kauft er mir keine Handschuhe! Gestern schwärmten sie allein für das eidgenössische Bundesleben und waren höchlich empört, dass man Anno achtundvierzig nicht gänzliche Einheit hergestellt habe; heute sind sie ganz versessen auf die Kantonalsouveränität[4] und haben nicht mehr in den Nationalrat gewählt.

Wenn aber eine ihrer Aufregungen und Motionen der Landesmehrheit störend und unbequem wird, so schickt ihnen die Regierung gewöhnlich als Beruhigungsmittel eine Untersuchungskommission auf den Hals, welche die Verwaltung des Seldwyler Gemeindegutes regulieren soll; dann haben sie vollauf mit sich selbst zu tun, und die Gefahr ist abgeleitet.

Alles dies macht ihnen großen Spaß, der nur überboten wird, wenn sie allherbstlich ihren jungen Wein trinken, den gärenden Most, den sie Sauer nennen; wenn er gut ist, so ist man des Lebens nicht sicher unter ihnen, und sie machen einen Höllenlärm; die ganze Stadt duftet nach jungem Wein, und die Seldwyler taugen dann auch gar nichts. Je weniger aber ein Seldwyler zu Hause was taugt, um so besser hält er sich sonderbarerweise, wenn er ausrückt, und ob sie einzeln oder in Kompanie ausziehen, wie z. B. in früheren Kriegen, so haben sie sich doch immer gut gehalten. Auch als Spekulant und Geschäftsmann hat schon mancher sich rüstig umgetan, wenn er nur erst aus dem warmen sonnigen Tale herauskam, wo er nicht gedieh.

In einer so lustigen und seltsamen Stadt kann es an allerhand seltsamen Geschichten und Lebensläufen nicht fehlen, da Müßiggang aller Laster Anfang ist. Doch nicht solche Geschichten, wie sie in dem beschriebenen Charakter von Seldwyla liegen, will ich eigentlich in diesem Büchlein erzählen, sondern einige sonderbare Abfällsel, die so zwischendurch passierten, gewissermaßen ausnahmsweise, und doch auch gerade nur zu Seldwyla vor sich gehen konnten.

[1] Antrag [2] fallieren = in Konkurs gehen [3] sich rehabilitieren = seinen guten Ruf wieder herstellen [4] Unabhängigkeit der einzelnen Schweizer Kantone

(Werke, Band I, Aufbau-Verlag, Berlin und Weimar 1977, S. 103–106)

3 Versuchen Sie aus der humorvollen Schilderung der Zustände in Seldwyla die eigentliche Kritik Kellers an zeitgenössischen Missständen herauszuschälen.

Conrad Ferdinand Meyer

Conrad Ferdinand Meyer

Der römische Brunnen

Aufsteigt der Strahl und fallend gießt
Er voll der Marmorschale Rund,
Die, sich verschleiernd, überfließt
In einer zweiten Schale Grund;
Die zweite gibt, sie wird zu reich,
Der dritten wallend ihre Flut,
Und jede nimmt und gibt zugleich
Und strömt und ruht.

(Sämtliche Werke, Band I, Benteli-Verlag, Bern 1963, S. 170)

Gottfried Keller griff in seinen Novellen zeitgenössische Themen auf, sein Landsmann **Conrad Ferdinand Meyer** (1825–1898) bevorzugte in seinen Novellen und dramatischen Balladen Ereignisse aus der Geschichte (z. B. *Das Amulett*, 1873; *Die Füße im Feuer*, 1864). Meyer war in seinen literarischen Werken von einem leidenschaftlichen Formwillen besessen; mehrmals überarbeitete und straffte er seine Texte: Zumindest in der Kunst sollte eine innere Ordnung sichtbar werden. Auch dies hatte mit den Vorstellungen des *poetischen* oder *bürgerlichen Realismus* zu tun.

Für die Endfassung des Gedichtes *Der römische Brunnen* (1882) gibt es mehrere Vorstufen:

In einem römischen Garten
Verborgen ist ein Bronne,
Behütet von dem harten
Geleucht der Mittagssonne.
Er steigt in schlankem Strahle
In dunkle Laubesnacht
Und sinkt in eine Schale
Und übergießt sie sacht.

Die Wasser steigen nieder
In zweiter Schale Mitte,
Und voll ist diese wieder,
Sie flutet in die dritte:
Ein Nehmen und ein Geben,
Und alle bleiben reich,
Und alle Fluten leben
Und ruhen doch zugleich. (um 1860/70)

4 Nennen Sie die Unterschiede zwischen dieser Vorstufe und der Endfassung.

5 Das Gedicht ist reine Beschreibung. Der dreischalige Brunnen ist der ausschließliche Gegenstand der Beobachtung. Trotzdem ist man versucht, mehr »herauszulesen«. Ein Hinweis: »geben« und »nehmen«.

Theodor Fontane

Theodor Fontane

Effi Briest

Theodor Fontane (1819–1898) hat mehrere zeitkritische Gesellschaftsromane geschrieben; sie sind Protokolle über zwischenmenschliche Beziehungen, die durch Standesunterschiede oder durch gesellschaftliche Vorurteile gefährdet sind und auch scheitern. Opfer sind meistens die Frauen. Ihnen ist ein Rollenverhalten aufgezwungen, dem sie zu entsprechen haben, wenn sie sich nicht der gesellschaftlichen Ächtung aussetzen wollen. Dies lässt sich am besten an Fontanes wohl bekanntestem und mehrfach verfilmtem Roman *Effi Briest* (1895) zeigen, in dem Fontane auf einen wirklichen Vorfall zurückgriff.
Äußerlich verläuft die Handlung ohne größere Höhepunkte. Baron von Innstetten, ein erfolgreicher Karrierebeamter, heiratet eine wesentlich jüngere Frau. Effi von Briest träumt von einem Leben in der Berliner Gesellschaft, aber die ersten Jahre verbringt sie in der Provinz; sie fühlt sich vernachlässigt. Sie lernt Major von Crampas kennen, der genau das verkörpert, was Innstetten fehlt. Ein glücklicher Umstand, die Versetzung ihres Mannes, beendet die gefährliche Verbindung; sie scheint vergessen zu sein. Nach Jahren entdeckt Innstetten durch Zufall den heimlichen Briefwechsel. Ohne mit seiner Frau noch zu sprechen, leitet er die Scheidung ein und tötet Crampas im Duell.

Entscheidend ist die Szene, als Innstetten einen Freund bittet, die Formalitäten des Duells zu regeln; dabei versucht er ihm die Gründe seiner Handlungsweise zu erklären:

Innstetten hatte die Briefe kaum wieder beiseite geschoben, als draußen die Klingel ging. Gleich danach meldete Johanna: »Geheimrat Wüllersdorf.«
Wüllersdorf trat ein und sah auf den ersten Blick, dass etwas vorgefallen sein müsse.
»Pardon, Wüllersdorf«, empfing ihn Innstetten, »dass ich Sie gebeten habe, noch gleich heute bei mir vorzusprechen. Ich störe niemand gern in seiner Abendruhe, am wenigsten einen geplagten Ministerialrat. Es ging aber nicht anders. Ich bitte Sie, machen Sie sich's bequem. Und hier eine Zigarre.«
Wüllersdorf setzte sich. Innstetten ging auf und ab und wäre bei der ihn verzehrenden Unruhe gern in Bewegung geblieben, sah aber, dass es nicht gehe. So nahm er denn auch seinerseits eine Zigarre, setzte sich Wüllersdorf gegenüber und versuchte ruhig zu sein.
»Es ist«, begann er, »um zweier Dinge willen, dass ich Sie habe bitten lassen: erst um eine

Forderung zu überbringen und zweitens um hinterher, in der Sache selbst, mein Sekundant zu sein; das eine ist nicht angenehm und das andere noch weniger. Und nun Ihre Antwort.«

»Sie wissen, Innstetten, Sie haben über mich zu verfügen. Aber eh ich die Sache kenne, verzeihen Sie mir die naive Vorfrage: muss es sein? Wir sind doch über die Jahre weg, Sie, um die Pistole in die Hand zu nehmen, und ich, um dabei mitzumachen. Indessen missverstehen Sie mich nicht, alles dies soll kein Nein sein. Wie könnte ich Ihnen etwas abschlagen! Aber nun sagen Sie, was ist es?«

»Es handelt sich um einen Galan meiner Frau, der zugleich mein Freund war oder doch beinah.«

Wüllersdorf sah Innstetten an. »Innstetten, das ist nicht möglich.«

»Es ist mehr als möglich, es ist gewiss. Lesen Sie.«

Wüllersdorf flog drüber hin. »Die sind an Ihre Frau gerichtet?«

»Ja. Ich fand sie heut in ihrem Nähtisch.«

»Und wer hat sie geschrieben?«

»Major Crampas.«

»Also Dinge, die sich abgespielt, als Sie noch in Kessin waren?«

Innstetten nickte.

»Liegt also sechs Jahre zurück oder noch ein halb Jahr länger.«

»Ja.«

Wüllersdorf schwieg. Nach einer Weile sagte Innstetten: »Es sieht fast so aus, Wüllersdorf, als ob die sechs oder sieben Jahre einen Eindruck auf Sie machten. Es gibt eine Verjährungstheorie, natürlich, aber ich weiß doch nicht, ob wir hier einen Fall haben, diese Theorie gelten zu lassen.«

»Ich weiß es auch nicht«, sagte Wüllersdorf. »Und ich bekenne Ihnen offen, um diese Frage scheint sich hier alles zu drehen.«

Innstetten sah ihn groß an. »Sie sagen das in vollem Ernst?«

»In vollem Ernst. Es ist keine Sache, sich in jeu d'esprit[1] oder in dialektischen Spitzfindigkeiten zu versuchen.«

»Ich bin neugierig, wie Sie das meinen. Sagen Sie mir offen, wie stehen Sie dazu?«

»Innstetten, Ihre Lage ist furchtbar und Ihr Lebensglück ist hin. Aber wenn Sie den Liebhaber totschießen, ist Ihr Lebensglück sozusagen doppelt hin, und zu dem Schmerz über empfangenes Leid kommt noch der Schmerz über getanes Leid. Alles dreht sich um die Frage, müssen Sie's durchaus tun? Fühlen Sie sich so verletzt, beleidigt, empört, dass einer weg muss, er oder Sie? Steht es so?«

»Ich weiß es nicht.«

»Sie müssen es wissen.«

Innstetten war aufgesprungen, trat ans Fenster und tippte voll nervöser Erregung an die Scheiben. Dann wandte er sich rasch wieder, ging auf Wüllersdorf zu und sagte: »Nein, so steht es nicht.«

»Wie steht es denn?«

»Es steht so, dass ich unendlich unglücklich bin; ich bin gekränkt, schändlich hintergangen, aber trotzdem, ich bin ohne jedes Gefühl von Hass oder gar von Durst nach Rache. Und wenn ich mich frage, warum nicht, so kann ich zunächst nichts anderes finden als die Jahre. Man spricht immer von unsühnbarer Schuld; vor Gott ist es gewiss falsch, aber vor den Menschen auch. Ich hätte nie geglaubt, dass die Zeit, rein als Zeit, so wirken könne. Und dann als Zweites: Ich liebe meine Frau, ja, seltsam zu sagen, ich liebe sie noch, und so furchtbar ich alles finde, was geschehen, ich bin so sehr im Bann ihrer Liebenswürdigkeit, eines ihr eignen heiteren Charmes, dass ich mich, mir selbst zum Trotz, in meinem letzten Herzenswinkel zum Verzeihen geneigt fühle.«

Wüllersdorf nickte. »Kann ganz folgen, Innstetten, würde mir vielleicht ebenso gehen. Aber wenn Sie so zu der Sache stehen und mir sagen: ›Ich liebe diese Frau so sehr, dass ich ihr alles verzeihen kann‹, und wenn wir dann das andere hinzunehmen, das alles weit, weit zurückliegt, wie ein Geschehnis auf einem andern Stern, ja, wenn es so liegt, Innstetten, so frage ich, wozu die ganze Geschichte?«

»Weil es trotzdem sein muss. Ich habe mir's hin und her überlegt. Man ist nicht bloß ein einzelner Mensch, man gehört einem Ganzen an, und auf das Ganze haben wir beständig Rücksicht zu nehmen, wir sind durchaus abhängig von ihm. Ging es, in Einsamkeit zu leben, so könnt ich es gehen lassen; ich trüge dann die mir aufgepackte Last, das rechte Glück wäre hin, aber es müssen so viele leben ohne dies ›rechte Glück‹, und ich würde es auch müssen und – auch können. Man braucht nicht glücklich zu sein, am allerwenigsten hat man einen Anspruch drauf, und den, der einem das Glück genommen, den braucht man nicht notwendig aus der Welt zu schaffen. Man kann ihn, wenn man weltabgewandt weiter existieren will, auch laufen lassen. Aber im Zusammenleben mit den Menschen hat sich ein Etwas ausgebildet, das nun mal da ist und nach dessen Paragraphen wir uns gewöhnt haben, alles zu beurteilen, die andern und uns selbst. Und dagegen zu verstoßen, geht nicht; die Gesellschaft verachtet uns, und zuletzt tun wir es selbst und können es nicht aushalten und jagen uns die Kugel durch den Kopf. Verzeihen Sie, daß ich Ihnen solche Vorlesung halte, die schließlich doch nur sagt, was sich jeder selber hundertmal gesagt hat. Aber freilich, wer kann was Neues sagen! Also noch einmal, nichts von Hass oder dergleichen, und um eines Glückes willen, das mir genommen wurde, mag ich nicht Blut an den Händen haben; aber jenes, wenn Sie wollen, uns tyrannisierende Gesellschafts-Etwas, das fragt nicht nach Charme und nicht nach Liebe und nicht nach Verjährung. Ich habe keine Wahl. Ich muss.«

»Ich weiß noch nicht, Innstetten ...«

Innstetten lächelte. »Sie sollen selbst entscheiden, Wüllersdorf. Es ist jetzt zehn Uhr. Vor sechs Stunden, diese Konzession will ich Ihnen vorweg machen, hatt ich das Spiel noch in der Hand, konnt ich noch das eine und noch das andere, da war noch ein Ausweg. Jetzt nicht mehr, jetzt stecke ich in einer Sackgasse. Wenn Sie wollen, so bin ich selber schuld daran; ich hätte mich besser beherrschen und bewachen, alles in mir verbergen, alles im eignen Herzen auskämpfen sollen. Aber es kam mir zu plötzlich, zu stark, und so kann ich mir kaum einen Vorwurf machen, meine Nerven nicht geschickter in Ordnung gehalten zu haben. Ich ging zu Ihnen und schrieb Ihnen einen Zettel, und damit war das Spiel aus meiner Hand. Von dem Augenblick an hatte mein Unglück und, was schwerer wiegt, der Fleck auf meiner Ehre einen halben Mitwisser, und nach den ersten Worten, die wir hier gewechselt, hat es einen ganzen. Und weil dieser Mitwisser da ist, kann ich nicht mehr zurück.«

»Ich weiß doch nicht«, wiederholte Wüllersdorf. »Ich mag nicht gerne zu der alten abgestandenen Phrase greifen, aber doch lässt sich's nicht besser sagen: Innstetten, es ruht alles in mir wie in einem Grabe.«

»Ja, Wüllersdorf, so heißt es immer. Aber es gibt keine Verschwiegenheit. Und wenn Sie's wahr machen und gegen andere die Verschwiegenheit selber sind, so wissen Sie es, und es rettet mich nicht vor Ihnen, dass Sie mir eben Ihre Zustimmung ausgedrückt und mir sogar gesagt haben: ich kann Ihnen in allem folgen. Ich bin, und dabei bleibt es, von diesem Augenblicke an ein Gegenstand Ihrer Teilnahme (schon nicht etwas sehr Angenehmes), und jedes Wort, das Sie mich mit meiner Frau wechseln hören, unterliegt Ihrer Kontrolle, Sie mögen wollen oder nicht, und wenn meine Frau von Treue spricht oder, wie Frauen tun, über andre zu Gericht sitzt, so weiß ich nicht, wo ich mit meinen Blicken hin soll. Und ereignet sich's gar, dass ich in irgendeiner ganz alltäglichen Beleidigungssache zum Guten rede, ›weil ja der dolus[2] fehle‹ oder so was Ähnliches, so geht ein Lächeln über Ihr Gesicht, oder es zuckt wenigstens darin, und in Ihrer Seele klingt es: ›Der gute Innstetten, er hat doch eine wahre Passion, alle Beleidigungen auf ihren Beleidigungsgehalt chemisch zu untersuchen, und das richtige Quantum Stickstoff findet er nie. Er ist noch nie an einer Sache erstickt‹ ... Habe ich Recht, Wüllersdorf, oder nicht?«

Wüllersdorf war aufgestanden. »Ich finde es furchtbar, dass Sie Recht haben, aber Sie haben Recht. Ich quäle Sie nicht länger mit meinem ›Muss das sein?‹

Die Welt ist einmal, wie sie ist, und die Dinge verlaufen nicht, wie wir wollen, sondern wie die andern wollen. Das mit dem ›Gottesgericht‹, wie manche hochtrabend versichern, ist freilich ein Unsinn, nichts davon, umgekehrt, unser Ehrenkultus ist ein Götzendienst, aber wir müssen uns ihm unterwerfen, solange der Götze gilt.«

Innstetten nickte.

Sie blieben noch eine Viertelstunde miteinander, und es wurde festgestellt, Wüllersdorf solle noch denselben Abend abreisen.

Ein Nachtzug ging um zwölf.

Dann trennten sie sich mit einem kurzen: »Auf Wiedersehen in Kessin.«

1 Denksportaufgabe 2 böser Vorsatz, List

(Ausgewählte Werke, Büchergilde Gutenberg, Frankfurt/Main 1964, S. 544–548)

6 Innstetten betont in dem Gespräch immer wieder, dass ihn nicht persönlich motivierte Rache zu dem Duell zwinge, sondern jenes »uns tyrannisierende Gesellschafts-Etwas«. Bezeichnend ist, wie er diese gesellschaftliche Norm charakterisiert. Warum unterwirft er sich diesem tyrannischen Anspruch? Was entgegnet ihm sein Gesprächspartner?

7 Der Roman endet in einer versöhnlichen Geste. Effi Briest, nach Jahren der Demütigung, todkrank, bittet, man möge Innstetten schreiben, dass er in allem recht gehandelt habe: »In der Geschichte mit dem armen Crampas – ja, was sollt er am Ende anders tun?« Wird mit dieser Meinung nicht manches, was zur Sprache kommen sollte, zugedeckt? Fontane hat den Fall beschrieben, das Urteil überließ er seinen Leserinnen und Lesern. Wie urteilen Sie?

Die Brück' am Tay
(28. Dezember 1879)

When shall we three meet again?
Macbeth

»Wann treffen wir drei wieder zusamm?«
»Um die siebente Stund', am Brückendamm.«
»Am Mittelpfeiler.«
»Ich lösche die Flamm.«
»Ich mit.«
»Ich komme vom Norden her.«
»Und ich vom Süden.«
»Und ich vom Meer.«
»Hei, das gibt einen Ringelreihn,
Und die Brücke muss in den Grund hinein.«
»Und der Zug, der in die Brücke tritt
Um die siebente Stund?«
»Ei, der muss mit.«
»Muss mit.«
»Tand, Tand,
Ist das Gebilde von Menschenhand!«

Auf der Norderseite, das Brückenhaus –
Alle Fenster sehen nach Süden aus,
Und die Brücknersleut ohne Rast und Ruh
Und in Bangen sehen nach Süden zu,
Sehen und warten, ob nicht ein Licht
Übers Wasser hin »Ich komme« spricht,
»Ich komme, trotz Nacht und Sturmesflug,
Ich, der Edinburger Zug.«

Und der Brückner jetzt: »Ich seh einen Schein
Am anderen Ufer. Das muss er sein.
Nun, Mutter, weg mit dem bangen Traum,
Unser Johnie kommt und will seinen Baum,
Und was noch am Baume von Lichtern ist,
Zünd' alles an wie zum Heiligen Christ,
Der will heuer zweimal mit uns sein –
Und in elf Minuten ist er herein.«

Und es war der Zug. Am Süderturm
Keucht er vorbei jetzt gegen den Sturm,
Und Johnie spricht: »Die Brücke noch!

Aber was tut es, wir zwingen es doch.
Ein fester Kessel, ein doppelter Dampf,
Die bleiben Sieger in solchem Kampf.
Und wie's auch rast und ringt und rennt,
Wir kriegen es unter: das Element.

Und unser Stolz ist unsre Brück';
Ich lache, denk' ich an früher zurück,
An all den Jammer und all die Not
Mit dem elend alten Schifferboot;
Wie manche liebe Christfestnacht
Hab' ich im Fährhaus zugebracht
Und sah unser Fenster lichten Schein
Und zählte und konnte nicht drüben sein.«

Auf der Norderseite, das Brückenhaus –
Alle Fenster sehen nach Süden aus,
Und die Brücknersleut' ohne Rast und Ruh'
Und in Bangen sehen nach Süden zu;

Denn wütender wurde der Winde Spiel,
Und jetzt, als ob Feuer vom Himmel fiel',
Erglüht es in niederschießender Pracht
Überm Wasser unten ... Und wieder ist Nacht.

»Wann treffen wir drei wieder zusamm?«
»Um Mitternacht, am Bergeskamm.«
»Auf dem hohen Moor, am Erlenstamm.«
»Ich komme.«
»Ich mit.«
»Ich nenn' euch die Zahl.«
»Und ich die Namen.«
»Und ich die Qual.«
»Hei!
Wie Splitter brach das Gebälk entzwei.«
»Tand, Tand,
Ist das Gebilde von Menschenhand.«

(Sämtliche Werke, Band VI, Carl Hanser Verlag, München 1964, S. 285–287)

In der Nacht vom 28. auf den 29. Dezember 1879 stürzte die Brücke über den Tay in Schottland bei einem Sturm ein, gerade in dem Augenblick, als ein Zug über die Brücke fuhr. Die Brücke galt als ein Meisterwerk der Technik. Die »Zürcherische Freitagszeitung« vom 9. Januar 1880, die über die Katastrophe berichtete, schrieb, die Brücke sei »eines der gewagtesten und großartigsten Werke« gewesen.

8 *Fontane* rahmte die Ballade mit dem Auftreten der drei Hexen aus dem Drama *Macbeth* von William Shakespeare (1564–1616) ein; die drei Hexen treten als Sturmgeister auf, die das Verhängnis herbeiführen und kommentieren: »Tand, Tand, / ist das Gebilde von Menschenhand«. Wie verhält sich dieser Rahmen zur eigentlichen Handlung? Ist er eine verdeckte Interpretation des Geschehens?

9 Untergliedern Sie die Ballade nach Handlungsschritten oder Kommentaren. Wie wird mit Gegensätzen und Erwartungen gearbeitet, um die dramatische Spannung zu erhöhen?

Die Industrialisierung der Arbeitswelt in der zweiten Hälfte des 19. Jahrhunderts führte in Deutschland zu wichtigen sozialen Umschichtungen. In den Ballungszentren entstand eine neue Schicht, das Proletariat. Diese so genannte »Gründerzeit« – gemeint ist die Gründung von Fabriken und Großunternehmen – bot kein einheitliches Bild: Wachsender Wohlstand im finanzkräftigen Bürgertum, den Besitzern der neuen Produktionsanlagen, auf der einen Seite; erste Arbeitskämpfe der Fabrikarbeiter um gerechtere Löhne auf der anderen Seite.

Der poetische Realismus oder bürgerliche Realismus, wie er zu Recht auch genannt wurde, war noch eine Bewegung der bürgerlichen Welt. Zwar verschloss sich das Bürgertum nicht den neuen gesellschaftlichen Wirklichkeiten, aber es suchte sich selbst vor den neuen Anforderungen der industriellen Arbeitswelt auch durch einen betonten Bildungsanspruch zu rechtfertigen. Deshalb war der Realismus in der Literatur der Gründerzeit keine exakte Widerspiegelung der »realen« Verhältnisse, sondern der Versuch einer Harmonisierung »von oben«: Die Widersprüche in der Gesellschaft wurden nicht verschwiegen, aber die Literatur sollte die Aufgabe erfüllen, einen versöhnlichen Ausweg zu finden, zumindest für den Einzelnen, – auch wenn diese Lösung mit Verzicht verbunden war. Da meistens »Lebensgeschichten« oder »Individualgeschichten« – manchmal auch sehr selbstkritisch – erzählt wurden, waren Roman, Novelle und Erzählung die bevorzugten Gattungen.

Gerhart Hauptmann

Gerhart Hauptmann

Bahnwärter Thiel

Gerhart Hauptmann (1862–1946) nannte seine Erzählung *Bahnwärter Thiel* (1888) im Untertitel eine »novellistische Studie«. Damit betonte er den experimentellen Erzählcharakter. Zu Beginn berichtet der Erzähler kurz über die erste Ehe des Bahnwärters; seine Frau war im Kindbett gestorben, – und, um dem Sohn Tobias ein festes Zuhause zu geben, heiratet Thiel nach Verlauf eines Jahres zum zweiten Mal. Diese Vorgeschichte zur eigentlichen Handlung ist ein Bericht aus der Außenperspektive eines Beobachters. Trotzdem sind mit dieser Einleitung schon die Weichen gestellt. Thiel war kerngesund, seinen Dienst erfüllte er gewissenhaft; seine erste Frau war von Anfang an kränklich. Die neue Frau ist das Gegenteil der Verstorbenen: »Nach Verlauf eines halben Jahres war es ortsbekannt, wer in dem Häuschen des Wärters das Regiment führte. Man bedauerte den Wärter.« Für den kleinen Tobias beginnt ein Leidensweg; die Stiefmutter hasst das Kind, – aber Thiel wagt es nicht, sich gegen die Frau aufzulehnen. Die Selbstbezichtigungen entladen sich nachts, wenn er seine Bahnstrecke kontrolliert: In einer vorahnenden Traumvision sieht er seine erste Frau, wie sie mit einem blutigen Bündel vor ihm flieht. Kurze Zeit danach gerät Tobias durch die Unachtsamkeit seiner Stiefmutter unter einen Zug. Thiel wird wahnsinnig; er erschlägt seine Frau und das gemeinsame Kind. In dieser Haupthandlung, Thiels zweiter Ehe, wechselt der Erzähler aus der Außenperspektive in die Innenansicht; er versucht die Ereignisse aus dem Blickwinkel seiner Titelfigur darzustellen und zu erklären. Hauptmanns Erzählung ist in der Wiedergabe der Einzelheiten und in der Motivation der Handlung ein Stück naturalistischer Prosa. Sie sprengt aber auch den Rahmen einer distanzierten Beobachtung vor allem durch traumhafte Vorahnungen und den immer wiederkehrenden Bezugspunkt der Eisenbahnstrecke, wo – wie der Schnellzug aus dem nächtlichen Dunkel – die Katastrophe in den Alltag einbricht.

Obwohl Thiel mit ansehen muss, wie Tobias von der Stiefmutter hintangesetzt und gequält wird, schweigt er; er wagt es nicht, gegen seine Frau aufzubegehren. Sein Groll und seine Befürchtungen spiegeln sich aber in den Beobachtungen während seiner Arbeit. Der herandonnernde Zug wird mehrmals beschrieben; er weist auf das Ende hin:

Obgleich Thiel den Weg in seine Waldeinsamkeit mit möglichster Eile zurücklegte, kam er doch erst fünfzehn Minuten nach der ordnungsgemäßen Zeit an den Ort seiner Bestimmung.

Der Hilfswärter, ein infolge des bei seinem Dienst unumgänglichen schnellen Temperaturwechsels schwindsüchtig gewordener Mensch, der mit ihm im Dienst abwechselte, stand schon fertig zum Aufbruch auf der kleinen, sandigen Plattform des Häuschens, dessen große Nummer schwarz auf weiß weithin durch die Stämme leuchtete.

Die beiden Männer reichten sich die Hände, machten sich einige kurze Mitteilungen und trennten sich. Der eine verschwand im Innern der Bude, der andere ging quer über die Strecke, die Fortsetzung jener Straße benutzend, welche Thiel gekommen war. Man hörte sein krampfhaftes Husten erst näher, dann ferner durch die Stämme, und mit ihm verstummte der einzige menschliche Laut in dieser Einöde. Thiel begann wie immer so auch heute damit, das enge, viereckige Steingebauer der Wärterbude auf seine Art für die Nacht herzurichten. Er tat es mechanisch, während sein Geist mit dem Eindruck der letzten Stunden beschäftigt war. Er legte sein Abendbrot auf den schmalen, braun gestrichenen Tisch an einem der beiden schlitzartigen Seitenfenster, von denen aus man die Strecke bequem übersehen konnte. Hierauf entzündete er in dem kleinen, rostigen Öfchen ein Feuer und stellte einen Topf kalten Wassers darauf. Nachdem er schließlich noch in die Gerätschaften, Schaufel, Spaten, Schraubstock und so weiter, einige Ordnung gebracht hatte, begab er sich ans Putzen seiner Laterne, die er zugleich mit frischem Petroleum versorgte.

Als dies geschehen war, meldete die Glocke mit drei schrillen Schlägen, die sich wiederholten, dass ein Zug in der Richtung von Breslau her aus der nächst liegenden Station abgelassen sei. Ohne die mindeste Hast zu zeigen, blieb Thiel noch eine gute Weile im Innern der Bude, trat endlich, Fahne und Patronentasche in der Hand, langsam ins Freie und bewegte sich trägen und schlürfenden Ganges über den schmalen Sandpfad, dem etwa zwanzig Schritt entfernten Bahnübergang zu. Seine Barrieren schloss und öffnete Thiel vor und nach jedem Zuge gewissenhaft, obgleich der Weg nur selten von jemand passiert wurde.

Er hatte seine Arbeit beendet und lehnte jetzt wartend an der schwarzweißen Sperrstange. Die Strecke schnitt rechts und links geradlinig in den unabsehbaren grünen Forst hinein; zu ihren beiden Seiten stauten die Nadelmassen gleichsam zurück, zwischen sich eine Gasse freilassend, die der rötlich braune, kiesbestreute Bahndamm ausfüllte. Die schwarzen, parallel laufenden Geleise darauf glichen in ihrer Gesamtheit einer ungeheuren, eisernen Netzmasche, deren schmale Strähnen sich im äußersten Süden und Norden in einem Punkte des Horizontes zusammenzogen.

Der Wind hatte sich erhoben und trieb leise Wellen den Waldrand hinunter und in die Ferne hinein. Aus den Telegraphenstangen, die die Strecke begleiteten, tönten summende Akkorde. Auf den Drähten, die sich wie das Gewebe einer Riesenspinne von Stange zu Stange fortrankten, klebten in dichten Reihen Scharen zwitschernder Vögel. Ein Specht flog lachend über Thiels Kopf weg, ohne dass er eines Blickes gewürdigt wurde.

Die Sonne, welche soeben unter dem Rande mächtiger Wolken herabhing, um in das schwarzgrüne Wipfelmeer zu versinken, goss Ströme von Purpur über den Forst. Die Säulenarkaden der Kiefernstämme jenseits des Dammes entzündeten sich gleichsam von innen heraus und glühten wie Eisen.

Auch die Geleise begannen zu glühen, feurigen Schlangen gleich; aber sie erloschen zuerst. Und nun stieg die Glut langsam vom Erdboden in die Höhe, erst die Schäfte der Kiefern, weiter den größten Teil ihrer Kronen in kaltem Verwesungslichte zurücklassend, zuletzt nur noch den äußersten Rand der Wipfel mit einem rötlichen Schimmer streifend. Lautlos und feierlich vollzog sich das erhabene Schauspiel. Der Wärter stand noch immer regungslos an der Barriere. Endlich trat er einen Schritt vor.

Ein dunkler Punkt am Horizont, da, wo die Geleise sich trafen, vergrößerte sich. Von Sekunde zu Sekunde wachsend, schien er doch auf einer Stelle zu stehen. Plötzlich bekam er Bewegungen und näherte sich. Durch die Geleise ging ein Vibrieren und Summen, ein rhythmisches Geklirr, ein dumpfes Getöse, das, lauter und lauter werdend, zuletzt den Hufschlägen eines heranbrausenden Reitergeschwaders nicht unähnlich war.

Ein Keuchen und Brausen schwoll stoßweise fernher durch die Luft. Dann plötzlich zerriss die Stille. Ein rasendes Tosen und Toben erfüllte den Raum, die Geleise bogen sich, die Erde zitterte – ein starker Luftdruck – eine Wolke von Staub, Dampf und Qualm, und das schwarze, schnaubende Ungetüm war vorüber. So wie sie anwuchsen, starben nach und nach die Geräusche. Der Dunst verzog sich. Zum Punkte eingeschrumpft, schwand der Zug in die Ferne, und das alte heilige Schweigen schlug über dem Waldwinkel zusammen.

(Gesammelte Werke, Band II, S. Fischer Verlag, Berlin 1906, S. 242–245)

1 Die Szene, wie der Nachtzug sich Thiels Streckenabschnitt nähert, wie er vorbeibraust und wieder verschwindet, gilt als eine Meisterleistung naturalistischer Vorgangsbeschreibung. Achten Sie darauf, mit welchen Wörtern (Verben, Adjektiven usw.) und Vergleichen der Vorgang beschrieben und kommentiert wird.

2 Das Erlebnis des herandonnernden Zuges ist eine Schlüsselszene, die auf Künftiges hindeutet. Wo genau geht der Text über die reine Beschreibung des Vorgangs hinaus?

Die Weber

Das fünfaktige Schauspiel *Die Weber* (1892) gehört zu Hauptmanns frühen naturalistischen Dramen. Der erfolglose Aufstand der schlesischen Lohnweber im Jahre 1844 ist die historische Vorlage; mechanisierte Massenproduktion, sinkende Weltmarktpreise und die Monopolstellung der Fabrikanten hatten die Lebensbedingungen der Weber unter das Existenzminimum gedrückt. Gerhart Hauptmann kannte die Ereignisse aus seiner eigenen Familiengeschichte. Das Stück liegt in zwei Fassungen vor; die eine ist im schlesischen Dialekt geschrieben, die andere dem Hochdeutschen angenähert. Die Handlung wird in doppelter Weise ausgelöst: 1. durch das nicht mehr zu ertragende Los der Weber, 2. durch das Auftreten eines »Fremden«, der zum Wortführer der Weber wird. Hauptmann hat in mehreren seiner frühen naturalistischen Stücke die Gestalt des »Fremden« eingeführt, um die Milieu-Schilderung in Handlung umzusetzen. In diesem Stück heißt der »Fremde« Moritz Jäger; er ist ein Weber, der nach seiner Militärzeit zurückkommt und sich nicht mehr mit den gegebenen Zuständen abfindet; er ruft zum Widerstand gegen die mächtigen Fabrikanten auf. Dies war – innerhalb der Dramenhandlung – der zündende Funke. In den historischen Einzelheiten hat sich Hauptmann genau an die Fakten gehalten.

Der erste Akt ist eine einführende Milieu-Schilderung der Lebensbedingungen der Weber. Im Haus des Fabrikanten Dreißiger liefern sie ihre Auftragswebereien – Parchent, das ist Baumwollflanell – für einen Hungerlohn ab, der nicht einmal zum Nötigsten reicht. Die Angestellten und Arbeiter des Fabrikanten sind treue Diener ihres Herrn; selbst einmal Weber, kümmern sie sich jetzt wenig um die Not und die Bitten der Weber. Jeder ist auf seinen Vorteil bedacht – auch manche Lohnweber, wenn sie nur irgendwie zu Arbeit kommen. In dieser einführenden Situations-Schilderung urteilt Hauptmann nicht; er setzt die Zustände und auch die Widersprüche unter den Betroffenen selbst in Szene. Deshalb wäre es falsch, dieses Stück ein Revolutionsdrama zu nennen; die Schilderung des sozialen Elends und das Mitleid mit den verzweifelten Webern sind die eigentlichen Motive. Die Lohnweber treten zwar mit eigenen Namen auf, aber sie stellen insgesamt das Proletariat als die eigentliche kollektive Person, als die Hauptgestalt der Handlung dar.

Erster Akt

Ein geräumiges, graugetünchtes Zimmer in Dreißigers Haus zu Peterswaldau. Der Raum, wo die Weber das fertige Gewebe abzuliefern haben. Linker Hand sind Fenster ohne Gardinen, in der Hinterwand eine Glastür, rechts eine ebensolche Glastür, durch welche fortwährend Weber, Weberfrauen und Kinder ab- und zugehen. Längs der rechten Wand, die, wie die übrigen, größtenteils von Holzgestellen für Parchent verdeckt wird, zieht sich eine Bank, auf der die angekommenen Weber ihre Ware ausgebreitet haben. In der Reihenfolge der Ankunft treten sie vor und bieten ihre Ware zur Musterung. Expedient Pfeifer steht hinter einem großen Tisch, auf welchen die zu musternde Ware vom Weber gelegt wird. Er bedient sich bei der Schau eines Zirkels und einer Lupe. Ist er zu Ende mit der Untersuchung, so legt der Weber den Parchent auf die Waage, wo ein Kontolehrling sein Gewicht prüft. Die abgenommene Ware schiebt derselbe Lehrling ins Repositorium. Den zu zahlenden Lohnbetrag ruft Expedient Pfeifer dem an einem kleinen Tischchen sitzenden Kassierer Neumann jedesmal laut zu.

Es ist ein schwüler Tag gegen Ende Mai. Die Uhr zeigt zwölf. Die meisten der harrenden Webersleute gleichen Menschen, die vor die Schranken des Gerichts gestellt sind, wo sie in peinigender Gespanntheit eine Entscheidung über Tod und Leben zu erwarten haben. Hinwiederum haftet allen etwas Gedrücktes, dem Almosenempfänger Eigentümliches an, der, von Demütigung zu Demütigung schreitend, im Bewusstsein, nur geduldet zu sein, sich so klein als möglich zu machen gewohnt ist. Dazu kommt ein starrer Zug resultatlosen, bohrenden Grübelns in allen Mienen. Die Männer, einander ähnelnd, halb zwerghaft, halb schulmeisterlich, sind in der Mehrzahl flachbrüstige, hüstelnde, ärmliche Menschen mit schmutzig blasser Gesichtsfarbe: Geschöpfe des Webstuhls, deren Knie infolge vielen Sitzens gekrümmt sind. Ihre Weiber zeigen weniger Typisches auf den ersten Blick; sie sind aufgelöst, gehetzt, abgetrieben – während die Männer eine gewisse klägliche Gravität zur Schau tragen – und zerlumpt, wo die Männer geflickt sind. Die jungen Mädchen sind mitunter nicht ohne Reiz; wächserne Blässe, zarte Formen, große hervorstehende, melancholische Augen sind ihnen dann eigen.

KASSIERER NEUMANN, *Geld aufzählend.* Bleibt sechzehn Silbergroschen zwei Pfennig.

ERSTE WEBERFRAU, *dreißigjährig, sehr abgezehrt, streicht das Geld ein mit zitternden Fingern.* Sind Sie bedankt.

NEUMANN, *als die Frau stehen bleibt.* Nun? stimmt's etwa wieder nich?

ERSTE WEBERFRAU, *bewegt, flehentlich.* A paar Fenniche uf Vorschuss hätt ich doch halt a so neetig.

NEUMANN. Ich hab a paar hundert Taler neetig. Wenn's ufs Neetighaben ankäm –! *Schon mit Auszahlen an einen andern Weber beschäftigt, kurz:* Ieber den Vorschuss hat Herr Dreißiger selbst zu bestimmen.

ERSTE WEBERFRAU. Kennt ich da vielleicht amal mit'n Herrn Dreißiger selber red'n?

EXPEDIENT PFEIFER, *ehemaliger Weber. Das Typische an ihm ist unverkennbar; nur ist er wohlgenährt, gepflegt gekleidet, glatt rasiert, auch ein starker Schnupfer. Er ruft barsch herüber.* Da hätte Herr Dreißiger weeß Gott viel zu tun, wenn er sich um jede Kleenigkeit selber bekimmern sollte. Dazu sind wir da. *Er zirkelt und untersucht mit der Lupe.* Schwerenot! Das zieht. *Er packt sich einen dicken Schal um den Hals.* Macht de Tiere zu, wer reinkommt.

DER LEHRLING, *laut zu Pfeifer.* Das is, wie wenn man mit Kletzen red'te.

PFEIFER. Abgemacht sela! – Waage! *Der Weber legt das Webe auf die Waage.* Wenn Ihr ock Eure Sache besser verstehn tät't. Trepp'n[1] hat's wieder drinne ... ich seh gar nich hin. A guter Weber verschiebt's Aufbäumen[2] nich wer weeß wie lange.

BÄCKER *ist gekommen. Ein junger, ausnahmsweise starker Weber, dessen Gebaren ungezwungen, fast frech ist. Pfeifer, Neumann und der Lehrling werfen sich bei seinem Eintritt Blicke des Einvernehmens zu.* Schwere Not ja! Da soll eener wieder schwitz'n wie a Laugensack.

ERSTER WEBER, *halblaut.* 's sticht gar sehr nach Regen.

DER ALTE BAUMERT *drängt sich durch die Glastür rechts. Hinter der Tür gewahrt man die Schulter an Schulter gedrängt, zusammengepfercht wartenden Webersleute. Der Alte ist nach vorn gehumpelt und hat sein Pack in der Nähe des Bäckers auf die Bank gelegt. Er setzt sich daneben und wischt sich den Schweiß.* Hier is 'ne Ruh verdient.

BÄCKER. Ruhe is besser wie a Beehmen Geld.[3]

DER ALTE BAUMERT. A Beehmen Geld mechte ooch sein. Gu'n Tag ooch, Bäcker!

BÄCKER. Tag ooch, Vater Baumert! Ma muss wieder lauern, wer weeß wie lange!

ERSTER WEBER. Das kommt nich druf an. A Weber wart't an Stunde oder an'n Tag. A Weber is ock 'ne Sache.

PFEIFER. Gebt Ruhe dahinten! Man versteht ja sei eegenes Wort nich.

BÄCKER, *leise.* A hat heute wieder sein'n tälsch'n Tag.

PFEIFER, *zu dem vor ihm stehenden Weber.* Wie oft hab ich's Euch schonn gesagt! besser putzen sollt'r. Was ist denn das für 'ne Schlauderei?[4] Hier sind Klunkern[5] drinne, so lang wie mei Finger, und Stroh und allerhand Dreck.

WEBER REIMANN. 's mecht halt a neu Noppzängl[6] sein.

LEHRLING *hat das Webe gewogen.* 's fehlt auch am Gewicht.

PFEIFER. Eine Sorte Weber ist hier so – schade fier jede Kette, die man ausgibt. O Jes's, zu meiner Zeit! Mir hatt's woll mei Meister angestrichen. Dazumal da war das noch a ander Ding um das Spinnwesen. Da musste man noch sei Geschäfte verstehn. Heute da is das nich mehr neetig. – Reimann zehn Silbergroschen.

WEBER REIMANN. E Fund wird doch gerecht'nt uf Abgang.

PFEIFER. Ich hab keine Zeit. Abgemacht sela. Was bringt Ihr?

WEBER HEIBER *legt seine Webe auf. Während Pfeifer untersucht, tritt er an ihn und redet halblaut und eifrig in ihn hinein.* Sie werden verzeihen, Herr Feifer, ich meecht Sie gittichst gebet'n hab'n, ob Se vielleicht und Se wollt'n so gnädig sein und wollt'n mir den Gefal-l'n tun und ließen mir a Vorschuss dasmal nich abrechn'.

PFEIFER *zirkelnd und guckend, höhnt.* Nu da! Das macht sich ja etwan. Hier is woll d'r halbe Einschuss wieder auf a Feifeln geblieb'n?

WEBER HEIBER, *in seiner Weise fortfahrend.* Ich wollt's ja gerne uf de neue Woche gleiche mach'n. Vergangne Woche hatt ich bloß zwee Howetage[7] uf'n Dominium[8] zu leist'n. Dabei liegt Meine krank derheeme ...

PFEIFER *das Stück an die Waage gebend.* Das is eben wieder 'ne richt'ge Schlauderarbeit. *Schon wieder ein neues Webe in Augenschein nehmend.* So ein Salband,[9] bald breit, bald schmal. Emal hat's den Einschuss zusammengeriss'n, wer weeß wie sehr, dann hat's wieder mal 's Sperrittl[10] auseinandergezog'n. Und auf a Zoll kaum siebzig Faden Eintrag. Wo is denn der iebriche? Wo bleibt da die Reelletät? Das wär so was!

WEBER HEIBER *unterdrückt Tränen, steht gedemütigt und hilflos.*

BÄCKER, *halblaut zu Baumert.* Der Packasche mecht ma noch Garn d'rzune koofen.

ERSTE WEBERFRAU, *welche nur wenig vom Kassentisch zurückgetreten war und sich von Zeit zu Zeit mit starren Augen hilfesuchend umgesehen hat, ohne von der Stelle zu gehn, fasst sich ein Herz und wendet sich von neuem flehentlich an den Kassierer.* Ich kann halt balde ... ich weeß gar nich, wenn Se mir das Mal und geb'n mir keen'n Vorschuss ... o Jesis, Jesis.

PFEIFER *ruft herüber.* Das is a Gejesere. Lasst bloß a Herr Jesus in Frieden. Ihr habt's ja sonst nich so ängstlich um a Herr Jesus. Passt lieber auf Euern Mann uf, dass und man sieht'n nich aller Augenblicke hinterm Kretschamfenster[11] sitz'n. Wir kenn kein'n Vorschuss geb'n. Wir miss'n Rechenschaft ablegen dahier. 's is auch nich unser Geld. Von uns wird's nachher verlangt. Wer fleißig is und seine Sache versteht und in der Furcht Gottes seine Arbeit verricht't, der braucht ieberhaupt nie keen'n Vorschuss nich. Abgemacht Seefe.

NEUMANN. Und wenn a Bielauer Weber 's vierfache Lohn kriegt, da verfumfeit er's vierfache und macht noch Schulden.

ERSTE WEBERFRAU, *laut, gleichsam an das Gerechtigkeitsgefühl aller appellierend:* Ich bin gewiss ni faul, aber ich kann ni mehr aso fort. Ich hab halt doch zweemal an Iebergang gehabt. Und was de mei Mann is, der is ooch bloßich halb; a war beim Zerlauer Schäfer, aber der hat'n doch au nich kenn'n von sein'n Schad'n helf'n, und da ... Zwing'n kann ma's doch nich ... Mir arbeit'n gewiss was wir ufbringen. Ich hab schonn viele Woch'n keen'n Schlaf in a Aug'n gehabt, und 's wird auch schonn wieder gehn, wenn ock ich und ich wer de Schwäche wieder a bissel raus krieg'n aus a Knoch'n. Aber Se miss'n halt ooch a eenziges bissel a Einsehn hab'n. *Inständig, schmeichlerisch flehend:* Sind S' ock scheen gebet'n und bewilligen m'r dasmal a paar Greschl.

PFEIFER, *ohne sich stören zu lassen.* Fiedler elf Silbergroschen.

[1] Unebenheiten am Geweberand [2] Vorbereiten der Kette für den Webstuhl [3] Böhmer = Prager Münze; in Schlesien auch Bezeichnung für deutsche Groschen [4] Schlamperei [5] Klumpen [6] Zange, um Knoten aus dem Gewebe abzuzwicken [7] Fron, unentgeltliche Arbeitstage beim Grundherrn [8] Herrschaftsgut [9] Gewebekante [10] Gerät, wodurch das Gewebe in einer bestimmten Breite gehalten wird [11] Wirtshausfenster

(Die Weber, mit Dokumentation, herausgegeben von Hans Schwab-Felisch, Ullstein Verlag, Frankfurt/Main – Berlin 1993, S. 7–10)

3 Der erste Akt ist – nach den klassischen Dramenvorstellungen – die »Exposition«; es wird der Sachverhalt dargestellt, der zum Konflikt führt. In gleicher Weise geht auch Gerhart Hauptmann vor. Im weiteren Verlauf des ersten Aktes spitzen sich die Spannungen zu, und gegen Ende tritt auch der Fabrikant Dreißiger auf, um sich auf seine Weise vor den Webern zu rechtfertigen. Zu Beginn wird der Konflikt »in den unteren Regionen« vorgeführt: Die ehemaligen Weber, die jetzt im Kontor/Büro des Fabrikanten arbeiten, behandeln die Lohnweber von oben herab, als wären sie schon Teil des Establishments; sie reden wie der Herr Fabrikant. Zeigen Sie die »Sprachkonflikte« (auch inhaltliche Begriffsverschiebungen) zwischen den Lohnwebern und den Angestellten.

4 Hauptmann hat jedem Akt einen ausführlichen Kommentar vorausgeschickt. Beim Vorspann zum ersten Akt könnte man fast meinen, dass schon alles über die folgenden Szenen in Dreißigers Zahlbüro gesagt sei.
Was entnehmen Sie diesem Vorspann für das Stück selbst? Beachten Sie, dass dieser Text eine Regieanweisung oder Hintergrundsinformation ist, aber wohl kaum auf der Bühne unmittelbar wiedergegeben wird, außer dass ein Schauspieler ihn tatsächlich dem Publikum vorliest.

5 Theodor Fontane schrieb in einer Rezension zu Hauptmanns Stück *Die Weber:* „Es ist ein Drama der Volksauflehnung, das sich dann wieder, in seinem Ausgange, gegen die Auflehung auflehnt, etwa nach dem altberlinischen Satze: ‚das kommt davon.‘ Was Gerhart Hauptmann für seinen Stoff begeisterte, das war zunächst wohl das Revolutionäre darin; aber nicht ein berechnender Politiker schrieb das Stück, sondern ein echter Dichter, den einzig das Elementare, das Bild von Druck und Gegendruck reizte." (Das litterarische Echo, Berlin 1898/99, Heft 2)
Versuchen Sie, Fontanes Äußerung am Text zu erläutern.

Arno Holz

Arno Holz

Berliner Himmelfahrtstag

In den Grunewald
seit
fünf Uhr
früh,
vom Wannseebahnhof, vom
Ringbahnhof,
über
die ... Stadtbahnhöfe ... spie
Berlin
Seine Extrazüge.
Über
die
Brücke von Halensee,
über
Wilmersdorf, Schmargendorf, Zehlendorf,
über Charlottenburg, über
Westend
und
den Spandauer Bock,
von
allen Seiten, querüber den
»Stern«,
zwischen trommelnden Turnerzügen, zwischen
Kremsern mit Musik,
entlang
die schimmernde Havel,
katerkrummbuckelten, klimmbeinstrampelten,
kilometerten
sich die
»Chausseeflöhe«.
»Pankow, Pankow, Pankow, Kille, Kille«, »Rixdorfer«,
»Schunkelwalzer«, »Holzauktion«
(...)

(Werke, Band I, Luchterhand Verlag, Neuwied 1962, S. 356)

6 Wenn Sie diesen Text fortlaufend schrieben, würden Sie in ihm kaum mehr ein Gedicht vermuten. Durch die graphische Anordnung um eine Mittelachse fällt er aber auf. **Arno Holz** (1863–1929) hatte nach zeitkritischen Dramen und naturalistischen Erzählskizzen, die spielerische Seite des Naturalismus entdeckt, nämlich den Alltag bis in die »Gassenhauer«, wie damals die Schlager hießen, zu verfolgen. Er montierte aus momentanen Beobachtungen und Werbe- oder Schlagertexten seinen eigenen Text, um seine unmittelbare Stimmung möglichst »naturalistisch« wiederzugeben. Darin war er seiner Zeit weit voraus; dieses Verfahren nannte man später »Montagetechnik«. Verfolgen Sie auf einer Karte diesen Berliner Himmelfahrtstag-Ausflug von 1898. Welche Schlagertitel sagen Ihnen noch etwas?

Der literarische *Naturalismus* ist als *radikaler* oder *konsequenter Realismus* zu verstehen. Für die wissenschaftliche Begründung spielten die *Milieutheorie* (Einfluss von Herkunft, sozialem Umfeld und Zeitumständen für das gesellschaftliche Verhalten Einzelner oder ganzer Schichten) und die *Evolutionstheorie* (Entwicklung durch natürliche Auswahl der Stärkeren) eine wichtige Rolle. Diese nüchterne Bestandsaufnahme des geschichtlichen Prozesses, dass nämlich der Einzelne und soziale Gruppen »fremdbestimmt« seien durch ihre Herkunft, durch das Milieu und durch die Umstände, hat das literarische Interesse auf eben diese Umstände gelenkt. Deutlicher und entschiedener als im bürgerlichen Realismus wurden in den Werken des Naturalismus die Konflikte dargestellt, die durch die Umschichtungen in der Industriegesellschaft entstanden. Neben dieser Veränderung in der Thematik, im Inhalt der Werke, ging es aber auch um eine veränderte Darstellungsweise, die der Wirklichkeit möglichst nahe komme. Die Sprache in der Erzählprosa und auf der Bühne sollte eine genaue Wiedergabe der gesprochenen Sprache bis in Dialekt-Einfärbungen sein; Situationen sollten in ihrer genauen, auch zeitlichen Abfolge, wiedergegeben werden. Dies hatte seine Schwierigkeiten; denn Kunst – auch die Literatur – hat ihre eigenen Gestaltungsgesetze. Das bekannteste Beispiel dafür: Den Aufstand der schlesischen Weber von 1844 hat Gerhart Hauptmann in seinem Drama *Die Weber* auf einen Bühnenabend zusammengedrängt. Dieses Stück gilt heute noch als d a s soziale Drama des literarischen Naturalismus. »Naturalistisch« daran sind die Sprache und die ausgewählten Szenen, d. h. Milieuskizzen, die den Konflikt zu erklären versuchen. Die Gesamtgestaltung des Dramas aber ist eine bewusste Komposition nach den Möglichkeiten einer Bühnenaufführung. Obwohl der Naturalismus in der literarischen Gestaltung an Grenzen kam, wirkte zumindest das soziale Engagement weiter. Deshalb ist er ein fester Bestandteil der Literaturgeschichte.

Die Musik. Gemälde von Gustav Klimt (1885)

Gegenströmungen zum Naturalismus (1890–1920)

Die Literatur in dem Jahrzehnt vor und nach der Jahrhundertwende bot eine Gleichzeitigkeit oder ein Nebeneinander sehr unterschiedlicher Richtungen. Theodor Fontane, ein führender Vertreter des bürgerlichen Realismus, veröffentlichte 1899 seinen letzten großen Zeitroman: *Der Stechlin*. Im selben Jahr erschien auch Gerhart Hauptmanns Drama *Fuhrmann Henschel*, noch ganz im Stile des Naturalismus.

Aber fast um die gleiche Zeit schrieb Stefan George Gedichte, die sich durch ihre Bilderwelt (Symbolismus) bewusst vom Alltag abhoben. Rainer Maria Rilke setzte den momentanen Eindruck einer Stimmung (Impressionismus) unmittelbar in Sprache um. Frank Wedekind und Arthur Schnitzler versuchten innere Konflikte mit Hilfe der Psychoanalyse, d.h. der Erforschung des Unbewussten in jedem Einzelnen, auch sprachlich darzustellen (psychologischer Realismus). Ein weiteres Thema, zum Teil auch in Fortführung der Diskussionen in der Erzählprosa des bürgerlichen und poetischen Realismus, war die Frage nach dem Verhältnis zwischen dem Bildungsanspruch des Bürgertums und seinem wirtschaftlichen Machtstreben, z. B. in den frühen Romanen und Erzählungen von Thomas Mann und Hermann Hesse (bürgerliche Gesellschaftskritik).

Die Vertreter des *Symbolismus* sahen in der Kunst eine eigene, sich selbst genügende Welt, geradezu einen Gegenentwurf zur nüchternen Wirklichkeit; sie proklamierten eine »Kunst für die Kunst« oder sie beriefen sich auf die überlieferte Bilderwelt der Symbole als Schlüssel zur Erklärung der Welt.

Die *Impressionisten* versuchten den Eindruck der Außenwelt unmittelbar in sprachliche Bilder einzufangen, die mehr von der Stimmung und vom Gefühl angeregt waren. Es ging nicht darum, Wirklichkeit »naturalistisch« widerzuspiegeln, sondern individuelle Empfindungen sprachlich zu vermitteln.

Der *psychologische Realismus* und die *bürgerliche Gesellschaftskritik* waren eine thematische Erweiterung des bürgerlichen Realismus. Zum einen ging es um die Erkundung und auch sprachliche Gestaltung individueller Konflikte, die in der Gesellschaft bisher unterdrückt worden waren; zum andern wurden die bürgerlichen »Lebensziele«, das Gleichgewicht zwischen wirtschaftlicher Sicherheit und ausgewiesener Bildung, überprüft. Die Lösungen waren sehr unterschiedlich.

Alle diese Tendenzen reichen weit in das 20. Jahrhundert hinein, – und auch die Lebensläufe überschreiten die gewohnten Epocheneinteilungen. Deshalb sollte man sich bei Vergleichen im Einzelnen immer bewusst sein, dass im literarischen Leben viele Strömungen gleichzeitig auftreten können; sie spiegeln nur die Vielfalt der künstlerischen und inhaltlichen Antworten auf die Herausforderungen der Zeit.

Stefan George

Stefan George

Komm in den totgesagten park

Komm in den totgesagten park und schau:
Der schimmer ferner lächelnder gestade ·
Der reinen wolken unverhofftes blau
Erhellt die weiher und die bunten pfade.

Dort nimm das tiefe gelb · das weiche grau
Von birken und von buchs · der wind ist lau ·
Die späten rosen welkten noch nicht ganz ·
Erlese küsse sie und flicht den kranz ·

Vergiss auch diese letzten astern nicht·
Den purpur um die ranken wilder reben ·
Und auch was übrig blieb von grünem leben
Verwinde leicht im herbstlichen gesicht.

(Werke, Band I, Verlag Klett–Cotta, Stuttgart 1984, S. 121)

Den Wert der Dichtung, so meinte **Stefan George** (1868–1933), entscheide nicht der Sinn, sondern die Form. Um das Kunstwerk aus dem Bereich des Alltäglichen herauszuheben und um es vor dem Zugriff „Uneingeweihter" zu schützen, gab er seine Gedichtbände zunächst nur als Privatdrucke für seine Freunde und Schüler („George-Kreis") heraus. In der Wortwahl mied er Umgangssprachliches; er bevorzugte einen erlesenen, feierlichen Wortschatz. Vers und Strophe wurden nach klassischen Formmustern gestaltet. Auch die Natur wurde im Gedicht zu einer symbolischen Kunstwelt. In dem berühmten Parkgedicht *Komm in den totgesagten park* (1897) zieht sich der priesterliche Dichter in einen bewusst gestalteten Bezirk zurück, der nur wenigen zugänglich ist.

1 Der Park ist eine Kunstlandschaft, von menschlicher Hand gestaltet. Welche Jahreszeit wird beschrieben? Wie wird sie mit dem menschlichen Leben verbunden?

2 Das Gedicht ist eine Aufforderung (Imperative!). Wer spricht? Wer wird angesprochen?

Hugo von Hofmannsthal

Jedermann

Hugo von Hofmannsthal

Jedermann. Das Spiel vom Sterben des reichen Mannes (1911) ist die freie Nachdichtung einer mittelalterlichen Vorlage; vergleichbar mit Goethes *Faust*. Mit dem *Jedermann* hatte **Hugo von Hofmannsthal** (1874–1929) das barocke Welttheater wieder belebt. Der Titel umreißt bereits die symbolische Ausdeutung des Inhalts: Mitten im Fest wird Jedermann vom Tod aufgefordert, vor Gottes Thron zu erscheinen. Kurze Zeit bleibt ihm noch, um sich einen Begleiter zu suchen; aber alle verlassen ihn, bis auf seine wenigen guten Werke und den Glauben, beide als Allegorien (bildliche Darstellungen) in Frauengestalt. Die Werke und der Glaube sind aber zu schwach, um ihn allein zu retten; erst als Jedermann tiefe Reue zeigt, verliert der Teufel seine Macht über ihn.
Das Spiel beginnt mit einem Vorspann im Himmel:

SPIELANSAGER tritt vor und sagt das Spiel an
Jetzt habet allsamt Achtung, Leut,
Und hört was wir vorstellen heut!
Ist als ein geistlich Spiel bewandt,
Vorladung Jedermanns ist es zubenannt.
Darin euch wird gewiesen werden,
Wie unsere Tag und Werk auf Erden
Vergänglich sind und hinfällig gar.
Der Hergang ist recht schön und klar,
Der Stoff ist kostbar vor dem Spiel,
Dahinter aber liegt noch viel,
Das müsst ihr zu Gemüt führen
Und aus dem Inhalt die Lehr ausspüren.

GOTT DER HERR wird sichtbar auf seinem Thron und spricht
Fürwahr mag länger das nit ertragen,
Dass alle Kreatur gegen mich
Ihr Herz verhärtet böslich,
Dass sie ohn einige Furcht vor mir
Schmählicher hinleben als das Getier.

Des geistlichen Auges sind sie erblindt,
In Sünd ersoffen, das ist was sie sind,
Und kennen mich nit für ihren Gott,
Ihr Trachten geht auf irdisch Gut allein,
Und was darüber, das ist ihr Spott,
Und wie ich sie mir anschau zur Stund,
So han sie rein vergessen den Bund,
Den ich mit ihnen aufgericht hab,
Da ich am Holz mein Blut hingab.
Auf dass sie sollten das Leben erlangen,
Bin ich am Marterholz gehangen.
Hab ihnen die Dörn aus dem Fuß getan
Und auf meinem Haupt sie getragen als Kron.
So viel ich vermocht, hab ich vollbracht,
Und nun wird meiner schlecht gedacht.
Darum will ich in rechter Eil
Gerichtstag halten über sie
Und Jedermann richten nach seinem Teil
Wo bist du Tod, mein starker Bot? Tritt vor mich hin.

Tod

Allmächtiger Gott, hier sieh mich stehn,
Nach deinem Befehl werd ich boten gehn.

Gott

Geh du zu Jedermann und zeig in meinem Namen ihm an:
Er muss eine Pilgerschaft antreten
Mit dieser Stund und heutigem Tag,
Der er sich nicht entziehen mag.
Und heiß ihn mitbringen sein Rechenbuch
Und dass er nicht Aufschub, noch Zögerung such.

Tod

Herr, ich will die ganze Welt abrennen
Und sie heimsuchen Groß und Klein,
Die Gottes Gesetze nit erkennen
Und unter das Vieh gefallen sein.
Der sein Herz hat auf irdisch Gut geworfen,
Den will ich mit einem Streich treffen,
Dass seine Augen brechen

Und er nit findt die Himmelspforten,
Es sei denn, dass Almosen und Mildtätigkeit
Befreundt ihm wären und hilfsbereit.

Jedermann tritt aus seinem Haus hervor, ein Knecht hinter ihm.

JEDERMANN
Spring du um meinen Hausvogt schnell,
Muss aufgeben einen Befehl.
Der Knecht geht hinein
Mein Haus hat ein gutes Ansehn, das ist wahr,
Steht stattlich da, vornehm und reich,
Kommt in der Stadt kein andres gleich.
Hab drin köstlichen Hausrat die Meng,
Viele Truhen, viele Spind,
Dazu ein großes Hausgesind,
Einen schönen Schatz von gutem Geld
Und vor den Toren manch Stück Feld,
Auch Landsitz, Meierhöf voll Vieh,
Von denen ich Zins und Renten zieh,
Dass ich mir wahrlich machen mag
So heut wie morgen fröhliche Tag.
Hausvogt tritt auf.

JEDERMANN
Vogt, bringt einen Säckel Geldes straff,
Den hab ich vergessen in Gürtel zu tun,
Und merk, was ich dir noch anschaff:
Für morgen wird ein Frühmahl gericht,
Das muss bereit't sein aufs allerbest.
Kommen Verwandte und fremde Gäst.
Der Tisch muss prächtig sein bestellt,
Schick her den Koch, du geh ums Geld.
Vogt geht hinein, Koch tritt sogleich auf.

JEDERMANN
Ein köstlich Frühmahl befehl ich an
Für morgen.

(Dramen, Band III, S. Fischer Verlag, Frankfurt/Main 1957, S. 9–12)

3 Vergleichen Sie den Textausschnitt mit dem »Prolog im Himmel« aus dem *Faust* (vgl. S. 95).

Rainer Maria Rilke

Rainer Maria Rilke

Der Panther

Im Jardin des Plantes, Paris

SEIN Blick ist vom Vorübergehn der Stäbe
so müd geworden, dass er nichts mehr hält.
Ihm ist, als ob es tausend Stäbe gäbe
Und hinter tausend Stäben keine Welt.

Der weiche Gang geschmeidig starker Schritte,
der sich im allerkleinsten Kreise dreht,
ist wie ein Tanz von Kraft um eine Mitte,
in der betäubt ein großer Wille steht.

Nur manchmal schiebt der Vorhang der Pupille
sich lautlos auf –. Dann geht ein Bild hinein,
geht durch der Glieder angespannte Stille –
und hört im Herzen auf zu sein.

(Sämtliche Werke, Werkausgabe, Band II, Insel Verlag, Frankfurt/Main 1976, S. 505)

Die frühen Gedichte von **Rainer Maria Rilke** (1875–1926) waren Stimmungsbilder. Unter dem Einfluss des französischen Bildhauers Auguste Rodin, dessen Sekretär er zwei Jahre war, befreite er sich von gefühlsbetonter Stimmungslyrik und wählte die Perspektive distanzierter Beobachtung. Das Gedicht *Der Panther* (1903) ist ein erstes, wichtiges Beispiel dafür. Das subjektive Ich tritt zurück. Der Gegenstand der Beobachtung – das »Ding«; deshalb spricht man auch von einem *Dinggedicht* – deutet sich aus sich selbst. Ohne dass der Vergleich ausgesprochen wird, ist aber zu erkennen, dass die Situation des Panthers hinter den Gitterstäben nur ein Bild für die Situation des Menschen im Gitter äußerer Zwänge ist.

4 Wie sind die drei Strophen aufgebaut? Beschreiben Sie die Reihenfolge der Beobachtungen.

5 Die Außenperspektive ist nicht im ganzen Gedicht durchgehalten. An einzelnen Stellen wechselt die Perspektive. Wie und warum wechselt sie?

Frank Wedekind

Frank Wedekind

Frühlings Erwachen

Frank Wedekind (1864–1918) nannte sein Schauspiel *Frühlings Erwachen* (1891) eine »Kindertragödie«. Der Titel bedeutet im übertragenen Sinn das Erwachen der Sexualität in der Pubertät. Wedekinds psychologische Analyse richtet sich gegen die Erwachsenen und wirbt um Verständnis für die Nöte der Heranwachsenden, die sich allein gelassen fühlen. Die Eltern, selbst Opfer einer sexualfeindlichen Erziehung, geben das Sprachtabu, dass Sexualität kein Thema sei, unkritisch weiter oder versuchen, die realen Folgen ihrer falschen Erziehung durch einen Eingriff zu beheben. Pubertäre Selbstaufklärung der Betroffenen – für Wedekind ein ohnmächtiger Hilferuf – wird von den Erziehern und Eltern wie ein Angriff auf die öffentliche Moral schärfstens geahndet. Wedekind führte in dieser Tragödie die Folgen bis zur Katastrophe vor. Die staatliche Zensur reagierte empört; das Stück war mehrere Jahre verboten.

Schon die Eingangsszene zeigt, wie Eltern und Kinder aneinander vorbeireden. Was eigentlich gesagt werden müsste – als elterliche Hilfe –, wird übergangen oder umständlich verschlüsselt:

Erste Szene
Wohnzimmer.

WENDLA Warum hast du mir das Kleid so lang gemacht, Mutter?

FRAU BERGMANN Du wirst vierzehn Jahr heute!

WENDLA Hätt' ich gewusst, dass du mir das Kleid so lang machen werdest, ich wäre lieber nicht vierzehn geworden.

FRAU BERGMANN Das Kleid ist nicht zu lang, Wendla. Was willst du denn! Kann ich dafür, dass mein Kind mit jedem Frühling wieder zwei Zoll größer ist? Du darfst doch als ausgewachsenes Mädchen nicht in Prinzesskleidchen einhergehen.

WENDLA Jedenfalls steht mir mein Prinzesskleidchen besser als diese Nachtschlumpe. – Lass mich's noch einmal tragen, Mutter! Nur noch den Sommer lang. Ob ich nun vierzehn zähle oder fünfzehn, dies Bußgewand wird mir immer noch recht sein. – Heben wir's auf bis zu meinem nächsten Geburtstag; jetzt würd' ich doch nur die Litze heruntertreten.

Frau Bergmann Ich weiß nicht, was ich sagen soll. Ich würde dich ja gerne so behalten, Kind, wie du gerade bist. Andere Mädchen sind stakig und plump in deinem Alter. Du bist das Gegenteil. – Wer weiß, wie du sein wirst, wenn sich die andern entwickelt haben.

Wendla Wer weiß – vielleicht werde ich nicht mehr sein.

Frau Bergmann Kind, Kind, wie kommst du auf die Gedanken!

Wendla Nicht, liebe Mutter; nicht traurig sein!

Frau Bergmann *(sie küssend)* Mein einziges Herzblatt!

Wendla Sie kommen mir so des Abends, wenn ich nicht einschlafe. Mir ist gar nicht traurig dabei, und ich weiß, dass ich dann um so besser schlafe. –

Ist es sündhaft, Mutter, über derlei zu sinnen?

Frau Bergmann Geh denn und häng das Bußgewand in den Schrank! Zieh in Gottes Namen dein Prinzesskleidchen wieder an! – Ich werde dir gelegentlich eine Handbreit Volants unten ansetzen.

Wendla *(das Kleid in den Schrank hängend)* Nein, da möcht' ich schon lieber gleich vollends zwanzig sein ...!

Frau Bergmann Wenn du nur nicht zu kalt hast! – Das Kleidchen war dir ja seinerzeit reichlich lang; aber ...

Wendla Jetzt, wo der Sommer kommt? – O Mutter, in den Kniekehlen bekommt man auch als Kind keine Diphtheritis! Wer wird so kleinmütig sein. In meinen Jahren friert man noch nicht – am wenigsten an die Beine. Wär's etwa besser, wenn ich zu heiß hätte, Mutter? – Dank es dem lieben Gott, wenn sich dein Herzblatt nicht eines Morgens die Ärmel wegstutzt und dir so zwischen Licht abends ohne Schuhe und Strümpfe entgegentritt! – Wenn ich mein Bußgewand trage, kleide ich mich darunter wie eine Elfenkönigin ... Nicht schelten, Mütterchen! Es sieht's dann ja niemand mehr.

(Gesammelte Werke, Band II, Verlag Georg Müller, München 1924, S. 97–98)

6 Charakterisieren Sie das Verhältnis zwischen Mutter und Tochter.

7 An welchen Stellen wird in diesem Gespräch Entscheidendes nicht gesagt?

Arthur Schnitzler

Leutnant Gustl

Arthur Schnitzler

Theodor Fontane hatte in seinen Romanen die Berliner Gesellschaft des ausgehenden Jahrhunderts beschrieben, **Arthur Schnitzler** (1862–1931) befasste sich in seinen Dramen und Erzählungen mit der Wiener Gesellschaft. Fontane war der sozialkritische Beobachter, Schnitzler der psychologische.

In der Novelle *Leutnant Gustl* (1900) setzte Schnitzler für die satirische Selbstentlarvung der Titelfigur den *inneren Monolog* ein, – ein Selbstgespräch, das nur im Kopf einer Person abläuft. Leutnant Gustl wird nach einem Konzert von einem Bäckermeister beleidigt. Da der Leutnant diese Schmach nicht durch ein Duell beseitigen kann – denn der Bäcker ist als Bürgerlicher nicht »satisfaktionsfähig« –, glaubt er, sich selbst erschießen zu müssen. Nach einer durchwachten Nacht erfährt er im Kaffeehaus, dass den Bäcker der Schlag getroffen habe. Nach diesem »Mordsglück« lebt Leutnant Gustl wie bisher weiter. Mit Hilfe des inneren Monologs, ohne dass ein kommentierender Autor eingreift, wird der Ich-Erzähler durch seine Selbstbekundungen zur Karikatur seines Milieus, das ihn bestimmt.

Der Textausschnitt setzt ein, kurz bevor Leutnant Gustl ins Kaffeehaus kommt und von seinem »Mordsglück« erfährt:

Orgel – Gesang – hm! – was ist denn das? – Mir ist ganz schwindlig ... O Gott, o Gott, o Gott! Ich möcht' einen Menschen haben, mit dem ich ein Wort reden könnt' vorher! – Das wär' so was – zur Beicht' geh'n! Der möcht' Augen machen, der Pfaff', wenn ich zum Schluss sagen möcht': Habe die Ehre, Hochwürden; jetzt geh' ich mich umbringen! ... – Am liebsten läg' ich da auf dem Steinboden und tät' heulen ... Ah nein, das darf man nicht tun! Aber weinen tut manchmal so gut ... Setzen wir uns einen Moment – aber nicht wieder einschlafen wie im Prater! ... – Die Leut', die eine Religion haben, sind doch besser dran ... Na, jetzt fangen mir gar die Händ' zu zittern an! ... Wenn's so weitergeht, werd' ich mir selber auf die Letzt' so ekelhaft, dass ich mich vor lauter Schand' umbring'! – Das alte Weib da – um was betet denn die noch? ... Wär' eine Idee, wenn ich ihr sagen möcht': Sie, schließen Sie mich auch ein ... ich hab' das nicht ordentlich gelernt, wie man das macht ... Ha! mir scheint, das Sterben macht blöd'! – Aufsteh'n! – Woran erinnert mich denn nur die Melodie? – Heiliger Himmel! gestern Abend! – Fort, fort! das halt' ich gar nicht aus! ... Pst! Keinen solchen Lärm, nicht mit dem Säbel schleppern – die Leut' nicht in der Andacht stören – so! – doch besser im Freien ... Licht ... Ah, es kommt immer näher – wenn es lieber schon vorbei wär'! – Ich hätt's gleich tun sollen – im Prater ... man sollt' nie ohne Revolver ausgehn ... Hätt' ich gestern Abend einen gehabt ... Herrgott noch einmal! – In das Kaffeehaus könnt' ich geh'n frühstücken ... Hunger hab' ich ... Früher ist's mir immer sonderbar vorgekommen, dass die Leut', die verurteilt sind, in der Früh noch ihren Kaffee trinken und ihr Zigarrl rauchen ... Donnerwetter, geraucht hab' ich gar nicht! gar keine Lust zum Rauchen! – Es ist komisch: ich hätt' Lust, in mein Kaffeehaus zu geh'n ... Ja, aufgesperrt ist schon, und von uns ist jetzt doch keiner dort – und wenn schon ... ist höchstens ein Zeichen von Kaltblütigkeit. »Um sechs hat er noch im Kaffeehaus gefrühstückt, und um sieben hat er sich erschossen« ... – Ganz ruhig bin ich wieder ... das Gehen ist so angenehm – und das Schönste ist, dass mich keiner zwingt. – Wenn ich wollt', könnt' ich noch immer den ganzen Krempel hinschmeißen ... Amerika ... Was ist das: »Krempel«? Was ist ein »Krempel«? Mir scheint, ich hab' den Sonnenstich! ... Oho, bin ich vielleicht deshalb so ruhig, weil ich mir immer noch einbild', ich muss nicht? ... Ich muss! Ich muss! Nein, ich will! – Kannst du dir denn überhaupt vorstellen, Gustl, dass du dir die Uniform ausziehst und durchgehst? Und der verfluchte Hund lacht sich den Buckel voll –

(Gesammelte Werke, Die erzählenden Schriften, Band I, S. Fischer Verlag, Frankfurt/Main 1961, S. 360 f.)

8 Durch den inneren Monolog werden Stimmungen und Zustände unmittelbar wiedergegeben, ohne dass die Sätze ausformuliert sind. An welchen Stellen lässt sich dies besonders gut zeigen?

9 Vergleichen Sie Innstettens Äußerungen über das „tyrannisierende Gesellschafts-Etwas“ in Fontanes Roman *Effi Briest* (S. 173 ff.) mit dem Selbstgespräch des Leutnant Gustl.

Thomas Mann

Thomas Mann

Buddenbrooks

Thomas Mann (1875–1955) knüpfte bewusst an traditionelle Erzählformen an. Auch die breit angelegten Darstellungen aus dem großbürgerlichen Milieu fielen nicht aus dem Rahmen des bürgerlichen Realismus. Das faszinierend Neue war aber, dass Thomas Mann die überlieferten Erzählformen an der Wirklichkeit scheitern ließ; er machte die Unmöglichkeit, den Prozess der gesellschaftlichen und kulturellen Veränderungen im gewohnten literarischen Gewande wiederzugeben, selbst zum Thema.

Dies gilt schon für seinen ersten und größten Erfolg, für den Roman *Buddenbrooks* (1901). Die Handlung läuft über vier Generationen zwischen 1835 und 1877. Die Buddenbrooks, ein altes Lübecker Handelshaus, sind noch davon überzeugt, dass ein solides Geschäftsgebaren die Voraussetzung für wirtschaftlichen Erfolg sei. Aber sie geraten immer mehr in Konflikt mit den realen kapitalistischen Verhältnissen und müssen die Firma schließlich aufgeben. Dieser Erzählverlauf wird von einem wichtigen zweiten Motiv überlagert: In dem Maße, wie die wirtschaftliche Absicherung der Buddenbrooks »verfällt«, wächst die künstlerische Kultur in der Familie. Thomas Mann und seine Gestalten entscheiden sich nicht klar und unwiderruflich für die Kunst und gegen die nüchterne Wirklichkeit. Im Gesamtwerk bleibt beides in der Schwebe; es ist ein durchlaufendes Thema.

Der Schluss des Romans ist eine Abschiedsszene unter Frauen. Frau Permaneder – in der Familie heißt sie Tony –, die Schwester des verstorbenen Senators Thomas Buddenbrook, unter dessen Leitung das Familienunternehmen seinen Höhepunkt und plötzlichen Sturz erlebte, will nach dem Tod ihres Neffen Hanno wenigstens die Erinnerung an die Familiengeschichte wachhalten. Zum Abschied ihrer verwitweten Schwägerin Gerda Buddenbrook lädt sie nochmals alle ein, die das Geschick der Familie begleitet haben. Mit diesem abschließenden Gespräch unter den Frauen, die immer nur Betroffene waren, selbst keine großen Entscheidungen treffen konnten, endet dieser »Verfall einer Familie«, wie der Roman im Untertitel heißt, zumindest mit einer versöhnlichen Geste:

»Es ist nicht recht, es ist nicht recht, Gerda!« sagte das alte Fräulein Weichbrodt wohl zum hundertsten Male bekümmert und vorwurfsvoll. Sie nahm heute abend im Wohnzimmer ihrer ehemaligen Schülerin einen Sofaplatz in dem Kreise ein, der von Gerda Buddenbrook, Frau Permaneder, ihrer Tochter Erika, der armen Klothilde und den drei Damen Buddenbrook aus der Breiten Straße um den runden Mitteltisch gebildet ward. Die grünen Bänder ihrer Haube fielen auf ihre Kinderschultern hinab, von denen sie die eine ganz hoch emporziehen mußte, um den Oberarm auf der Tischplatte gestikulieren lassen zu können; so winzig war sie mit ihren fünfundsiebenzig Jahren geworden.

»Es ist nicht recht, laß dir sagen, daß es nicht wohlgetan ist, Gerda!« wiederholte sie mit eifernder und zitternder Stimme. »Ich stehe mit einem Fuße im Grabe, mir bleibt nur eine kurze Frist, und du willst mich ... Du willst uns verlassen, willst dich auf immer von uns trennen ... fortziehen. Wenn es eine Reise, einen Besuch in Amsterdam gälte ... allein auf immer!« Und sie schüttelte ihren alten Vogelkopf mit den braunen, gescheiten, betrübten Augen. »Es ist wahr, daß du vieles verloren hast ...«

»Nein, sie hat alles verloren«, sagte Frau Permaneder. »Wir dürfen nicht egoistisch sein, Therese. Gerda will gehen, und sie geht, da ist nichts zu tun. Sie ist mit Thomas gekommen, vor einundzwanzig Jahren, und wir haben sie alle geliebt, obgleich wir ihr wohl immer widerwärtig waren ... ja, das waren wir, Gerda, keine Widerrede! Aber Thomas ist nicht mehr, und ... niemand ist mehr. Was sind wir ihr? Uns tut es weh, aber reise mit Gott, Gerda, und Dank, daß du nicht schon früher reistest, damals, als Thomas starb ...«

Es war nach dem Abendbrot, im Herbst; der kleine Johann (Justus, Johann, Kaspar) lag ungefähr seit sechs Monaten, mit den Segnungen Pastor Pringsheims wohl versehen, dort draußen am Rande des Gehölzes unter dem Sandsteinkreuz und dem Familienwappen. Vorm Hause rauschte der Regen in den halbentblätterten Bäumen der Allee. Manchmal kamen Windstöße und trieben ihn gegen die Fensterscheiben. Alle acht Damen waren schwarz gekleidet.

Es war eine kleine Familienzusammenkunft, um Abschied zu nehmen, Abschied von Gerda Buddenbrook, die im Begriff stand, die Stadt zu verlassen und nach Amsterdam zurückzukehren, um wie ehemals mit ihrem alten Vater Duos zu spielen. Keine Verpflichtung hielt sie mehr zurück. Frau Permaneder hatte diesem Entschlusse nichts mehr entgegenzuhalten. Sie ergab sich darein, aber in ihrem Innern war sie tief unglücklich darüber. Wäre die Witwe des Senators in der Stadt verblieben, hätte sie sich Platz und Rang in der Gesellschaft gewahrt und ihr Vermögen am Platze gelassen, so wäre dem Namen der Familie doch ein wenig Prestige erhalten geblieben ... Mochte dem nun wie immer sein, Frau Antonie war gewillt, den Kopf hoch zu tragen, solange sie über der Erde weilte und Menschen auf sie blickten. Ihr Großvater war vierspännig über Land gefahren ...

Trotz des bewegten Lebens, das hinter ihr lag, und trotz der Schwäche ihres Magens sah man ihr ihre fünfzig Jahre nicht an. Ihr Teint war ein wenig flaumig und matt geworden, und auf ihrer Oberlippe – der hübschen Oberlippe Tony Buddenbrooks – wuchsen die Härchen reichlicher; aber in dem glatten Scheitel unter dem Trauerhäubchen war nicht ein einziger weißer Faden zu sehen.

Ihre Cousine, die arme Klothilde, nahm Gerdas Abreise, wie man alle Dinge im Diesseits zu nehmen hat, gleichmütig und sanft. Sie hatte vorhin beim Abendessen still und gewaltig zugelangt und saß nun da, aschgrau und mager wie stets, mit gedehnten und freundlichen Worten.

Erika Weinschenk, nun einunddreißigjährig, war ebenfalls nicht die Frau, sich über den Abschied von ihrer Tante zu erregen. Sie hatte Schwereres erlebt und sich frühzeitig ein resigniertes Wesen zu eigen gemacht. In ihren müde blickenden, wasserblauen Augen – den Augen Herrn Grünlichs – las man Ergebenheit in ein fehlgeschlagenes Leben, und aus ihrer gelassenen und manchmal ein wenig klagenden Stimme klang dasselbe.

Was die drei Damen Buddenbrook, die Töchter Onkel Gottholds, betraf, so waren ihre Mienen piktiert und voll Kritik, wie gewöhnlich. Friederike und Henriette, die älteren, waren mit den Jahren immer hagerer und spitzer geworden, während Pfiffi, die dreiundfünfzigjährige jüngste, allzu klein und beleibt erschien ...

Auch die alte Konsulin Kröger, die Witwe Onkel Justus', war geladen worden; aber sie war unpäßlich und hatte vielleicht auch kein präsentables Kleid anzuziehen; das war nicht zu entscheiden.

Es war von Gerda's Reise die Rede, von dem Zuge, mit dem sie zu fahren gedachte, und dem Verkaufe der Villa samt den Möbeln, den der Makler Gosch übernommen hatte. Denn Gerda nahm nichts mit und ging fort, wie sie gekommen war.

Dann kam Frau Permaneder auf das Leben zu sprechen, nahm es von seiner wichtigsten Seite und stellte Betrachtungen an über Vergangenheit und Zukunft, obgleich über die Zukunft fast gar nichts zu sagen war.

»Ja, wenn ich tot bin, kann Erika meinetwegen auch davonziehen«, sagte sie, »aber ich halte es sonst nirgends aus, und solange ich am Leben bin, wollen wir hier zusammenhalten, wir paar Leute, die wir übrigbleiben ... Einmal in der Woche kommt ihr zu mir zum Essen ... Und dann lesen wir in den Familienpapieren –« Sie berührte die Mappe, die vor ihr lag. »Ja, Gerda, ich übernehme sie mit Dank. – Das ist abgemacht ... Hörst du, Thilda? ... Obgleich nun eigentlich ebensogut du es sein könntest, die uns einlüde, denn im Grunde stehst du dich ja gar nicht mehr schlechter als wir. Ja, so geht es. Man müht sich und nimmt Anläufe und kämpft ... und du hast dagesessen und geduldig alles abgewartet. Aber darum bist du doch ein Kamel, Thilda, das nimm mir nicht übel ...«

»Oh, Tony?« sagte Klothilde lächelnd.

»Es tut mir leid, dass ich mich von Christian nicht verabschieden kann«, sagte Gerda, und so kam die Rede auf Christian. Es war wenig Aussicht vorhanden, daß er je aus der Anstalt, in der er saß, wieder hervorgehen würde, obgleich es wohl nicht so schlimm mit ihm stand, daß er nicht hätte in Freiheit umhergehen können. Aber seiner Gattin war der gegenwärtige Zustand allzu angenehm, sie war, wie Frau Permaneder behauptete, mit dem Arzte im Bunde, und voraussichtlich würde Christian seine Tage in der Anstalt beschließen.

Dann entstand eine Pause. Leise und zögernd wandte das Gespräch sich den jüngst vergangenen Ereignissen zu, und als der Name des kleinen Johann gefallen war, ward es wieder stumm in der Stube, und nur den Regen vorm Hause hörte man stärker rauschen.

Es lag wie ein schweres Geheimnis über Hanno's letzter Krankheit, die in außerordentlich schrecklicher Weise vor sich gegangen sein mußte. Man blickte sich nicht an, während man, gedämpften Tones, in Andeutungen und halben Worten davon sprach. Und dann rief man sich jene letzte Episode ins Gedächtnis zurück ... den Besuch dieses kleinen, abgerissenen Grafen, der sich beinahe mit Gewalt den Weg zum Krankenzimmer gebahnt hatte ... Hanno hatte gelächelt, als er seine Stimme vernahm, obgleich er sonst niemanden mehr erkannte, und Kai hatte ihm unaufhörlich beide Hände geküsst.

»Er hat ihm die Hände geküßt?« fragten die Damen Buddenbrook ...

»Ja, viele Male.«

Hierüber dachten alle eine Weile nach.

Plötzlich brach Frau Permaneder in Tränen aus.

»Ich habe ihn so geliebt«, schluchzte sie ... »Ihr wisst nicht, wie sehr ich ihn geliebt habe ... mehr als ihr alle ... ja, verzeih, Gerda, du bist die Mutter ... Ach, er war ein Engel ...«

»Nun ist er ein Engel«, verbesserte Sesemi.

»Hanno, kleiner Hanno«, fuhr Frau Permaneder fort, und die Tränen flossen über die flaumige, matte Haut ihrer Wangen ... »Tom, Vater, Großvater und die anderen alle! Wo sind sie hin? Man sieht sie nicht mehr. Ach, es ist so hart und traurig!«

»Es gibt ein Wiedersehen«, sagte Friederike Buddenbrook, wobei sie die Hände fest im Schoße zusammenlegte, die Augen niederschlug und mit ihrer Nase in die Luft stach.

»Ja, so sagt man ... Ach, es gibt Stunden, Friederike, wo es kein Trost ist, Gott strafe mich, wo man irre wird an der Gerechtigkeit, an der Güte ... an allem. Das Leben, wißt ihr, zerbricht so manches in uns, es läßt so manchen Glauben zuschanden werden ... Ein Wiedersehen ... Wenn es so wäre ...«

Da aber kam Sesemi Weichbrodt am Tische in die Höhe, so hoch sie nur irgend konnte. Sie stellte sich auf die Zehenspitzen, reckte den Hals, pochte auf die Platte, und die Haube zitterte auf ihrem Kopfe.

»Es ist so!« sagte sie mit ihrer ganzen Kraft und blickte alle herausfordernd an.

Sie stand da, eine Siegerin in dem guten Streite, den sie während der Zeit ihres Lebens gegen die Anfechtungen von seiten ihrer Lehrerinnenvernunft geführt hatte, bucklig, winzig und bebend vor Überzeugung, eine kleine, strafende, begeisterte Prophetin.

(Verlag G. B. Fischer, Berlin und Frankfurt/Main 1963, S. 666–670)

10 Tony versucht die Restfamilie zusammenzuhalten. Was ist ihr Beweggrund? Vergleichen Sie Tonys Argumente mit den Aussagen der anderen Frauen.

Hermann Hesse

Hermann Hesse

Unterm Rad

Hans Giebenrath ist in dem Schülerroman *Unterm Rad* (1906) von **Hermann Hesse** (1877–1962) hilflos dem lebensleeren Erziehungsapparat einer nur noch formalen Bildungstradition ausgeliefert. Anfänglich fügt er sich dem Erwartungsdenken seiner Eltern. Als ihm aber auf dem Internat der Umgang mit seinem Freund Hermann Heilner verboten wird und dieser, weil er seine Gedanken nicht zensieren lassen will, die Schule verlassen muss, wird Hans krank; seine »Leistungen« gehen zurück:

Wie ein Hamster mit aufgespeicherten Vorräten, so erhielt sich Hans mit seiner früher erworbenen Gelehrsamkeit noch einige Frist am Leben. Dann begann ein peinliches Darben, durch kurze und kraftlose neue Anläufe unterbrochen, deren Hoffnungslosigkeit ihn schier selber lächerte. Er unterließ es nun, sich nutzlos zu plagen, warf den Homer dem Pentateuch und die Algebra dem Xenophon nach und sah ohne Aufregung zu, wie bei den Lehrern sein guter Ruf stufenweise herabsank, von gut auf ziemlich, von ziemlich auf mittelmäßig und endlich auf Null. Wenn er nicht Kopfweh hatte, was jetzt wieder die Regel war, so dachte er an Hermann Heilner, träumte seine leichten, großäugigen Träume und dämmerte stundenlang in Halbgedanken hin. Auf die sich mehrenden Vorwürfe aller Lehrer antwortete er neuerdings durch ein gutmütiges, demütiges Lächeln. Repetent Wiedrich, ein freundlicher junger Lehrer, war der einzige, dem dies hilflose Lächeln weh tat und der den aus der Bahn gekommenen Knaben mit einer mitleidigen Schonung behandelte. Die übrigen Lehrer waren über ihn entrüstet, straften ihn durch verächtliches Sitzenlassen oder versuchten gelegentlich seinen eingeschlafenen Ehrgeiz durch ironisches Kitzeln aufzuwecken.

»Falls Sie gerade nicht schlafen sollten, darf ich Sie vielleicht ersuchen, diesen Satz zu lesen?«

Vornehm indigniert war der Ephorus. Der eitle Mann bildete sich viel auf die Macht seines Blickes ein und war außer sich, wenn Giebenrath seinem majestätisch drohenden Augenrollen immer wieder sein demütig ergebenes Lächeln entgegenhielt, das ihn allmählich nervös machte.

»Lächeln Sie nicht so bodenlos stupid, Sie hätten eher Grund zu heulen.«

Mehr Eindruck machte ein väterlicher Brief, der ihn voll Entsetzen beschwor, sich zu bessern. Der Ephorus hatte an Vater Giebenrath geschrieben, und dieser war heillos erschrocken. Sein Brief an Hans war eine Sammlung aller aufmunternden und sittlich

entrüsteten Redensarten, über die der wackere Mann verfügte, und ließ doch, ohne es zu wollen, eine weinerliche Kläglichkeit durchscheinen, welche dem Sohn wehe tat.
Alle diese ihrer Pflicht beflissenen Lehrer der Jugend, vom Ephorus bis auf den Papa Giebenrath, Professoren und Repetenten, sahen in Hans ein Hindernis ihrer Wünsche, etwas Verstocktes und Träges, das man zwingen und mit Gewalt auf gute Wege zurückbringen müsse. Keiner, außer vielleicht jenem mitleidigen Repetenten, sah hinter dem hilflosen Lächeln des schmalen Knabengesichts eine untergehende Seele leiden und im Ertrinken angstvoll und verzweifelnd um sich blicken. Und keiner dachte etwa daran, daß die Schule und der barbarische Ehrgeiz eines Vaters und einiger Lehrer dieses gebrechliche Wesen soweit gebracht hatten. Warum hatte er in den empfindlichsten und gefährlichsten Knabenjahren täglich bis in die Nacht hinein arbeiten müssen? Warum hatte man ihm seine Kaninchen weggenommen, ihn den Kameraden in der Lateinschule mit Absicht entfremdet, ihm Angeln und Bummeln verboten und ihm das hohle, gemeine Ideal eines schäbigen, aufreibenden Ehrgeizes eingeimpft? Warum hatte man ihm selbst nach dem Examen die wohlverdienten Ferien nicht gegönnt?
Nun lag das überhetzte Rößlein am Weg und war nicht mehr zu brauchen.
Gegen Sommersanfang erklärte der Oberamtsarzt nochmals, es handle sich um einen nervösen Schwächezustand, der hauptsächlich vom Wachsen herkomme. Hans solle sich in den Ferien tüchtig herauspflegen lassen, genug essen und viel in den Wald laufen, so werde er sich schon bessern.
Leider kam es gar nicht so weit. Es war noch drei Wochen vor den Ferien, als Hans in einer Nachmittagslektion vom Professor heftig gescholten wurde. Während der Lehrer noch weiterschimpfte, sank Hans in die Bank zurück, begann ängstlich zu zittern und brach in einen langdauernden Weinkrampf aus, der die ganze Lektion unterbrach. Darauf lag er einen halben Tag im Bett.

(Gesammelte Werke, Band II, Suhrkamp Verlag, Frankfurt/Main 1970, S. 116–118)

Hans verlässt das Internat. Er kehrt nicht mehr zurück. Seine Eltern stecken ihn in eine Lehre. Als er tot im Wasser gefunden wird – niemand weiß, ob es Unfall oder Selbstmord war –, trauert man um den Jungen, „aus dem noch etwas hätte werden können". Ein spätes Gegenstück zu dieser ausweglosen Geschichte ist Hesses utopischer Roman einer Erziehungsgemeinschaft ohne jeglichen Zwang: *Das Glasperlenspiel* (1943).

11 Hesse verwendete für seine Schulgeschichte Bezeichnungen und Begriffe, die heute nicht mehr üblich sind. Stellen Sie alles zusammen, was Ihnen fremd erscheint. Befragen Sie ein Fremdwörterbuch oder ein Lexikon.

12 Wie wird in dem Textausschnitt das Verhältnis zwischen den Erwartungen der »Gesellschaft« (Eltern, Lehrer usw.) und den Wünschen des eigentlich Betroffenen, des jungen Menschen dargestellt?

Die Bezeichnung »*Gegenströmungen zum Naturalismus*«, die sich in den meisten Literaturgeschichten durchgesetzt hat, ist ein schillernder Sammelbegriff; sie zeigt nur, dass um die Jahrhundertwende (von 1890 bis 1920) im literarischen Leben eine rege und oft auch widersprüchliche Diskussion stattfand.

Entschiedene Gegner des *Naturalismus* waren die *Symbolisten*, die der Kunst einen Eigenwert unabhängig von ihrem Bezug zum realen Leben beimaßen, und die *Impressionisten*, die den unmittelbaren Eindruck einer Empfindung oder eines Erlebnisses sprachlich fassen wollten, auch außerhalb der üblichen Redeformen. In der Darstellungsweise des *(bürgerlichen/poetischen) Realismus* erweiterte sich die Thematik zum *psychologischen Realismus* und zur *bürgerlichen Gesellschaftskritik*. In den psychologischen Studien, die eine Art Selbstbefragung sind, vergleichen die Betroffenen ihr eigenes Verhalten mit den erwarteten Reaktionen der Außenwelt; sie unterwerfen sich dem öffentlichen Zwang.

Die Kritik an den Normen einer nach außen stabilen Gesellschaftsordnung richtete sich im Bürgertum vor allem auf den Widerspruch oder die Spannung zwischen den wirtschaftlichen Zwängen und den Bildungsvorstellungen. Einerseits identifizierte man sich mit dem Idealbild der deutschen Klassik, das im 19. Jahrhundert entstand, dass nämlich die persönliche Bildung über allem stünde, – andererseits war der Alltag von Konkurrenzgeschäften geprägt, in denen Bildung keine Rolle spielte. Thomas Mann nannte seinen Roman *Buddenbrooks* (1901) im Untertitel »Verfall einer Familie«. Dies war nicht als Vorwurf gemeint, viel eher als eine Kritik an der Rücksichtslosigkeit des nur erfolgsorientierten Handelns der Konkurrenten.

Metropolis. Gemälde von George Grosz (1893–1959)

Expressionismus (1910–1925)

Der Begriff *Expressionismus* wurde zuerst für die bildende Kunst verwendet. Er kennzeichnete eine Richtung, die sich vom Impressionismus abgrenzte, die statt »Eindruckskunst« eine »Ausdruckskunst« sein wollte. In der Literatur verstand man darunter sehr bald das Bestreben, sich von naturalistischer Nachahmung zu lösen und der äußeren Bilderwelt eine eigene, sehr subjektiv geprägte entgegenzusetzen.

Trotzdem fällt es schwer, die Literatur des »expressionistischen Jahrzehnts«, wie Gottfried Benn es nannte, als Einheit zu sehen – außer in der Forderung nach einem entschiedenen subjektiven Ansatz. Es gab Gemeinsamkeiten in der Wahl der Themen: – der Protest gegen die Vätergeneration der Gründerzeit (seit 1871) und gegen ihr profitables Einverständnis mit der staatlichen Aufrüstung (seit 1898) – Landflucht als Folge der Suche nach

Arbeit – die Entfremdung und Vereinsamung des Einzelnen in der Anonymität der Großstädte – das Auseinanderklaffen der Schere zwischen Kapital (Unternehmer) und Arbeit (Proletariat) usw. Die Antworten auf den gesellschaftlichen »Befund« waren aber sehr unterschiedlich. Dies äußerte sich auch in der Sprache. Zu Beginn richtete sich die expressionistische Bewegung noch gegen die großbürgerliche Gesellschaftsordnung des Kaiserreiches, unter dem Eindruck der Materialschlachten im Ersten Weltkrieg wandelte sie sich aber zu einer radikal-pazifistischen Alternative. In den ekstatischen Aufrufen vieler Expressionisten zu moralischer Erneuerung, zu Menschlichkeit, dokumentiert sich für die Nachwelt der verzweifelte Versuch, eine neue Gesellschaft zu entwerfen, die keinen Konflikt zwischen der Gemeinschaft und dem Einzelnen kennt. Die Expressionisten haben mit ihrem moralischen Appell zum solidarischen Handeln, auch wenn sie am Lauf der Ereignisse nichts ändern konnten, trotzdem Zeichen gesetzt.

Innerhalb der expressionistischen Literatur sind drei, zum Teil sich überlagernde Strömungen zu nennen:

- Die »messianische« Strömung forderte eine Erneuerung aus dem Geist brüderlicher Nächstenliebe: Gerrit Engelke, *Mensch zu Mensch*.
- Die »revolutionäre« oder »aktionistische« Strömung strebte eine sozialistische Gesellschaftsordnung an: Ernst Toller, *Die Wandlung*.
- Die »diagnostizierende« Strömung beschränkte sich auf eine schonungslose Offenlegung des gesellschaftlichen Befundes: Gottfried Benn, *Kleine Aster*.

Georg Heym

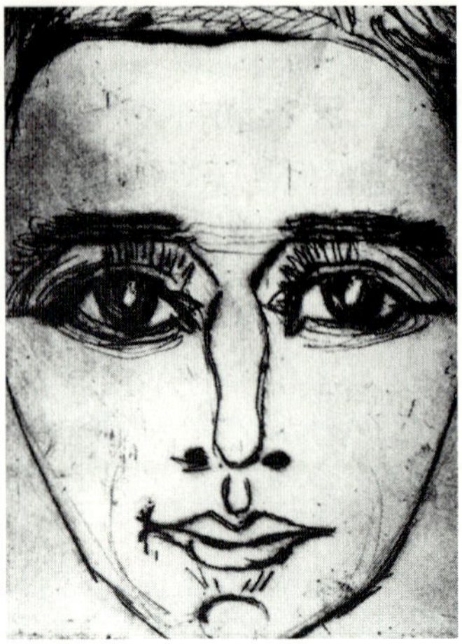

Georg Heym

Der Gott der Stadt

Auf einem Häuserblocke sitzt er breit.
Die Winde lagern schwarz um seine Stirn.
Er schaut voll Wut, wo fern in Einsamkeit
Die letzten Häuser in das Land verirrn.

Vom Abend glänzt der rote Bauch dem Baal,[1]
Die großen Städte knien um ihn her.
Der Kirchenglocken ungeheure Zahl
Wogt auf zu ihm aus schwarzer Türme Meer.

Wie Korybanten[2]-Tanz dröhnt die Musik
Der Millionen durch die Straßen laut.
Der Schlote Rauch, die Wolken der Fabrik
Ziehn auf zu ihm, wie Duft von Weihrauch blaut.

Das Wetter schwelt in seinen Augenbrauen.
Der dunkle Abend wird in Nacht betäubt.
Die Stürme flattern, die wie Geier schauen
Von seinem Haupthaar, das im Zorne sträubt.

Er streckt ins Dunkel seine Fleischerfaust.
Er schüttelt sie. Ein Meer von Feuer jagt
Durch eine Straße. Und der Glutqualm braust
Und frisst sie auf, bis spät der Morgen tagt.

[1] altorientalische Gottheit, »Herr der Erde« [2] Priester der phrygischen Muttergöttin Kybele

(Dichtungen und Schriften, Band I, Verlag Ellermann, Hamburg und München, S. 192)

Schon der Titel des Gedichtes *Der Gott der Stadt* (1910) von **Georg Heym** (1887–1912) deutet an, dass es sich um keine realistische Stadtbeschreibung handelt. Vielmehr ist ein Gefühl der Angst in einem Albtraum wiedergegeben: Der alles verschlingende Gott Baal bedroht die Stadt. Diese Umgestaltung der Szene in eine Ausdruckswelt des Phantastischen ist das eigentlich Expressionistische an diesem Text.

1 Versuchen Sie, diese Bilderwelt und die vielfachen Anspielungen (knien, Glocken, Weihrauch) aufzulösen. Welche Angst oder Kritik verbirgt sich hinter diesen Bildern?

Jakob van Hoddis

Weltende

Dem Bürger fliegt vom spitzen Kopf der Hut,
In allen Lüften hallt es wie Geschrei,
Dachdecker stürzen ab und gehen entzwei
Und an den Küsten – liest man – steigt die Flut.

Der Sturm ist da, die wilden Meere hupfen
An Land, um dicke Dämme zu zerdrücken.
Die meisten Menschen haben einen Schnupfen.
Die Eisenbahnen fallen von den Brücken.

(Weltende, Gesammelte Dichtungen, Verlag die Arche, Zürich 1958, S. 28)

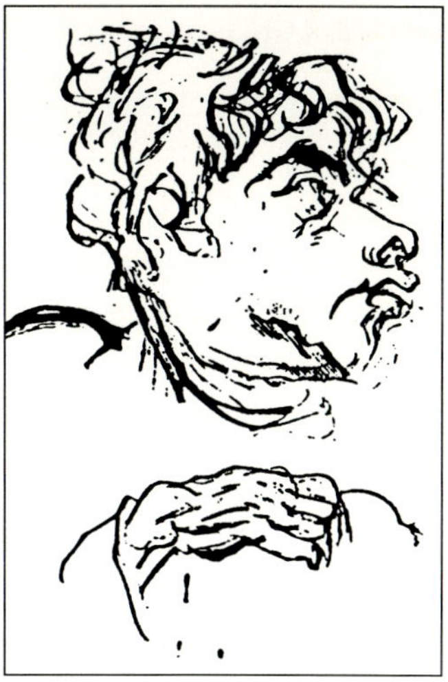

Jakob van Hoddis

Diesen Text las **Jakob von Hoddis** (1887–1942) erstmals 1910 in einem literarischen Kabarett; 1911 erschien er in der Berliner Zeitschrift »Der Demokrat«. Das Gedicht rief Bestürzung und Begeisterung hervor; es war eine Provokation. Wenige Jahre vor Ausbruch des Ersten Weltkriegs wurden in dieser bitterbösen Montage Katastrophenberichte und die offensichtliche Gleichgültigkeit des »Bürgers« kommentarlos wiedergegeben.

2 In der Aneinanderreihung von Katastrophen und Belanglosigkeiten verfährt der Autor scheinbar sehr zufällig, so als wolle er sich in das Chaos nicht einmischen. Vergleichen Sie dazu die »ordentliche« Gestalt des Textes – das Versmaß, den Strophenbau, das Reimschema. Lässt sie vielleicht eine Schlussfolgerung zu?

3 Vergleichen Sie die beiden Gedichte *Der Gott der Stadt* (S. 212) und *Weltende*. Beide sind „Katastrophenberichte“. Worin unterscheiden sie sich?

Georg Trakl

Georg Trakl

Im Winter

Der Acker leuchtet weiß und klar.
Der Himmel ist einsam und ungeheuer.
Dohlen kreisen über dem Weiher
Und Jäger steigen nieder vom Wald.

Ein Schweigen in schwarzen Wipfeln wohnt.
Ein Feuerschein huscht aus den Hütten.
Bisweilen schellt sehr fern ein Schlitten
Und langsam steigt der graue Mond.

Ein Wild verblutet sanft am Rain
Und Raben plätschern in blutigen Gossen.
Das Rohr bebt gelb und aufgeschossen.
Frost, Rauch, ein Schritt im leeren Hain.

(Die Dichtungen, Otto Müller Verlag, Salzburg 1938 ff., S. 34)

Das Gedicht *Im Winter* (1913) von **Georg Trakl** (1887–1914) besteht aus einer Bilderreihe. Die einzelnen Bilder scheinen isoliert zu stehen; aber im Gesamtgefüge der Strophen weisen sie über sich hinaus: Die winterliche Landschaft wandelt sich zu einer Todesahnung. Trakls Bilderwelt besitzt eine eigene Kraft. Nicht die Überprüfbarkeit des Geschehens ist entscheidend, sondern die Gefühle, Stimmungen und Ahnungen, die hervorgerufen werden. Trakl war 1914 als Militärapotheker zu einer Innsbrucker Sanitätskolonne eingezogen worden. Nach der Schlacht bei Grodek nahm er sich aus Verzweiflung über das Elend der Schwerverwundeten das Leben. In dem Gedicht *Grodek* steht die Zeile: „Alle Straßen münden in schwarze Verwesung."

4 Das Gedicht ist in seiner Komposition sehr übersichtlich. Die letzte Zeile der dritten Strophe ist eine Art Zusammenfassung der Beobachtungen – und sie erklärt auch die Abfolge. Was ist der Inhalt dieser Zusammenfassung?

5 Zum Expressionismus (in der Malerei und in der Literatur) gehörte der betonte Einsatz der Farbensymbolik. Lesen Sie das Gedicht gerade unter diesem Gesichtspunkt noch einmal durch.

Gottfried Benn

Gottfried Benn

Kleine Aster

Ein ersoffener Bierfahrer wurde auf den Tisch gestemmt.
Irgendeiner hatte ihm eine dunkelhelllila Aster
zwischen die Zähne geklemmt.
Als ich von der Brust aus
unter der Haut
mit einem langen Messer
Zunge und Gaumen herausschnitt,
muß ich sie angestoßen haben, denn sie glitt
in das nebenliegende Gehirn.
Ich packte sie ihm in die Brusthöhle
zwischen die Holzwolle,
als man zunähte.
Trinke dich satt in deiner Vase!
Ruhe sanft,
kleine Aster!

(Gesammelte Werke, Band III, Limes Verlag, Wiesbaden 1960, S. 7)

1912 veröffentlichte der Berliner Arzt **Gottfried Benn** (1886–1956) neun Gedichte, die begeisterte Zustimmung bei den literarischen »Rebellen« und entrüstete Ablehnung in der bürgerlichen Literaturkritik hervorriefen. Der Zyklus *Morgue* war nach dem Pariser Leichenschauhaus benannt. In diesen Gedichten brach Benn mit allen lyrischen Konventionen des schönen Scheins; bewusst provozierend, zerstörte er die gewohnten poetischen Bilder. In dem Eingangsgedicht *Kleine Aster* ist der Leichnam eines ersoffenen Bierfahrers auf dem Seziertisch die Vase für die Blume.

6 Dieser Text bricht radikal mit den überlieferten Vorstellungen von einem Gedicht. An welchen Einzelheiten lässt sich dies zeigen? Könnte dies auch ein Protest gegen den »schönen Schein« der Poesie sein?

Gerrit Engelke

Gerrit Engelke

Mensch zu Mensch

Menschen, Menschen alle, streckt die Hände
Über Meere, Wälder in die Welt zur Einigkeit!
Dass sich Herz zu Herzen sende:
Neue Zeit!

Starke Rührung soll aus euren Aufenthalten
Flutgleich wellen um den Erdeball,
Mensch-zu-Menschen-Liebe glühe, froh verhalten,
Überall!

Was gilt Westen, Süden, Nähe, Weitsein,
Wenn euch Eine weltentkreiste Seele millionenfältigt!
Euer Mutter-Erde-Blut strömend Ich- und Zeitsein
Überwältigt!

Menschen! Alle ihr aus einem Grunde,
Alle, alle aus dem Ewig-Erde-Schoß,
Reißt euch fort aus Geldkampf, Krieg, der Steinstadt-Runde:
Werdet wieder kindergroß!

Menschen! Alle! Drängt zur Herzbereitschaft!
Drängt zur Krönung euer und der Erde!
Einiggroße Menschheitsfreunde, Welt- und Gottgemeinschaft
Werde!

(Das Gesamtwerk, Paul List Verlag, München 1960, S. 46)

Der Arbeiterdichter **Gerrit Engelke** (1890–1918) fiel noch in den letzten Kriegstagen. Die ersehnte Erneuerung der Gesellschaft hatte er in hymnischen Strophen beschrieben. Der Titel des Gedichtes *Mensch zu Mensch* (1913) findet sich in den Programmen und Werken der Expressionisten mehrfach wieder; er umriss die Hoffnung auf eine andere, auf eine bessere Gesellschaft.

7 In diesem Aufruf zu einer »globalen« Mitmenschlichkeit wagt der Autor auch eine Sprache, die aus dem Rahmen fällt. Zeigen Sie dies an einzelnen Beispielen.

Ernst Toller

Ernst Toller

Die Wandlung

Ernst Toller (1893–1939) gab seinem Drama *Die Wandlung* (1919) den Untertitel »Das Ringen eines Menschen«. In sechs Stationen schildert Toller den verzweifelten Kampf des deutschen Juden Friedrich, der autobiographische Züge trägt, aus seiner rassischen Isolation auszubrechen und in die nationale Gemeinschaft aufgenommen zu werden. Friedrich meldet sich 1914 als Kriegsfreiwilliger; aber im Grauen der Materialschlachten erkennt er, dass nur ein entschiedener Friedenswille in eine befreite Menschheit führen könne. Als Friedrich, dessen Sehnsucht nach nationaler Gemeinschaft sich nun in eine Sehnsucht nach Weltverbrüderung gewandelt hat, aufgefordert wird, vor einer Volksversammlung zu reden, ruft er zur gewaltlosen Erneuerung auf; nur so könne sich der Mensch wieder seinem ursprünglichen Bilde nähern:

FRIEDRICH Ihr Brüder und Schwestern: Keinen von euch kenne ich und doch weiß ich um euch alle. Du Kind gehst in die Schule und Angst befällt dich auf dem Weg. Das Schulzimmer sieht aus, als ob es Regentag wäre und dabei scheint doch die Sonne. Der Lehrer sitzt auf dem Katheder wie der böse Geist aus einem Märchen, das du heimlich lasest. Er blickt dich zornig an und schilt dich, weil du deine Aufgabe nicht behalten konntest. Und doch ist dein Herz so voll von seltsam Erlebten. Du möchtest ihn so gerne fragen, er aber herrscht dich an und behauptet, du hättest keine Religionsgeschichte gelernt und wärest kein guter Christ. Ich kenne dich, Mädchen, feinknochig und märzzart ... vor ein paar Wochen verließest du die Schule froh, da du glaubtest, Jugend und Freiheit läuteten mit himmlischen Glocken ... Aber nun stehst du in der Fabrik. Von morgens bis abends schlägst du immer wieder einen Hebel zurück. Immer wieder denselben Hebel. Und dein Atem wird schwer in der stickigen Luft und deine Augen füllen sich mit Tränen, wenn du durch die verstaubten Fenster das Licht ahnst, und die Freiheit und Blumen und Jugend.

Ich kenne dich, Frau, verarbeitet und vergrämt, die du in enger Kammer mit deinen hungernden, frierenden Kindern hausest und mit dumpfer Seele und müden Händen deinem Manne die abendliche Türe öffnest.

Ich weiß auch um dich Mann, dass dich Grauen packt, nach Haus zu gehen, in die Stube, wo es übel riecht, und Elend hockt und Krankheit eitert. Weiß um deinen Hass gegen jene, die sich satt essen können und lachen, dass du ins Wirtshaus gehst und

dich betrinkst sinnlos, sinnlos, um nichts mehr zu denken und zu sehen. –
Ich weiß um dich, du Mädchen, um deine wünscheheißen Nächte.
Ich weiß um euch junge Menschen, um euer Suchen nach Gott.
Um dich, du Reicher, der du Geld anhäufst, und alle verachtest, die andern und dich selbst.
Ich kenne dich Frau, fruchtbeladner Baum, den keiner kommt zu stützen, und der bricht und dorrt ob seiner Fülle.
Und du Soldat, eingezwängt in künstlichen Rock, der alles freudige Leben erstarren macht. Ich weiß um deinen erstaunten Blick, wenn du schreitenden Jüngling sahst, den ein Künstler geschaffen. –
Warum konnte der ihn gestalten?
Weil er da ist, wirklich da ist!
Und so seid ihr alle verzerrte Bilder des wirklichen Menschen! Ihr Eingemauerte, ihr Verschüttete, ihr Gekoppelte und Atemkeuchende, ihr Lustlose und Verbitterte! Denn ihr habt den Geist vergraben ...
Gewaltige Maschinen donnern Tage und Nächte.
Tausende von Spaten sind in immerwährender Bewegung, um immer mehr Schutt auf den Geist zu schaufeln.
Eure eignen Herzen sind auf Schusterleisten gespannt. Die Herzen eurer Mitmenschen sind für euch Klingelzüge, an denen ihr nach Belieben ziehen könnt. Ihr werft glitzernde Goldstücke euch zu und redet euch ein, es wären Frühlingsvögel, die durch die Luft flögen und jubilierten. Ihr pflastert eure Wege mit Goldstücken und redet euch ein, ihr ginget über Wiesen von bunten Blumen überwachsen.
Eure Lippen murmeln erstarrte Gesetze, Eisenhäuser von Rost zerfressen. Eure Hände bauen Mauern um euch auf, und ihr sagt, jenseits wären die Wilden.
Ihr pflanzt Hass in eure Kinder, denn ihr wisst nicht mehr um die Liebe. Ihr habt Jesus Christus in Holz geschnitzt und auf ein hölzernes Kreuz genagelt, weil ihr selbst den Kreuzweg nicht gehen wolltet, der ihn zur Erlösung führte ...
Ihr baut Zwingburgen und setzt Zwingherren ein, die nicht Gott, nicht der Menschheit dienen, sondern einem Phantom, einem unheilvollen Phantom.
Und was wisst ihr von den geahnten Tempeln?
Für die Gebärerinnen und ihre Kinder baut ihr raffinierte Pranger – denn ihr versteht euch auf die Mechanik des Folterns.
Ihr Frauen, die ihr Kinder gebärt und sie gleichgültig oder aus falschem Stolz und eitlen Lügen Scheingebilden opfert – ihr seid nicht mehr Mütter.
Ihr seid alle keine Menschen mehr, seid Zerrbilder euer selbst.
Und ihr könntet doch Menschen sein, wenn ihr den Glauben an euch und den Menschen hättet, wenn ihr Erfüllte wäret im Geist. –
Aufrecht schrittet ihr durch die Straßen und heute kriecht ihr gebückt. –
Froh leuchteten eure Augen und heute sind sie halb erblindet. Beschwingt wären eure

Schritte und heute schleppt ihr Eisenklötze hinter euch her. –
Oh, wenn ihr Menschen wäret – unbedingte, freie Menschen.
Im Volk ist während der Rede immer stärker werdende Bewegung eingetreten.
Einige sind hingekniet. Andere vergraben weinend ihren Kopf in Händen. Einige liegen gebrochen am Boden. – Die recken sich freudig empor. Andere breiten die Hände zum Himmel. Ein Jüngling stürzt vor.

JÜNGLING Dass wir es vergaßen! Wir sind doch Menschen!

EIN PAAR FRAUEN UND MÄDCHEN *halblaut* Wir sind doch Menschen!

ALLE *aufschreiend* Wir sind doch Menschen!

ALLE *leis, als ob sie lächelten* Wir sind doch Menschen! *Stille.*

FRIEDRICH Nun, ihr Brüder, rufe ich euch zu: Marschiert! Marschiert am lichten Tag! Nun geht hin zu den Machthabern und kündet ihnen mit brausenden Orgelstimmen, dass ihre Macht ein Truggebilde sei. Geht hin zu den Soldaten, sie sollen ihre Schwerter zu Pflugscharen schmieden. Geht hin zu den Reichen und zeigt ihnen ihr Herz, das ein Schutthaufen ward. Doch seid gütig zu ihnen, denn auch sie sind Arme, Verirrte. Aber zertrümmert die Burgen, zertrümmert lachend die falschen Burgen, gebaut aus Schlacke, aus gedörrter Schlacke. Marschiert – marschiert am lichten Tag. Brüder,
recket zermarterte Hand
Flammender freudiger Ton!
Schreite durch unser freies Land
Revolution! Revolution!
Alle stehen nun aufrecht, die Hände gereckt.
Dann fassen sie sich an den Händen und schreiten davon.

ALLE Brüder recket zermarterte Hand,
Flammender freudiger Ton!
Schreite durch unser freies Land
Revolution! Revolution!

Die Bühne schließt sich.

(Prosa, Briefe, Dramen, Gedichte, Rowohlt Verlag, Reinbek 1961, S. 283–285)

8 Die Schluss-Szene findet bezeichnender Weise vor dem Portal einer Kirche statt; es gibt Anklänge an die biblische Bergpredigt. Friedrich tritt als der Messias der neuen Menschheit auf. Wie lässt sich der Inhalt dieses Aufrufs zusammenfassen? Was ist das Wesentliche?

9 Toller glaubte an die Wirksamkeit seiner »Aufrüttelung«; vor den Fabriktoren verteilte er Vervielfältigungen seines Stückes. Später aber wich die optimistische Aufbruchsstimmung seines Erstlings einer wachsenden Resignation. Was war an diesem Stück utopisch, d. h. unwirklich?

Franz Kafka

Franz Kafka

Vor dem Gesetz

Vor dem Gesetz steht ein Türhüter. Zu diesem Türhüter kommt ein Mann vom Lande und bittet um Eintritt in das Gesetz. Aber der Türhüter sagt, dass er ihm jetzt den Eintritt nicht gewähren könne. Der Mann überlegt und fragt dann, ob er also später werde eintreten dürfen. »Es ist möglich,« sagt der Türhüter, »jetzt aber nicht.« Da das Tor zum Gesetz offen steht wie immer und der Türhüter beiseite tritt, bückt sich der Mann, um durch das Tor in das Innere zu sehn. Als der Türhüter das merkt, lacht er und sagt: »Wenn es dich so lockt, versuche es doch, trotz meines Verbotes hineinzugehn. Merke aber: Ich bin mächtig. Und ich bin nur der unterste Türhüter. Von Saal zu Saal stehn aber Türhüter, einer mächtiger als der andere. Schon den Anblick des dritten kann nicht einmal ich mehr ertragen.« Solche Schwierigkeiten hat der Mann vom Lande nicht erwartet; das Gesetz soll doch jedem und immer zugänglich sein, denkt er, aber als er jetzt den Türhüter in seinem Pelzmantel genauer ansieht, seine große Spitznase, den langen, dünnen, schwarzen tatarischen Bart, entschließt er sich, doch lieber zu warten, bis er die Erlaubnis zum Eintritt bekommt. Der Türhüter gibt ihm einen Schemel und lässt ihn seitwärts von der Tür sich niedersetzen. Dort sitzt er Tage und Jahre. Er macht viele Versuche, eingelassen zu werden, und ermüdet den Türhüter durch seine Bitten. Der Türhüter stellt öfters kleine Verhöre mit ihm an, fragt ihn über seine Heimat aus und nach vielem andern, es sind aber teilnahmslose Fragen, wie sie große Herren stellen, und zum Schlusse sagt er ihm immer wieder, dass er ihn noch nicht einlassen könne. Der Mann, der sich für seine Reise mit vielem ausgerüstet hat, verwendet alles, und sei es noch so wertvoll, um den Türhüter zu bestechen. Dieser nimmt zwar alles an, aber sagt dabei: »Ich nehme es nur an, damit du nicht glaubst, etwas versäumt zu haben.« Während der vielen Jahre beobachtet der Mann den Türhüter fast ununterbrochen. Er vergisst die andern Türhüter und dieser erste scheint ihm das einzige Hindernis für den Eintritt in das Gesetz. Er verflucht den unglücklichen Zufall, in den ersten Jahren rücksichtslos und laut, später, als er alt wird, brummt er nur noch vor sich hin. Er wird kindisch, und, da er in dem jahrelangen Studium des Türhüters auch die Flöhe in seinem Pelzkragen erkannt hat, bittet er auch die Flöhe ihm zu helfen und den Türhüter umzustimmen. Schließlich wird sein Augenlicht schwach und er weiß nicht, ob es um ihn wirklich dunkler wird oder ob ihn nur seine Augen täuschen. Wohl aber erkennt er jetzt im Dunkel einen Glanz, der unverlöschlich aus der Türe des Gesetzes bricht. Nun lebt er nicht mehr lange. Vor seinem Tode sammeln sich in seinem Kopfe alle Erfahrungen der ganzen Zeit zu einer Frage, die er bisher an den Türhüter noch nicht gestellt hat. Er winkt ihm zu, da er seinen erstarrenden Körper nicht mehr aufrichten kann. Der Türhüter muss sich tief zu ihm hinunterneigen, denn der Größenunterschied hat sich sehr zu Ungunsten des Mannes verändert. »Was willst du denn jetzt noch wissen?«, fragt der Türhüter, »du bist unersättlich.« »Alle streben doch nach dem Gesetz,« sagt der Mann, »wieso kommt es, dass in den vielen Jahren niemand außer mir Einlass verlangt hat?« Der Türhüter erkennt, dass der Mann schon an seinem Ende ist, und, um sein vergehendes Gehör noch zu erreichen, brüllt er ihn an: »Hier konnte niemand sonst Einlass erhalten, denn dieser Eingang war nur für dich bestimmt. Ich gehe jetzt und schließe ihn.«

(Die Erzählungen, S. Fischer Verlag, Frankfurt/Main 1961, S. 125–136)

Franz Kafka (1883–1924) lebte in Prag. Er schrieb diese Parabel 1914. Man kann sie eine Schlüsselerzählung für Kafkas Gesamtwerk nennen; sie steht auch an wichtiger Stelle in seinem Roman *Der Prozess*, der erst aus dem Nachlass erschien. Ein durchgehendes Thema in Kafkas Werk ist der Gedanke von der Übermacht einer anonymen Gesetzesordnung; ihr ist der Einzelne ausgeliefert und findet sich schuldig, ohne dass er den Grund weiß. In der Parabel *Vor dem Gesetz* wird eine paradoxe, eine widersinnige Situation beschrieben: Ein Mann bittet um Eintritt in das Gesetz; ein Türhüter versperrt ihm den Weg. Am Schluss, als die Pforte nach Jahren geschlossen wird, erfährt der Mann aber, dass der Eingang nur für ihn bestimmt gewesen sei.

10 Viele moderne Parabeln oder Beispielerzählungen lassen sich nicht ohne weiteres auflösen; sie sind verrätselt und zwingen den Leser, dem Text selbst einen Sinn zu geben. Was könnte dieses vergebliche Warten des Mannes vor dem Gesetz bedeuten? Und wie interpretieren Sie die Aussage des Türhüters am Schluss?

Im Selbstverständnis der Autorinnen und Autoren war der Expressionismus eine »Aufbruchsliteratur«, eine bewusste Rebellion gegen überlieferte Kunstformen und gegen die Übermacht der »Väter«, d. h. der herrschenden Gesellschaftsstruktur, teilweise vergleichbar mit Ansätzen im Sturm und Drang (vgl. S. 73 ff.). Man begnügte sich nicht damit, die Entwicklungen kurz vor dem Ersten Weltkrieg und den Weltkrieg selbst zu kritisieren; es wurden radikale Alternativen in oft ekstatischer Sprachgeste entworfen. Dies ist die Stärke und auch die Schwäche des Expressionismus: Die literarischen Programme und Ziele gingen den Werken weit voraus. In der Weimarer Republik teilten sich die Wege. Einzelne Autorinnen und Autoren suchten Sicherheit in der Religion oder im Freiraum der reinen Kunst, andere traten zum politischen Kampf an.

Großstadt. Gemälde von Otto Dix (1928)

Literatur der Weimarer Republik (1918–1933)

Die Weimarer Republik – nach dem Gründungsort ihrer Verfassung benannt – hatte mit vielen Schwierigkeiten zu kämpfen: – mit der nicht zu bewältigenden Last der Reparationszahlungen (Kriegsentschädigungen) an die Siegermächte, deren Höhe erst durch Verhandlungen nachträglich gemildert werden konnte; – mit dem Widerstand der extremen Linken, die ein sozialistisches System nach dem Vorbild der russischen Revolution von 1917 aufbauen wollte; – vor allem aber mit dem Bündnis zwischen dem alten preußischen Militärapparat und den Nationalsozialisten. Den ersten Angriff von rechts auf die junge Republik (Kapp-Putsch) vereitelten 1920 die Gewerkschaften durch einen Generalstreik. 1923, als auf dem Höhepunkt der Inflation (Geldentwertung) die gewählte Regierung einen wirtschaftlichen Sanierungsplan für die Staatsfinanzen vorgelegt hatte, der eine breite Mehrheit im Parlament fand, rief Adolf Hitler von München aus zu einer »nationalen Revolution« gegen die Reichsregierung auf. Dieser »Marsch auf die Feldherrnhalle« scheiterte; noch waren die Vertreter der demokratischen Staatsordnung stärker als die Kampfverbände der Nationalsozialisten. Mitte der Zwanzigerjahre schien sich die junge Republik zu festigen: Deutschland wurde 1926 in den Völkerbund aufgenommen. Die Rentenmark (seit 1923) wurde zu einer sicheren Währung. Ein erster wirtschaftlicher Aufschwung zeichnete sich ab. Aber im Kampf der politischen Interessen unterlag die Demokratie: 1925 wurde der erzkonservative Generalfeldmarschall (im Ersten Weltkrieg) Paul von Hindenburg zum Reichspräsidenten gewählt. Von ihm stammt die verhängnisvolle »Dolchstoßlegende«, dass die revolutionären Bestrebungen in der Heimat den Sieg der deutschen Armee an der Front vereitelt hätten. Dieser Rechtsrutsch in der öffentlichen Meinung und die Folgen der Weltwirtschaftskrise (1929) veränderten die politische Landschaft. Bis 1932 sank in Deutschland die Produktion um die Hälfte; die Arbeitslosenzahl stieg auf sechs Millionen. Obwohl die Regierung durch einschneidende Sparmaßnahmen Ende 1932 erste Erfolge eines Aufwärtstrends verzeichnen konnte, siegten Parolen über Argumente. Die rechten Gruppierungen, allen voran die Nationalsozialisten, luden die ganze Schuld für die wirtschaftlichen Schwierigkeiten auf die »Erfüllungspolitiker«, d.h. auf diejenigen Politiker, die mit den Siegermächten verhandelt hatten. Am 30. Januar 1933 ließ sich Hindenburg von seinen Beratern überreden, Hitler zum Reichskanzler zu ernennen.

Zum kulturellen Leben der Zwanzigerjahre gehörte einerseits das Weiterleben der literarischen Strömungen seit den letzten Jahrzehnten des 19. Jahrhunderts, aber andererseits trat gerade als Gegenreaktion zu den utopischen Hoffnungen des weltverbessernden Expressionismus eine Ernüchterung ein, dass man die Welt so sehen müsse, wie sie nun einmal ist. Diese Entwicklung wurde unter der Bezeichnung *Neue Sachlichkeit* zusammengefasst. Literatur sollte keine Spekulation über die soziale Wirklichkeit sein, sondern eine Auseinandersetzung mit den Erfahrungen der überprüfbaren Alltäglichkeit. Der nüchterne Reportagestil der Romane näherte sich teilweise wieder dem Naturalismus; die Fakten sollten überzeugen. Auf der Bühne wurde das zeitkritische Volksstück entdeckt. Eine wichtige Institution der öffentlichen Meinungsbildung waren die neuen literarischen Kabaretts und die politisch-literarischen Wochenschriften. Da die meisten Wortführer neuer künstlerischer Impulse, d.h. der Avantgarde, auf der Seite der jungen Republik standen, wurden sie auch von den Nationalsozialisten am schärfsten angegriffen und nach der »Machtergreifung« verfolgt; so z. B. Carl von Ossietzky (1889–1938): Die Wochenschrift »Die Weltbühne« war unter seiner Leitung zum wichtigsten Sprachrohr der radikaldemokratischen Reformer geworden. 1933 wurde Ossietzky von den Nationalsozialisten inhaftiert, 1936 erhielt er den Friedensnobelpreis für 1935. Die Weltöffentlichkeit solidarisierte sich mit ihm. Er starb 1938 an den Folgen der erlittenen Quälereien und Entbehrungen während der Haft.

Erich Kästner

Erich Kästner

Kennst Du das Land, wo die Kanonen blühn?

Kennst Du das Land, wo die Kanonen blühn?
Du kennst es nicht? Du wirst es kennen lernen!
Dort stehn die Prokuristen stolz und kühn
in den Bureaus, als wären es Kasernen.

Dort wachsen unterm Schlips Gefreitenknöpfe.
Und unsichtbare Helme trägt man dort.
Gesichter hat man dort, doch keine Köpfe.
Und wer zu Bett geht, pflanzt sich auch schon fort!

Wenn dort ein Vorgesetzter etwas will
– und es ist sein Beruf etwas zu wollen –,
steht der Verstand erst stramm und zweitens still.
Die Augen rechts! Und mit dem Rückgrat rollen!

Die Kinder kommen dort mit kleinen Sporen
und mit gezognem Scheitel auf die Welt.
Dort wird man nicht als Zivilist geboren.
Dort wird befördert, wer die Schnauze hält.

Kennst Du das Land? Es könnte glücklich sein.
Es könnte glücklich sein und glücklich machen!
Dort gibt es Äcker, Kohle, Stahl und Stein
und Fleiß und Kraft und andre schöne Sachen.

Selbst Geist und Güte gibt's dort dann und wann!
Und wahres Heldentum. Doch nicht bei vielen.
Dort steckt ein Kind in jedem zweiten Mann.
Das will mit Bleisoldaten spielen.

Dort reift die Freiheit nicht. Dort bleibt sie grün.
Was man auch baut – es werden stets Kasernen.
Kennst Du das Land, wo die Kanonen blühn?
Du kennst es nicht? Du wirst es kennen lernen!

(Kästner für Erwachsene, hg. von R. W. Leonhardt, S. Fischer Verlag, Frankfurt/Main 1966, S. 23 f.; Copyright Atrium Verlag, Zürich 1966)

Erich Kästner (1899–1974) erlebte 1933, wie seine Bücher öffentlich verbrannt wurden. Aus den Bibliotheken musste alles außer »Emil und die Detektive« (1929) entfernt werden. Der »Kästner für Erwachsene« hatte für die politischen Kabaretts mehrere kritische Songs geschrieben, die sich gegen Militarismus und Untertanengeist gerichtet hatten. Mit der Satire verband sich der moralische Wille zur Aufklärung, durch aggressive Zerrbilder aufzurütteln und zu erziehen.

1 Als Vorlage für seine Abrechnung mit dem Land, »wo die Kanonen blühn« (1928), diente Kästner Goethes berühmtes Lied der deutschen Italien-Sehnsucht *Kennst du das Land, wo die Zitronen blühn*. Was wirft Kästner seinem Land vor?

2 Trotz der bitteren Kritik ist dieses Lied auch eine Liebeserklärung. Was könnte aus diesem Land werden, wenn ...?

3 Kästner blieb nicht bei Kritik und Satire stehen; er rief immer wieder zu einer solidarischen Menschlichkeit auf. Die erste Strophe des Gedichtes *Das Eisenbahngleichnis* (1932) lautet:

Wir sitzen alle im gleichen Zug
und reisen quer durch die Zeit.
Wir sehen hinaus. Wir sahen genug.
Wir fahren alle im gleichen Zug.
Und keiner weiß, wie weit.

Welche Vorstellungen sind mit diesem Gleichnis verbunden?

Marieluise Fleißer

Marieluise Fleißer

Pioniere in Ingolstadt

Marieluise Fleißer (1901–1974) arbeitete in den Zwanzigerjahren zeitweise mit Bertolt Brecht zusammen. Ihre gesellschaftskritischen Volksstücke waren »episches Theater«, noch bevor Brecht seine Theorie ausformulierte: Die Stücke sind nicht in Akte eingeteilt, die nach einer inneren Ordnung aufeinander bezogen sind (wie im klassischen Theater); sie sind eine Bilderfolge, jedes Bild kann auch für sich allein stehen. Die Stücke sind – wie Brecht es später beschrieb – erzählendes Theater: Die Zuschauer werden mit Szenen oder einzelnen Episoden konfrontiert, die sie selbst interpretieren sollen.

Die Erstfassung der *Pioniere in Ingolstadt* (1929) besteht aus zwölf Bildern. Das Stück beginnt mit dem Einzug der Pioniere in Ingolstadt zu einer Manöverübung. Während des Aufenthaltes steigen die Pioniere den einheimischen Mädchen nach. Das Dienstmädchen Berta lernt den Pionier Karl kennen; sie möchte, dass das Verhältnis mehr sei als nur eine Episode; sie sucht Zuneigung, Geborgenheit, Dauer. Aber der Pionier kennt aus seinem Dienst nur bedingungslose Unterwerfung unter die Befehle der Vorgesetzten; diese Erfahrung überträgt er auch auf sein Verhältnis zu Berta: Er versucht, Macht über sie auszuüben, so wie er es gelernt hat. Am Ende meint Berta zu Karl: »Ich meine halt, wir haben Wichtiges ausgelassen. Die Liebe haben wir ausgelassen.« Damit dass sie in dem »Wir« sich mit einbezieht, entschuldigt sie fast das Verhalten des Pioniers, der nichts begriffen hat und ohne schlechtes Gewissen zum nächsten Manöver weiterzieht.

Der folgende Ausschnitt ist aus dem zweiten Bild. Es ist das erste ausführliche Gespräch zwischen Berta und Karl:

Auftreten Karl, Berta.
BERTA Ich bin auch schon verraten worden. *Vorn auf die Bank zeigend.*
KARL So, da ist unsere, auf die haben wir gewartet.
BERTA Die gehört garnicht da her. Die hat wer vertragen.
KARL Schaun wir, ob sie sauber ist. *Leuchtet mit einem Streichholz ab.*
BERTA Ich hab nämlich mein helles Gewand an.
KARL Ich leg mein Taschentuch hin. *Beide setzen sich.*
BERTA Gell, weil's keine Lehne hat, drum ist sie nicht besetzt.

Karl Das ist doch nicht, wie wenn ich nicht dabei bin.

Berta Jetzt hab ich eine Lehne und weiß nicht, wie sie heißt.

Karl Karl.

Berta Karl heißt sie.

Karl Da bist schon öfter gesessen.

Berta So nicht.

Karl Das mach dem nächsten weiß, aber mir nicht. So, dann bist du auch schon verraten worden.

Pause. Auf einmal weißt Du nichts.

Berta Ich muß denken, wie ich's sage. Von keinem Herrn rede ich nicht. Von einem Mädel rede ich.

Karl Wie soll sie denn heißen?

Berta Alma. Weil sie mich verraten hat. Zuerst hat sie mich brauchen können und jetzt schaut sie mich nicht mehr an.

Karl Mir kannst noch viel vorsagen. Das geht ohne das auch, daß was wahr ist. Die Mädel meinen immer, sie können einen gleich zu was haben.

Berta Ich bin nicht wie die anderen.

Karl Das meinst du. Ich bin wie alle anderen.

Berta Das glaube ich nicht.

Karl Wie soll ich denn sein?

Berta Ich weiß immer nicht, wie die Ausdrücke sind.

Karl Dann kann ich mich aber nicht danach richten. Ich täte es schon nicht.

Berta Magst ein Zündhölzel aufzünden, daß ich dich sehe?

Karl hält das Zündholz neben das Gesicht.

Daß du dich fein nicht am Finger brennst.

Karl Da ist schon was dabei. Weil das ein Pionier nimmer spürt. Lang her auf die Haut, was das für eine ist.

Berta freut sich.

Hast einen Namen auch?

Berta Eine Berta bin i worden.

Karl Berta.

Berta Hast schon eine gehabt?

Karl Pfeilgrad nein.

Berta Das wär mir nicht recht, wenn du schon eine gehabt hast.

Karl Das tät ich dir nicht sagen. Muß man denn immer alles wissen vom andern.

Berta Ja, mach dich nur schlecht.

Karl Da mach ich mich nicht lang schlecht, weil ich sage, das kann dir gleich sein.

Berta Mir ist es aber nicht gleich.

Karl Sag, daß es dir gleich ist.

Berta Du tust mir weh.

Jahre hier gemeinsam mit uns verbrachte, das aber Bett und Beruf hatte und jetzt zurückgeht in seine alten Positionen, in denen es den Krieg vergessen wird – und hinter uns wächst ein Geschlecht, ähnlich uns früher, das wird fremd sein und uns beiseite schieben. Wir sind überflüssig für uns selbst, wir werden wachsen, einige werden sich anpassen, andere sich fügen, und viele werden ratlos sein; – die Jahre werden zerrinnen, und schließlich werden wir zugrunde gehen.

Aber vielleicht ist auch alles dieses, was ich denke, nur Schwermut und Bestürzung, die fortstäubt, wenn ich wieder unter den Pappeln stehe und dem Rauschen ihrer Blätter lausche. Es kann nicht sein, dass es fort ist, das Weiche, das unser Blut unruhig machte, das Ungewisse, Bestürzende, Kommende, die tausend Gesichter der Zukunft, die Melodie aus Träumen und Büchern, das Rauschen und die Ahnung der Frauen, es kann nicht sein, dass es untergegangen ist in Trommelfeuer, Verzweiflung und Mannschaftsbordells.

Die Bäume hier leuchten bunt und golden, die Beeren der Ebereschen stehen rot im Laub, Landstraßen laufen weiß auf den Horizont zu, und die Kantinen summen wie Bienenstöcke von Friedensgerüchten.

Ich stehe auf.

Ich bin sehr ruhig. Mögen die Monate und Jahre kommen, sie nehmen mir nichts mehr, sie können mir nichts mehr nehmen. Ich bin so allein und so ohne Erwartung, dass ich ihnen entgegensehen kann ohne Furcht. Das Leben, das mich durch diese Jahre trug, ist noch in meinen Händen und Augen. Ob ich es überwunden habe, weiß ich nicht. Aber so lange es da ist, wird es sich seinen Weg suchen, mag dieses, das in mir »Ich« sagt, wollen oder nicht.

*

Er fiel im Oktober 1918, an einem Tage, der so ruhig und still war an der ganzen Front, dass der Heeresbericht sich nur auf den Satz beschränkte, im Westen sei nichts Neues zu melden.

Er war vornüber gesunken und lag wie schlafend an der Erde. Als man ihn umdrehte, sah man, dass er sich nicht lange gequält haben konnte; – sein Gesicht hatte einen so gefassten Ausdruck, als wäre er beinahe zufrieden damit, dass es so gekommen war.

(Ullstein Verlag, Frankfurt/Main – Berlin 1966, S. 203 f.)

6 Die letzten Aufzeichnungen Bäumers vor seinem Tode, kurz vor dem Waffenstillstand, sind eine Art Testament einer Generation, die den Krieg von Anfang bis Ende in seiner ganzen Grausamkeit erfahren hatte. Was ist für Sie das Wichtigste in dieser Bestandsaufnahme?

Alfred Döblin

Alfred Döblin

Berlin Alexanderplatz

Alfred Döblin (1878–1957) lebte bis zu seiner Flucht vor den Nationalsozialisten in Berlin; er war Nervenarzt. Seine frühesten Texte sind Beispiele expressionistischer Erzählprosa (z.B. *Die Ermordung einer Butterblume*, 1910). 1918 hatte er sich der Sozialdemokratie angeschlossen. Der Roman *Berlin Alexanderplatz* (1929) hat den Untertitel »Die Geschichte vom Franz Biberkopf«. Im Vorspann heißt es:

Von einem einfachen Mann wird hier erzählt, der in Berlin am Alexanderplatz als Straßenhändler steht. Der Mann hat vor anständig zu sein, da stellt ihm das Leben hinterlistig ein Bein. Er wird betrogen, er wird in Verbrechen reingezogen, zuletzt wird ihm seine Braut genommen und auf rohe Weise umgebracht. Ganz aus ist es mit dem Mann Franz Biberkopf. Am Schluss aber erhält er eine sehr klare Belehrung: man fängt nicht sein Leben mit guten Worten und Vorsätzen an, mit Erkennen und Verstehen fängt man es an und mit dem richtigen Nebenmann. Ramponiert steht er zuletzt wieder am Alexanderplatz , das Leben hat ihn mächtig angefasst.

Zwar wird in dem Roman der Lebensweg des aus dem Gefängnis entlassenen ehemaligen Transportarbeiters Franz Biberkopf erzählt, der vergeblich wieder Fuß zu fassen sucht. – Wichtiger ist aber der Handlungsort: das Berlin der späten Zwanzigerjahre. *Berlin Alexanderplatz* ist ein Großstadtroman. Am Leitfaden der Geschichte seines »Helden«, der eher ein Opfer der Zustände ist, entwirft der Autor ein Panorama jener turbulenten Zeit, die man später – zu Unrecht – die »Goldenen Zwanzigerjahre« nannte. In einer schnellen Folge von Momentaufnahmen, aus ständig wechselndem Blickwinkel, wird die Hektik einer Millionenstadt eingefangen. Der Alexanderplatz ist der Knotenpunkt:

Rumm rumm wuchtet vor Aschinger[1] auf dem Alex die Dampframme. Sie ist ein Stock hoch, und die Schienen haut sie wie nichts in den Boden.

Eisige Luft. Februar. Die Menschen gehen in Mänteln. Wer einen Pelz hat, trägt ihn, wer keinen hat, trägt keinen. Die Weiber haben dünne Strümpfe und müssen frieren, aber es sieht hübsch aus. Die Penner haben sich vor der Kälte verkrochen. Wenn es warm ist, stecken sie wieder ihre Nasen raus. Inzwischen süffeln sie doppelte Ration Schnaps, aber was für welchen, man möchte nicht als Leiche drin schwimmen.

Rumm rumm haut die Dampframme auf dem Alexanderplatz.

Viele Menschen haben Zeit und gucken sich an, wie die Ramme haut. Ein Mann oben zieht immer eine Kette, dann pafft es oben, und ratz hat die Stange eins auf den Kopf. Da stehen die Männer und Frauen und besonders die Jungens und freuen sich, wie das geschmiert geht: ratz kriegt die Stange eins auf den Kopf. Nachher ist sie klein wie eine Fingerspitze, dann kriegt sie aber noch immer eins, da kann sie machen, was sie will. Zuletzt ist sie weg, Donnerwetter, die haben sie fein eingepökelt, man zieht befriedigt ab. Alles ist mit Brettern belegt. Die Berolina stand vor Tietz[2], eine Hand ausgestreckt, war ein kolossales Weib, die haben sie weggeschleppt. Vielleicht schmelzen sie sie ein und machen Medaillen draus.

Wie die Bienen sind sie über den Boden her. Die basteln und murksen zu Hunderten rum den ganzen Tag und die Nacht.

Ruller ruller fahren die Elektrischen, Gelbe mit Anhängern, über den holzbelegten Alexanderplatz, Abspringen ist gefährlich. Der Bahnhof ist breit freigelegt, Einbahnstraße nach der Königsstraße an Wertheim[3] vorbei. Wer nach dem Osten will, muss hinten rum am Präsidium vorbei durch die Klosterstraße. Die Züge rummeln vom Bahnhof nach der Jannowitzbrücke, die Lokomotive bläst oben Dampf ab, grade über dem Prälaten steht sie, Schlossbräu, Eingang eine Ecke weiter.

Über den Damm, sie legen alles hin, die ganzen Häuser an der Stadtbahn legen sie hin, woher sie das Geld haben, die Stadt Berlin ist reich, und wir bezahlen die Steuern. [...]

Von Osten her, Weißensee, Lichtenberg, Friedrichshain, Frankfurter Allee, türmen die gelben Elektrischen auf den Platz durch die Landsberger Straße. Die 65 kommt vom Zentralviehhof, der Große Ring Weddingplatz, Luisenplatz, die 76 Hundekehle über Hubertusallee. An der Ecke Landsberger Straße haben sie Friedrich Hahn, ehemals Kaufhaus, ausverkauft, leer gemacht und werden es zu den Vätern versammeln. Da halten die Elektrischen und der Autobus 19 Turmstraße. Wo Jürgens war, das Papiergeschäft, haben sie das Haus abgerissen und dafür einen Bauzaun hingesetzt. Da sitzt ein alter Mann mit einer Arztwaage: Kontrollieren Sie Ihr Gewicht, 5 Pfennig. O liebe Brüder und Schwestern, die ihr über den Alex wimmelt, gönnt euch diesen Augenblick, seht durch die Lücke neben der Arztwaage auf diesen Schuttplatz, wo einmal Jürgens florierte, und da steht noch das Kaufhaus Hahn, leer gemacht, ausgeräumt und ausgeweidet, dass nur die roten Fetzen noch an den Schaufenstern kleben. Ein Müllhaufen liegt vor uns. Von Erde bist du gekommen, zu Erde sollst du wieder werden, wir haben gebauet ein herrliches Haus, nun geht hier Mensch weder rein noch raus. So ist kaputt Rom, Babylon, Ninive, Hannibal, Cäsar, alles kaputt, oh, denkt daran. Erstens habe ich dazu zu bemerken, dass man diese Städte jetzt wieder ausgräbt, wie die Abbildungen in der letzten Sonntagsausgabe zeigen, und zweitens haben diese Städte ihren Zweck erfüllt, und man kann nun wieder neue Städte bauen. Du jammerst doch nicht über deine alten Hosen, wenn sie morsch und kaputt sind, du kaufst neue, davon lebt die Welt.

Die Schupo beherrscht gewaltig den Platz. Sie steht in mehreren Exemplaren auf dem

Platz. Jedes Exemplar wirft Kennerblicke nach zwei Seiten und weiß die Verkehrsregeln auswendig. Es hat Wickelgamaschen an den Beinen, ein Gummiknüppel hängt ihm an der rechten Seite, die Arme schwenkt es horizontal von Westen nach Osten, da kann Norden, Süden nicht weiter, und der Osten ergießt sich nach Westen, der Westen nach Osten. Dann schaltet sich das Exemplar selbsttätig um: der Norden ergießt sich nach Süden, der Süden nach Norden. Scharf ist der Schupo auf Taille gearbeitet. Auf seinen erfolgten Ruck laufen über den Platz in Richtung Königsstraße etwa 30 private Personen, sie halten zum Teil auf der Schutzinsel, ein Teil erreicht glatt die Gegenseite und wandert auf Holz weiter. Ebenso viele haben sich nach Osten aufgemacht, sie sind den andern entgegengeschwommen, es ist ihnen ebenso ergangen, aber keinem ist was passiert.

Es sind Männer, Frauen und Kinder, die Letzteren meist an der Hand von Frauen. Sie alle aufzuzählen und ihr Schicksal zu beschreiben, ist schwer möglich, es könnte nur bei einigen gelingen. Der Wind wirft gleichmäßig Häcksel über alle. Das Gesicht der Ostwanderer ist in nichts unterschieden von dem der West-, Süd- und Nordwanderer, sie vertauschen auch ihre Rollen, und die jetzt über den Platz zu Aschinger gehen, kann man nach einer Stunde vor dem leeren Kaufhaus Hahn finden. Und ebenso mischen sich die, die von der Brunnenstraße kommen und zur Jannowitzbrücke wollen, mit den umgekehrt Gerichteten. Ja, viele biegen auch seitlich um, von Süden nach Osten, von Süden nach Westen, von Norden nach Westen, von Norden nach Osten. Sie sind so gleichmäßig wie die, die im Autobus, in den Elektrischen sitzen. Die sitzen alle in verschiedenen Haltungen da und machen so das außen angeschriebene Gewicht des Wagens schwerer. Was in ihnen vorgeht, wer kann das ermitteln, ein ungeheures Kapitel. Und wenn man es täte, wem diente es? Neue Bücher? Schon die alten gehen nicht, und im Jahre 27 ist der Buchabsatz gegen 26 um soundsoviel Prozent zurückgegangen. Man nehme die Leute einfach als Privatpersonen, die 20 Pfennig bezahlt haben, mit Ausnahme der Besitzer von Monatskarten und der Schüler, die nur 10 Pfennig zahlen, und da fahren sie nun mit ihrem Gewicht von einem Zentner bis zwei Zentner, in ihren Kleidern, mit Taschen, Paketen, Schlüsseln, Hüten, künstlichen Gebissen, Bruchbändern über den Alexanderplatz und bewahren die geheimnisvollen langen Zettel auf, auf denen steht: Linie 12 Siemensstraße DA, Gotzkowskistraße C, B, Oranienburger Tor C, C, Kottbuser Tor A, geheimnisvolle Zeichen, wer kann es raten, wer kann es nennen und wer bekennen, drei Worte nenn ich dir inhaltschwer, und die Zettel sind viermal an bestimmten Stellen gelocht, und auf den Zetteln steht in demselben Deutsch, mit dem die Bibel geschrieben ist und das Bürgerliche Gesetzbuch: Gültig zur Erreichung des Reiseziels auf kürzestem Wege, keine Gewähr für die Anschlussbahn. Sie lesen Zeitungen verschiedener Richtungen, bewahren vermittels ihres Ohrlabyrinths das Gleichgewicht, nehmen Sauerstoff auf, dösen sich an, haben Schmerzen, haben keine Schmerzen, denken, denken nicht, sind glücklich, sind unglücklich, sind weder glücklich noch unglücklich.

Rumm rumm ratscht die Ramme nieder, ich schlage alles, noch eine Schiene. Es surrt über den Platz vom Präsidium her, da nieten sie, da schmeißt eine Zementmaschine ihre

Ladung um. Herr Adolf Kraun, Hausdiener, sieht zu, das Umkippen der Wagen fesselt ihn enorm, du schlägst alles, er schlägt alles. Er lauert immer gespannt, wie die Lore mit Sand auf der einen Seite hochgeht, da kommt die Höhe, bums, und nun dreht sie sich. Man möchte nicht so aus dem Bett geschmissen sein, Beine hoch, runter mit dem Kopf, da liegst du, kann einem was passieren, aber die machen das egalweg.

[1] Bekanntes Lokal [2, 3] Kaufhäuser

(Walter Verlag, Olten 1961, S. 179–183, gekürzt)

7 Zum Verständnis der Textstelle ist es nicht unbedingt notwendig, die einzelnen Namen und Ortsangaben zu kennen. Wichtig ist der Gesamteindruck, der erweckt werden soll. Wie würden Sie die Situation am Alexanderplatz charakterisieren? Was spielt sich im Einzelnen ab?

8 An welchen Stellen wechselt der Text von der Beschreibung zur Interpretation?

In der Weimarer Republik schien sich das zu verwirklichen, was 1848 in der Frankfurter Paulskirche begonnen hatte, dann aber von den Landesfürsten unterbunden worden war. Zum ersten Mal war das Volk der Souverän, d. h. sein eigener Herr, um Gesetze zu erlassen und Haushalte zu bestimmen. Die Schwierigkeit bestand aber darin, bei allen Beteiligten ein demokratisches Grundverständnis voraussetzen zu können. Dieses fehlte in der Weimarer Republik weitgehend vor allem bei den alten Eliten (Beamtenschaft, Justiz, Militär, Großindustrie, Großagrarier), die auch nach 1918 im öffentlichen Leben bestimmend waren (z. B. Hindenburgs Wahl zum Reichspräsidenten im Jahr 1925). Das demokratische Experiment endete am 30. Januar 1933 mit Hitlers Ernennung zum Reichskanzler.
Nach den vergeblichen Hoffnungen, dass das Erlebnis des Krieges in der öffentlichen Meinung und im Leben jedes Einzelnen eine radikale Veränderung zu einem menschheitsversöhnenden Miteinander bringen würde, beschränkte man sich auf eine Bestandsaufnahme. Die Autorinnen und Autoren dieser so genannten *Neuen Sachlichkeit* beobachteten und beschrieben; das Urteil über den gesellschaftlichen Befund überließen sie dem Publikum.

Bücher, die am 10. Mai 1933 verbrannt wurden.

Literatur im Exil (1933–1945)

Am 30. Januar 1933 wurde Adolf Hitler zum Reichskanzler ernannt. Das kurz darauf verabschiedete »Ermächtigungsgesetz« hob die Gewaltenteilung auf. Die beiden linken Parteien KPD und SPD wurden verboten, die bürgerlichen Parteien hielten dem massiven Druck nicht stand und lösten sich selbst auf. Die NSDAP (Nationalsozialistische Deutsche Arbeiterpartei) wurde zur einzigen Staatspartei. »Nichtarier« und politische Gegner wurden aus den staatlichen Ämtern entlassen; viele wurden sehr bald verfolgt, eingesperrt und auch ermordet, wenn ihnen nicht früh genug die Flucht gelang. – Der politischen Gleichschaltung folgte die kulturelle. Am 10. Mai 1933 wurden öffentlich Bücher jener Autorinnen und Autoren verbrannt, denen man »undeutschen Geist« vorwarf. Ihre Werke verschwanden aus den Bibliotheken. Viele Wissenschaftler und Künstler emigrierten ins Ausland, um der Verfolgung zu entgehen. Thomas Mann, der 1929 den Literatur-Nobelpreis erhalten hatte, kehrte 1933, früh genug gewarnt, von einer Auslandsreise nicht mehr zurück; über die Schweiz emigrierte er in die USA. Bertolt Brecht reiste über den ganzen Globus, bis er schließlich in den USA bleiben konnte. Anna Seghers fand in Mexiko Asyl. Else Lasker-Schüler flüchtete über die Schweiz nach Palästina. Die Liste ließe sich endlos weiterführen: Die deutschsprachige Literatur – dies kann man ohne Übertreibung sagen – wurde, spätestens seit dem Anschluss Österreichs (1938), in den Exilländern geschrieben.

Das Exil war zwar eine gemeinsame Erfahrung aller Schriftstellerinnen und Schriftsteller, die vor den Nationalsozialisten fliehen mussten, – ihre Gegnerschaft gegen das neue Regime bedeutete aber nicht auch eine inhaltliche Gemeinschaft in den politischen Zielen. Dies spiegelt sich wider in der Literatur, die während des Exils entstand. Zunächst dachte vielleicht die Mehrzahl der emigrierten Schriftstellerinnen und Schriftsteller, dass die »Emigration« nur ein Intermezzo, ein »Zwischenspiel«, in ihrem Lebenslauf sei. Deshalb versuchten viele, zunächst in Grenznähe die weiteren Ereignisse abzuwarten. Ende der Dreißigerjahre wurde es aber vielen klar, dass dieses Regime nicht mehr auf demokratische Weise abzulösen sei. Nur: Die Warnungen, die in den Werken ausgesprochen und dargestellt wurden, erreichten nicht ihre »Zielgruppe«; die wichtigsten Werke der Emigrationsliteratur erschienen in Deutschland erst nach 1945.

Neben den Schriftstellerinnen und Schriftstellern, die Deutschland fluchtartig verließen, weil sie aus rassischen oder politischen Gründen unmittelbar um ihr Leben fürchten mussten, gab es auch einen »verdeckten Widerstand«. Gemeint waren damit Autorinnen und Autoren, die ihren Widerspruch zu den aktuellen Entwicklungen in Gleichnisgeschichten verkleideten, die das Publikum entziffern sollte. Die meisten dieser Geschichten, zwar schon früher geschrieben, erschienen aber erst nach 1945. Für Autorinnen und Autoren, die nicht unmittelbar von Verfolgung bedroht waren, die aber in ihren Werken aus sehr unterschiedlichen Gründen auf Distanz zum Nationalsozialismus gegangen waren und für einige Jahre, während der Zeit der Diktatur, schweigen mussten, ist der Begriff der »Inneren Emigration« im Unterschied zur wirklichen, erzwungenen Flucht ins Ausland eingeführt worden.

Die Literatur der Exilzeit (1933–1945) ist weder stilistisch noch thematisch einheitlich zu fassen. Viele Schriftstellerinnen und Schriftsteller schrieben im Exil zunächst an ihren »Lebenswerken« weiter, die sie in ihrer literarischen Heimat begonnen hatten. Erst als sich kein schnelles Ende des Exils abzuzeichnen schien, wurden die Ursachen des Exils und das Exil selbst zu wichtigen Themen.

Oskar Maria Graf

Oskar Maria Graf

»Die Machtergreifung«

Oskar Maria Graf (1894–1967) empfand es 1933 als eine Schmach, dass seine Bücher nicht verbrannt worden waren. Daher rief er in einem öffentlichen Brief dazu auf: »Verbrennt mich!« Ein einziges Buch war auf die schwarze Liste gesetzt worden, nach Grafs Aussage sein wichtigstes: *Wir sind Gefangene* (1927), in dem er seine Entwicklung zum Sozialisten beschrieb. Für die Nationalsozialisten war er trotz seiner sozialistischen Sympathien vor allem ein »bodenständiger« Schriftsteller. Dies stimmte und war gleichzeitig ein Missverständnis; zwar nannte er sich selbst ironisch einen bayerischen Provinzschriftsteller, aber dies bezog sich nur auf die Region, aus der er seinen Erzählstoff nahm. Die neuen Machthaber korrigierten ihr Versehen sehr schnell; Graf wurde ausgebürgert. Bis zu seinem Tode lebte er in New York.

Der folgende Ausschnitt stammt aus Grafs biographischem Roman *Das Leben meiner Mutter*, der zuerst in englischer Übersetzung 1940 in den USA erschienen war; die deutsche Originalfassung erschien 1946:

Es war ein früher Januar-Vormittag. Starr ragten die Hauswände empor. Auf den vorspringenden Dächern der altmodischen Erker und Verzierungen lag der angeschwärzte, gefrorene Schnee.

Unruhig wie Tausende gingen meine Frau und ich durch die Straßen. Die Sonne hatte sich endlich aus dem dunstigen Himmel geschält. Klar und warm fiel sie in die tiefen Häuserschächte. Von den Dächern tropfte der nunmehr zergehende, schmutzige Schnee. Merkwürdig verstummte Menschengruppen sammelten sich vor den gelb leuchtenden Telegramm-Anschlägen.

Herausfordernd spazierten volluniformierte SA- und SS-Trupps von sechs bis zwölf Mann durch das Publikum und rempelten Passanten an. Die gingen mit scheuen Blicken an ihnen vorüber. Ab und zu blieb der Trupp der Uniformierten stehen und musterte so einen Zivilisten von oben bis unten, von unten bis oben höhnisch. Sekundenlang sah der angstbeklommene Mensch drein wie ein gefangenes Tier.

»Na, lasst ihn laufen! ... Es kommt uns keiner aus!«, rief der SA-Führer, und seine Begleiter grinsten vielsagend. Der angehaltene Zivilist ging geduckt weiter. Er bog um eine Hausecke und beschleunigte seine Schritte.

Nervös patrouillierten die verstärkten Polizeistreifen, die diesmal seltsamerweise wieder zu sehen waren. Da und dort wurde ein Jude vom Trottoir hinuntergestoßen, griff nach seinem heruntergefallenen Hut und ging über die Straße. Plötzlich plärrten Passanten hinter ihm her: »Haut ihn nieder, die Judensau! Nieder!« Die SA-Männer sahen befriedigt auf, wenn etliche nicht uniformierte Nazis zu laufen begannen. Selbstbewusst gingen sie den Laufenden nach. Über der Straße reckten sich Fäuste, die Schutzleute rannten herbei. Der Jude verschwand im Gewühl. Ordinäre Flüche flogen ihm nach, und »Heil! Heil! Hitler!« brüllten einige im Menschengemeng.

Wir sahen nicht mehr auf die Telegramme. Wir wussten es: Hitler war Reichskanzler geworden! Wir konnten nicht nach Hause gehen und wanderten ziel- und planlos weiter. Manchmal hörten wir ein wüstes Geschrei von weitem, und die Leute rannten nach dieser Richtung. Irgendwo hatten Nazis ein Schaufenster eingeschlagen oder einen Menschen verprügelt, vielleicht auch totgeschlagen. Wir gingen und gingen. Wir merkten kaum, dass es dunkel wurde. Gelb fiel das Licht der Gaslaternen herab. Aus verschiedenen Wirtshäusern drang der Gesang der grölenden Männerstimmen und wurde zuweilen von kurzen, kommandoscharfen Rufen unterbrochen.

»Heil-Hitler! Deutschl-land er-wache! Sieg Heil!«, bellte es schmetternd, und ein viehisches Singen hub wieder an.

»Es ist aus! Alles aus!«, brachte ich endlich würgend heraus und sah ohnmächtig auf meine Frau. Jetzt erst fiel uns auf, dass wir die ganze Zeit kein Wort geredet hatten. Sie nickte schluckend. Stumm gingen wir weiter ...

Bald darauf bekam ich ein Telegramm von den österreichischen Genossen: ›Vortragstournee für dich perfekt! Sofort kommen!‹ Am 24. Februar, in einer grauen Winterfrühe, fuhr ich der Grenze zu. Der Tag bleichte langsam aus. Im Zug war es eigentümlich stumm und tot, als reisten lauter Leichen. Die Menschen saßen unbeweglich da, atmeten nur manchmal vernehmbar und wichen einander mit den Blicken aus. Ich sah zum Fenster hinaus auf das verschneite, friedliche Flachland meiner Heimat und suchte irgendetwas in der unbestimmten Ferne. Verschlafene Dörfer flogen vorüber, einsame, schneevermummte Bauernhäuser mit dick rauchenden Kaminen. Der Nebel verschleierte das Gebirge.

Kurz vor der Grenze sah ich eine eisgraue, leicht gekrümmte Bäuerin mit stoischem Gesicht vor der Tür eines niederen Hauses stehen. In der einen Hand hielt sie ein kleines flachsblondes Mädchen, das winkte.

›Eine Mutter wie die meine‹, fiel mir von ungefähr ein ...

Ich war drei Tage in Wien, da brannte in Berlin das Gebäude des deutschen Reichstages. Es hieß, die Kommunisten hätten es in Brand gesteckt. An der Brandstelle sprach Hitler die verräterischen Worte: »Das ist ein von Gott gegebenes Zeichen! Niemand wird uns nun daran hindern, die Kommunisten mit eiserner Faust zu vernichten!« Und ebenso schrie jeden und jeden Tag die Stimme des neu ernannten Reichspropaganda-Ministers Goebbels aus den Lautsprechern der Radios: »Zerstampft den Kommunismus! Zerschmettert die Sozialdemokratie!«

Trotz dieses selbst gelegten Brandes und trotz all ihres Terrors brachte die Wahl am zehnten

März den Nationalsozialisten nicht die erwünschte Mehrheit. Nur dadurch, dass sie die deutschnationalen Junker nach einigen fetten Zugeständnissen gewonnen hatten, konnten sie regieren.

Tags darauf stieg meine Frau aus dem Zug, bleich und verstört.

»Die Nazis riegeln die Grenzen ab, dann haben sie alle Gegner in der Mausefalle, und verlass dich drauf, die schonen keinen«, sagte sie und hatte Recht. Als wir aus dem Bahnhof gingen, schaute ich hoch in den farblosen Winterhimmel und suchte die Richtung Deutschland. Dort war eine Zeit angebrochen, in der jeder vor jedem Furcht hatte. Es war mir auf einmal, als fiele vom hart schweigenden Himmel ein riesiger, blutiger Vorhang herab, der alle Sicht verhinderte.

›*Sieh doch, was mir geschah!*
Was such' ich da?
Was such' ich dort?
Mein Vaterland ist fort!‹

Dieser Vers, den ich einmal irgendwo gelesen hatte, durchzog Augenblicke lang meinen Sinn. Kein Heimweh mengte sich darein, als ich darüber kurz nachdachte, kein Gefühl, als hätte ich etwas verloren. Etwas unbestimmbar Grenzenloses wurde tief wirklich in mir.

Staunend dachte ich weiter: ›Hm, merkwürdig ... Vaterland?‹

Wie abstrakt, wie leblos war das immer für mich gewesen!

Ich lebte stets nur da, wo ich meine Mutter fühlte und wusste. Diese Heimat blieb unverlierbar. –

Wir waren schon monatelang, von allem abgeschnitten, in Wien, da überbrachte uns ein Genosse, der als illegaler Kämpfer öfter über die deutsche Grenze ging, einen Brief. Ich öffnete ihn klopfenden Herzens und erkannte die lang gezogenen Buchstaben, in denen soviel Sehnsucht mitschwang. Die einfachen Worte lauteten:

›*Lieber Oskar!*

Wann werden wir uns wiedersehen? Wie geht es dir? Kannst du uns nie schreiben? Ich habe mir schon viel Kummer gemacht, wie es dir geht, wann man soviel liest in der Zeitung. Ich bin godseidank gesund, aber offne Füsse hab ich noch immer. Die Theres und Annamarie sind auch gesund. Dem Maurus geht es auch gut. Die Anna schreipt imer aus Amerika wie es dir geht.

Vergis nur deinen Gott nicht. Der macht alles wieder recht. Herzlichen Grus von deiner Mutter

– Auf Wiedersehen!‹

Ich habe sie nie wiedergesehen ...

(Das Leben meiner Mutter, Büchergilde Gutenberg, Frankfurt/M 1982, S. 646–649)

1 Vergleichen Sie diesen Augenzeugenbericht über die Ereignisse von 1933 mit Darstellungen in Geschichtsbüchern.

Bertolt Brecht

Bertolt Brecht

Furcht und Elend des Dritten Reiches

Bertolt Brecht (1898–1956) nannte sich einen Stückeschreiber; er betonte das Handwerkliche und schätzte die Arbeit im Team. 1928 wurde im Berliner Theater am Schiffbauerdamm *Die Dreigroschenoper* uraufgeführt; sie war sein erfolgreichstes Werk. Obwohl er in seinen so genannten Lehrstücken die Linie der kommunistischen Partei vertrat, wurde er doch niemals Mitglied. Am Tag nach dem Reichstagsbrand floh er aus Deutschland. Über mehrere Stationen emigrierte er schließlich in die USA.

Das Stück *Furcht und Elend des Dritten Reiches* besteht aus 24 Szenen; es entstand zwischen 1935 und 1938. In dieser Szenenfolge kommentiert Brecht das politische Geschehen in Deutschland bis zum Anschluss Österreichs. Brecht, damals im dänischen Exil, sammelte sein Material für diese Szenen aus Zeitungsnotizen; vieles beruht auch auf Augenzeugenberichten:

2
Der Verrat

Dort kommen Verräter, sie haben
Dem Nachbarn die Grube gegraben
Sie wissen, daß man sie kennt.
Vielleicht: die Straße vergißt nicht?
Sie schlafen schlecht: noch ist nicht
Aller Tage End.

Breslau, 1933. Kleinbürgerwohnung. Eine Frau und ein Mann stehen an der Tür und horchen. Sie sind sehr blaß.

DIE FRAU Jetzt sind sie drunten.

DER MANN Noch nicht.

DIE FRAU Sie haben das Geländer zerbrochen. Er war schon bewußtlos, wie sie ihn aus der Wohnung geschleppt haben.

DER MANN Ich habe doch nur gesagt, daß das Radio mit den Auslandssendungen nicht von hier kam.

DIE FRAU Du hast doch nicht nur das gesagt.

DER MANN Ich habe nichts sonst gesagt.

DIE FRAU Schau mich nicht so an. Wenn du nichts sonst gesagt hast, dann hast du eben nichts sonst gesagt.

DER MANN Das meine ich auch.

DIE FRAU Warum gehst du nicht hin auf die Wache und sagst aus, daß sie keinen Besuch hatten am Samstag.

Pause.

DER MANN Ich geh nicht auf die Wache. Das sind Tiere, wie sie mit ihm umgegangen sind.

DIE FRAU Es geschieht ihm recht. Warum mischt er sich in die Politik.

DER MANN Aber sie hätten ihm nicht die Jacke zu zerreißen brauchen. So dick hat es unsereiner nicht.

DIE FRAU Auf die Jacke kommt es doch nicht an.

DER MANN Sie hätten sie ihm nicht zerreißen brauchen.

(Gesammelte Werke, Band III, Werkausgabe edition suhrkamp, Suhrkamp Verlag, Frankfurt/Main 1967, S. 1078)

2 Brecht hat in mehreren Szenen die politischen Ereignisse aus der Perspektive der einfachen Leute beschrieben. In diesem kurzen Dialog ist manches nur angedeutet. Wie verstehen Sie die Bemerkung des Mannes über das »Radio mit den Auslandssendungen«?

3 Der Szene geht ein Text voraus, der über den Einzelfall hinausweist. Was ist der Inhalt dieses »Vorspanns«?

4 Brecht nannte seine Stücke episches Theater. Mit der Bezeichnung „episch" meinte er, dass die Handlung auf der Bühne kein abgeschlossenes Ganzes sein könne. Aus dem Gesamtgeschehen werden einige Abschnitte herausgenommen und szenisch vorgeführt. Für Brecht war das Theater keine „kulinarische" Veranstaltung, die das Publikum genüsslich über sich ergehen ließ. Theater sollte zur Auseinandersetzung mit dem Dargestellten provozieren.
Überprüfen Sie dieses Konzept an der zweiten Szene.

An die Nachgeborenen

III

Ihr, die ihr auftauchen werdet aus der Flut
In der wir untergegangen sind
Gedenkt
Wenn ihr von unseren Schwächen sprecht
Auch der finsteren Zeit
Der ihr entronnen seid.

Gingen wir doch, öfter als die Schuhe die Länder wechselnd
Durch die Kriege der Klassen, verzweifelt
Wenn da nur Unrecht war und keine Empörung.

Dabei wissen wir doch:
Auch der Haß gegen die Niedrigkeit
Verzerrt die Züge.
Auch der Zorn über das Unrecht
Macht die Stimme heiser. Ach, wir
Die wir den Boden bereiten wollten für Freundlichkeit
Konnten selber nicht freundlich sein.

Ihr aber, wenn es so weit sein wird
Daß der Mensch dem Menschen ein Helfer ist
Gedenkt unsrer
Mit Nachsicht.

(Gesammelte Werke, Band IX, Werkausgabe edition suhrkamp, Suhrkamp Verlag, Frankfurt/Main 1967, S. 724 f.)

Das Gedicht *An die Nachgeborenen* bildet den Abschluss der so genannten *Svendborger Gedichte*, die zwischen 1933 und 1938 im Exil entstanden. Brecht lebte damals in der Nähe der kleinen dänischen Hafenstadt Svendborg.

5▸ Das Gedicht hat drei Teile. In den Teilen I und II gibt Brecht eine Art Bestandsaufnahme seines bisherigen Lebens. Im dritten Teil, der hier abgedruckt ist, richtet der Autor sich an die Jugend, die vielleicht in einer besseren Zeit aufwachsen wird. Was sagt der Autor über seine Generation? Was wünscht er für die Generation der Nachgeborenen? Beachten Sie, dass dieses lyrische »Testament« noch vor Beginn des Zweiten Weltkrieges niedergeschrieben wurde.

Anna Seghers

Anna Seghers

Das siebte Kreuz

Anna Seghers (1900–1983) veröffentlichte diesen »Roman aus Hitlerdeutschland«, wie er im Untertitel heißt, 1942 in einem mexikanischen Exil-Verlag. Die Handlung des Romans spielt im Herbst 1937: Aus dem Konzentrationslager Westhofen, südlich von Mainz, sind sieben Häftlinge entkommen. Für jeden lässt der Lagerkommandant ein Kreuz errichten, an dem sie enden sollen. Nur ein Kreuz bleibt leer; nur einem, dem Mechaniker Georg Heisler, gelingt die Flucht in die Freiheit. Dieses siebte Kreuz wird zum Symbol der Hoffnung. – Den Handlungsfaden des Romans bildet die Flucht Heislers vor der Geheimen Staatspolizei (Gestapo), die ihn überall im Rhein-Main-Gebiet sucht; ein holländischer Schiffer, »der allerlei riskiert«, schleust ihn schließlich über die Grenze in die Freiheit. Auf der Flucht begegnet Heisler Menschen, die aus Angst wegschauen, ihm misstrauen oder selbstlos helfen und alles riskieren. So entsteht ein Situationsbericht über den Alltag im Deutschland jener Jahre. Aus sehr unterschiedlichen Perspektiven wird erzählt; die einzelnen Szenen reihen sich wie filmische Momentaufnahmen aneinander. Dies lässt sich sehr gut auf den letzten Seiten des Romans zeigen:

Der Lagerkommandant Fahrenberg hatte in dieser Nacht wie in allen vorhergehenden den Befehl gegeben, ihn aufzuwecken, sobald eine Meldung über den Flüchtling einging. Der Befehl war nutzlos, denn Fahrenberg schlief auch in dieser Nacht keinen Augenblick. Er horchte wieder auf jedes Geräusch, das im Zusammenhang stehen konnte mit der Nachricht, die er erwartete. Und wenn ihn die letzten Nächte durch ihre Stille gemartert hatten, die Nacht auf Montag marterte ihn durch kurz aufeinander folgendes Hupen, durch Hundegebell, durch das Gejohl betrunkner Bauern. Doch schließlich ließ alles nach. Das Land versank in den zähen Schlaf zwischen Mitternacht und Dämmerung. Er versuchte sich dieses Land vorzustellen, ohne dass er zu horchen aufhörte, all diese Dörfer, die Straßen und Wege, die sie untereinander verbanden und mit den drei großen Städten, ein dreieckiges Netz, in dem sich der Mann hätte fangen müssen, wenn er nicht der Teufel selbst war. Er konnte sich schließlich nicht in Luft aufgelöst haben. Irgendwelche Spuren musste er doch hinterlassen haben mit seinen Schuhen auf der feuchten Herbsterde, irgend jemand musste ihm diese Schuhe besorgt haben. Irgendeine Hand musste ihm Brot abgeschnitten, musste ein Glas vollgeschenkt haben. Irgendein Haus musste ihn beherbergt haben. Fahrenberg dachte zum erstenmal klar an die Möglichkeit, Heisler könnte entkommen sein. Diese Möglichkeit war doch unmöglich. Hatte man nicht erzählt, dass ihn seine Freunde verleugneten, dass seine eigene Frau längst einen

Liebsten hatte, dass sich sein eigner Bruder an der Fahndung beteiligte? Fahrenberg atmete auf. Wahrscheinlich war das die Lösung, dass er gar nicht mehr lebte. Hat sich wohl in den Rhein gestürzt oder in den Main, morgen wird er gelandet. Plötzlich sah er den Heisler vor sich nach dem letzten Verhör mit seinem eingerissenen Mund, mit seinen frechen Augen. Fahrenberg wusste auf einmal genau, dass seine Hoffnung fehlschlug. Kein Rhein und kein Main würden je seine Leiche landen, denn dieser Mann war lebendig geblieben, und er würde lebendig bleiben. Fahrenberg fühlte zum erstenmal seit der Flucht, dass er nicht hinter einem Einzelnen her war, dessen Züge er kannte, dessen Kraft erschöpfbar war, sondern einer gesichtslosen, unabschätzbaren Macht. Aber er konnte diesen Gedanken nur minutenlang ertragen.

»Jetzt musst du gehen.« Sie half Georg beim Anziehen und reichte ihm Stück für Stück, wie die Soldatenfrauen, wenn die letzte Urlaubsnacht aus ist.

Mit ihr hätte ich alles teilen können, dachte Georg, mein ganzes Leben, aber ich hab ja kein Leben zu teilen.

»Trink noch rasch was.« Er sah im Frühlicht, was er sofort verlassen sollte. Sie fror. Der Regen schlug ans Fenster. Das Wetter war über Nacht umgeschlagen. Aus dem Schrank kam ein leiser Kampfergeruch, als sie etwas herauszog, hässliches, dunkelwolliges Zeug. Was ich dir alles Schönes gekauft hätte, rot und blau und weiß.

Sie sah im Stehen zu, wie er Kaffee trank. Er war ganz ruhig. Sie ging voraus, schloss die Haustür auf und ging wieder hinauf. In der Küche und auf der Treppe hatte sie sich gefragt, ob sie ihm nicht doch noch sagen sollte, dass sie wohl ahne, was mit ihm sei. Wozu? Es wird ihn nur unruhig machen.

Sie spülte seine Tasse aus. Die Küchentür öffnete sich; eine alte, in eine Bettdecke gewickelte Frau mit einem grauen Zöpfchen erschien auf der Schwelle. Sie schimpfte unglaublich rasch. »Du dumme Marie, den siehst du nie wieder, das schwör ich dir. Hast du dir was Feines aufgelesen, sag mal, bist du ganz irr, hast ihn nicht gekannt, wo du weg bis heut Nachmittag, oder doch? Wie? Hast du die Zunge verschluckt?«

Die Junge drehte sich langsam vom Spülstein weg; ihr leuchtender Blick traf die alte Frau, die sich knurrend duckte. Sie sah ganz in Gedanken herunter mit einem ruhigen stolzen Lächeln. Ihr Augenblick war gekommen. Aber sie hatte keine Zeugen als diese alte, vor Frost und Ärger bibbernde Frau, die sich schnell zurückzog in ihr warmes Bett.

»Wenn ich Bellonis Mantel nicht hätte!«, dachte Georg, der mit gesenktem Kopf den Schienen nachging. Sein Gesicht strich ein harter Regen. Endlich traten die Häuser zurück. Der Regen hing in Strängen vor der Stadt auf dem anderen Ufer. Sie schien bar aller Wirklichkeit vor dem unermesslichen trüben Himmel. Eine von jenen Städten, die man im Schlaf erfindet, für die Dauer eines Traumes, und selbst so lange wird sie nicht halten. Aber sie hatte schon zweitausend Jahre ausgehalten.

Georg kam auf den Kasteler Brückenkopf. Der Posten rief ihn an. Georg zeigte seinen Pass. Als er schon auf der Brücke war, wurde ihm klar, dass sein Herz nicht schneller geklopft hatte. Er hätte noch zehn Brückenköpfe ruhig passieren können. Man kann sich also auch daran gewöhnen. Er fühlte sein Herz jetzt gefeit gegen Furcht und Gefahren, aber vielleicht auch gegen das Glück. Er ging etwas langsamer, um keine Minute zu früh anzukommen. Wie er aufs Wasser heruntersah, erblickte er den Schleppkahn, die »Wilhelmine«, mit ihrem grünen Ladestreifen, der sich im Wasser spiegelte, ganz nahe beim Brückenkopf, aber leider nicht gleich am Ufer, sondern neben einem anderen Kahn. Georg sorgte sich weniger um den Posten am Mainzer Brückenkopf als darum, wie man über das fremde Schiff weggelangen sollte. Er sorgte sich umsonst. Er war noch nicht zwanzig Schritte entfernt von der Anlegestelle, da tauchte an Bord der »Wilhelmine« der Kugelkopf eines kleinen, fast halslosen Mannes auf, ein rundes Gesicht, das ihn offensichtlich erwartete, ein etwas fettes Gesicht mit runden Nasenlöchern, mit vergrabenen Äuglein, ein Gesicht, hinter dem man gar nichts Gutes vermutete, eben darum für diese Zeit das rechte Gesicht für einen aufrechten Mann, der allerlei riskierte.

Montagabend sind dann die sieben Bäume in Westhofen abgeschlagen worden. Dort war alles sehr schnell gegangen. Der neue Kommandant war im Amt, ehe man den Wechsel erfahren hatte. Er war wohl der richtige Mann, um ein Lager in Ordnung zu bringen, in dem sich solche Sachen ereignet hatten. Er brüllte nicht, sondern sprach mit gewöhnlicher Stimme. Aber er ließ uns nicht im Zweifel, dass man uns alle bei dem geringsten Zwischenfall zusammenknallen würde. Die Kreuze hat er gleich abschlagen lassen, denn sie waren sein Stil nicht. Fahrenberg soll schon am Montag nach Mainz gefahren sein. Er soll sich im Fürstenberger Hof einquartiert haben. Er soll sich dann eine Kugel in den Kopf geschossen haben. Das ist nur ein Gerücht. Es passt auch nicht recht zu Fahrenberg. Vielleicht hat sich in jener Nacht im Fürstenberger Hof ein anderer eine Kugel in den Kopf geschossen, wegen Schulden oder wegen Liebeskummer. Vielleicht ist Fahrenberg die Treppe heraufgefallen und hat noch mehr Macht bekommen. Das alles wussten wir damals noch nicht. Später waren so viele Dinge passiert, dass man nichts mehr genau erfahren konnte. Wir hatten zwar geglaubt, mehr konnte man nicht erleben, als wir erlebt hatten. Draußen stellte es sich heraus, wie viel es noch zu erleben gab. Doch an dem Abend, als man zum erstenmal die Häftlingsbaracke einheizte und das Kleinholz verbrannt war, das, wie wir glaubten, von den sieben Bäumen kam, fühlten wir uns dem Leben näher als jemals später und auch viel näher als alle anderen, die sich lebendig vorkommen. Der SA-Posten hatte schon aufgehört, sich über den Regen zu wundern. Er drehte sich plötzlich um, um uns bei etwas Verbotenem zu überraschen. Er brüllte los und verteilte gleich ein paar Strafen. Wir lagen zehn Minuten später auf unseren Pritschen. Das letzte Fünkchen im Ofen verglühte. Wir ahnten, was für Nächte uns jetzt bevorstanden. Die nasse Herbstkälte drang durch die Decken, durch unsere Hemden, durch die Haut. Wir fühlten alle, wie tief und furchtbar die äußeren Mächte in den Menschen hineingreifen können, bis in sein Innerstes, aber wir fühlten auch, dass es im Innersten etwas gab, was unangreifbar war und unverletzbar.

(Suhrkamp Taschenbuch Verlag, Frankfurt/Main 1999, S. 438–442; Copyright Aufbau-Verlag, Berlin 1946)

6 Aus welcher Perspektive wird in den letzten vier Erzählabschnitten jeweils erzählt?

Else Lasker-Schüler

Else Lasker-Schüler

Mein blaues Klavier

Ich habe zu Hause ein blaues Klavier
Und kenne doch keine Note.

Es steht im Dunkel der Kellertür,
Seitdem die Welt verrohte.

Es spielen Sternenhände vier
– Die Mondfrau sang im Boote –
Nun tanzen die Ratten im Geklirr.

Zerbrochen ist die Klaviatür ...
Ich beweine die blaue Tote.

Ach liebe Engel öffnet mir
– Ich aß vom bitteren Brote –
Mir lebend schon die Himmelstür –
Auch wider dem Verbote.

(Sämtliche Gedichte, Kösel-Verlag, München 1977, S. 198f.)

Else Lasker-Schüler (1869–1945) hatte ihre expressionistischen Lyrik-Bände schon vor dem Ersten Weltkrieg veröffentlicht. 1932 wurde sie mit dem angesehenen Kleist-Preis geehrt; zu ihren Vorgängern gehörten Bertolt Brecht und Anna Seghers. 1933 musste Else Lasker-Schüler aus Deutschland fliehen; sie starb 1945 in Jerusalem. Ihr letzter Gedichtband, der die Entbehrungen des Exils spiegelt, hieß *Mein blaues Klavier* (1943). Das blaue Klavier des Titelgedichts ist das schmerzliche Symbol für Verlust und Zerstörung. Die Hoffnung (blau) ist nur noch Erinnerung an ein zerstörtes Zuhause (Klavier). Das Klavier steht nicht mehr im Salon, niemand kann es spielen; die Barbarei (Ratten) hat es besetzt.

7 Führen Sie die Aufschlüsselung der Symbole und Andeutungen weiter.

8 Trotz der bedrückenden Erinnerungen hat das Gedicht eine gewisse sprachliche und melodische Leichtigkeit oder Heiterkeit. An welchen Stellen fällt Ihnen dies besonders auf?

Es hat einen Sinn, für die Zeit des Dritten Reiches (1933–1945) von der *Literatur im Exil* zu sprechen. Wer ab 1933 weiterhin in Deutschland publizieren wollte, musste Mitglied der staatlich kontrollierten Reichskulturkammer sein, deren Präsident Reichspropagandaminister Joseph Goebbels war. Viele bedeutende Schriftstellerinnen und Schriftsteller, die sich schon während der Weimarer Republik einen Namen in der deutschsprachigen Literatur erworben hatten, verließen Deutschland, um ihr Leben zu retten, – die einen, weil sie »Nichtarier« waren (z. B. Else Lasker-Schüler), – die anderen, weil sie sich als entschiedene Gegner des neuen Regimes bekannt hatten (z. B. Bertolt Brecht); für manche traf beides zu (z. B. Anna Seghers). Neben dieser realen Emigration – für die rassisch und politisch Verfolgten die einzige Überlebenschance – gab es eine so genannte »Innere Emigration«: Sie bezieht sich zum einen auf Schriftstellerinnen und Schriftsteller, die, obwohl ihre Werke weder verbrannt noch auf den schwarzen Listen genannt worden waren, Abstand zum Nationalsozialismus hielten; sie kamen meistens aus christlichen Kreisen. Sie bezieht sich zum anderen auf Schriftstellerinnen und Schriftsteller, die, obwohl sie nicht mehr publizieren durften, in Deutschland blieben; ihre Werke aus der Zeit des Publikationsverbots erschienen nach 1945.
Es ist daher nicht falsch, zu behaupten, dass viele bedeutende Werke der deutschsprachigen Literatur zwischen 1933 und 1945 im Ausland entstanden und zum Teil auch dort in Exil-Verlagen publiziert wurden. Es fällt aber schwer, diese Werke der Exil-Literatur unter einen Nenner zu bringen. Der gemeinsame Nenner war oft nur das Exil. Viele Werke, die im Exil abgeschlossen wurden, gehen in ihrer Entstehung bis in die Zwanzigerjahre zurück und sie spiegeln die Vielfalt der literarischen und politischen Diskussion in den Jahren der Weimarer Republik. Erst als sich Mitte der Dreißigerjahre abzeichnete, das der Nationalsozialismus keine nur vorübergehende Erscheinung sei und dass die Zeit des Exils noch lange fortdauern könne, wurde das Exil selbst zum Thema (z. B. Anna Seghers: *Transit*, 1944).
Es fehlte in jenen Jahren (1933–1945) aber auch nicht an Autorinnen und Autoren, die sich dem neuen Regime andienten. Man sollte es erwähnen, aber nicht nachträglich auch noch durch Beispiele würdigen.

Berlin 1945

Nach dem Zweiten Weltkrieg (1945–1970)

Deutschland war 1945 ein besetztes Land, aufgeteilt in vier Besatzungszonen. Berlin besaß mit seinen vier Sektoren einen Sonderstatus. Die Westzonen und die Ostzone entwickelten sich auseinander und wurden sehr bald in den westlichen und östlichen Machtblock eingegliedert. Aus den drei Westzonen entstand am 23. Mai 1949 die Bundesrepublik Deutschland, aus der Ostzone am 7. Oktober 1949 die Deutsche Demokratische Republik. Beide Teile Deutschlands gehörten von nun an bis zum 3. Oktober 1990 verschiedenen Gesellschaftsordnungen an. Dies wirkte sich auch auf das literarische Leben aus. In den ersten Jahren fanden noch gesamtdeutsche Schriftstellerkongresse statt und man unterschied noch nicht zwischen westdeutscher und ostdeutscher Literatur, aber spätestens 1949 endeten diese gemeinsamen Ansätze.

1945 bedeutete für die deutsche Literatur keinen voraussetzungslosen Neuanfang; es war einiges nachzuholen und aufzuarbeiten. Eine Generation war herangewachsen, die bislang von der Literatur des Expressionismus oder der Weimarer Republik noch nichts gehört hatte; auch die zeitgenössische Literatur des Auslands war ihr weitgehend unbekannt geblieben. Erstmals konnten die Werke aus dem Exil in Deutschland gelesen werden. Die literarischen Ereignisse der ersten Nachkriegsjahre waren Werke von Autorinnen und Autoren, die schon während der Weimarer Republik oder noch früher ihre ersten großen Werke geschrieben hatten. Dazu gehörten die Romane *Doktor Faustus* (1947) von Thomas Mann, *Das Glasperlenspiel* (1943) von Hermann Hesse und *Das siebte Kreuz* (1943) von Anna Seghers. Die Meisterdramen von Bertolt Brecht kamen in Deutschland erstmals auf die Bühne: *Der gute Mensch von Sezuan* (1943) oder *Leben des Galilei* (1938 ff.). Wichtige Werke des Auslands wurden in preiswertem Zeitungsformat gedruckt. In der *Gruppe 47* (entstanden 1947), die über zwanzig Jahre das literarische Leben der Bundesrepublik – und darüber hinaus durch ihre Mitglieder auch in Österreich und der Schweiz – entscheidend beeinflusste, trafen sich Autorinnen und Autoren, die ihre Erfahrungen aus der jüngsten Vergangenheit aufarbeiteten und einen Neuanfang suchten. Die *Kurzgeschichte* wurde zur bevorzugten literarischen Form, da sie in einzelnen typischen Situationen den Alltag beleuchtete; ihre wichtigsten Vertreter waren Elisabeth Langgässer, Wolfgang Borchert, Wolfdietrich Schnurre und Heinrich Böll.

Der rasante wirtschaftliche Aufschwung der Fünfzigerjahre in Westdeutschland ließ sehr bald die moralischen Appelle der ersten Nachkriegsjahre vergessen; in der Öffentlichkeit wurde die jüngste Vergangenheit verdrängt. Dies änderte sich erst 1968 unter dem Druck der Studentenproteste.

Viele Schriftstellerinnen und Schriftsteller warnten schon sehr früh vor dem Vergessen im Boom des Wirtschaftswunders: Wolfgang Koeppen, Heinrich Böll und Günter Grass in ihren Romanen, Ingeborg Bachmann und Hans Magnus Enzensberger in ihren Gedichten. Max Frisch und Friedrich Dürrenmatt, die meistgespielten Dramatiker der Fünfziger- und Sechzigerjahre, wählten für ihre Zeitkritik die Form des *Parabelstückes*. Authentische Quellen der aktuellen Zeitgeschichte bildeten die Grundlage für das *Dokumentartheater*.

Die Literatur der DDR ging einen eigenen Weg. Abgeschlossen von der Entwicklung im Westen, stand sie unter dem Zwang, sich den Richtlinien und Forderungen der Partei zu unterwerfen; sie sollte durch positive Beispiele aus der Arbeitswelt am Aufbau des Sozialismus mitwirken. Dieser so genannte »Bitterfelder Weg«, 1959 auf einer Tagung in Bitterfeld von der Staatsführung gefordert, zeitigte aber nur ideologie-konforme Texte, keine Literatur. Diese entstand abseits von der Parteidoktrin oder in verdeckter Auseinandersetzung mit ihr. Die Disziplinierung kritischer Autorinnen und Autoren durch den Staat, selbst wenn sie im Grundsatz die sozialistische Ordnung bejahten, reichte von Zensur, über Publikationsverbot bis zur Ausbürgerung.

Günter Eich

Günter Eich

Inventur

Dies ist meine Mütze,
dies ist mein Mantel,
hier mein Rasierzeug
im Beutel aus Leinen.

Konservenbüchse:
Mein Teller, mein Becher,
ich hab in das Weißblech
den Namen geritzt.

Geritzt hier mit diesem
kostbaren Nagel,
den vor begehrlichen
Augen ich berge.

Im Brotbeutel sind
ein paar wollene Socken
und einiges, was ich
niemand verrate,

so dient er als Kissen
nachts meinem Kopf.
Die Pappe hier liegt
zwischen mir und derErde.

Die Bleistiftmine
lieb ich am meisten:
Tags schreibt sie mir Verse,
die nachts ich erdacht.

Dies ist mein Notizbuch,
dies meine Zeltbahn,
dies ist mein Handtuch,
dies ist mein Zwirn.

(Gesammelte Werke, Band I, Suhrkamp Verlag, Frankfurt/Main 1973, S. 35)

Günter Eich (1907–1972) war 1950 der erste Preisträger der Gruppe 47 (vgl. S. 249). Der Preis galt vor allem seiner Lyrik, deren nüchterner Ton für die Zeitgenossen so etwas wie einen Neuanfang in und mit der Sprache auf den Trümmern der jüngsten Vergangenheit bedeutete; denn die Autorinnen und Autoren der unmittelbaren Nachkriegszeit suchten Distanz zum pathetisch-verlogenen und gewalttätigen Wortschwall der NS-Zeit. Deshalb sprach man von »Trümmerliteratur«, »Kahlschlagliteratur« oder der »Stunde Null«; alle diese Begriffe spiegeln die Aufbruchsstimmung der ersten Jahre nach 1945. Das meistzitierte Beispiel dafür ist das Gedicht *Inventur* (entstanden 1945; veröffentlicht 1948). Die »Inventur« war wörtlich gemeint; nach der politischen Katastrophe sollte eine genaue Bestandsaufnahme der Sprache stattfinden. Ein Kriegsgefangener zählt auf, was ihm an notwendigen und eigenen Gegenständen noch geblieben ist.

1 Beachten Sie die Reihenfolge und »Wertung« der einzelnen Gegenstände. Lässt sich daraus etwas ablesen?

2 Wie würden Sie den sprachlichen Ausdruck und die Syntax dieses Textes charakterisieren?

Wolfgang Borchert

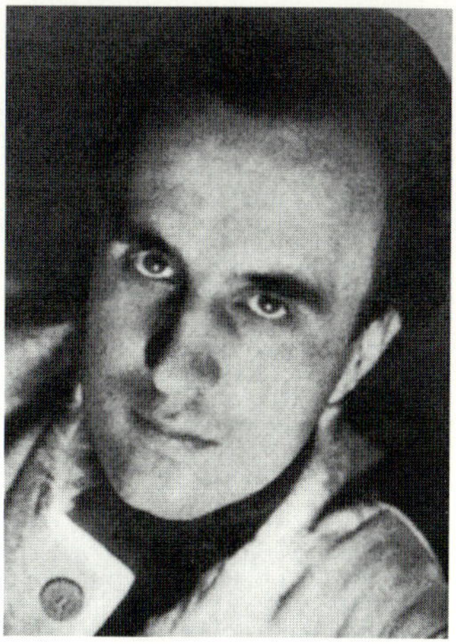

Wolfgang Borchert

Draußen vor der Tür

Im November 1947 wurde in Hamburg das Kriegsheimkehrerstück *Draußen vor der Tür* von **Wolfgang Borchert** (1921–1947) uraufgeführt; es wurde bald auf vielen Bühnen gespielt. Borchert war Soldat an der Ostfront gewesen; wegen seiner offenen Kritik an der Kriegspolitik des Regimes war er zweimal zu Haftstrafen verurteilt und zur »Frontbewährung« begnadigt worden. Schwer krank kehrte er aus dem Krieg zurück. Er starb einen Tag vor der Uraufführung seines einzigen Bühnenstückes. Zu seinem *Gesamtwerk* (so der Titel der einbändigen Ausgabe von 1949) gehören auch Kurzgeschichten (vgl. S. 256), z.B. *Die drei dunklen Könige*.

In diesem Stück kommt der ehemalige Unteroffizier Beckmann nach drei Jahren aus russischer Gefangenschaft zurück; er möchte den Ballast seiner Erfahrungen aus dem Krieg aufarbeiten, um vor sich selbst bestehen zu können und die Chance für einen besseren Neuanfang zu haben. Aber niemand interessiert sich mehr für seine Frage, wie Schuld zu sühnen sei. Jeder denkt nur an sein Fortkommen. Die Vergangenheit ist vergessen; sie wird nicht aufgearbeitet. Beckmann verzweifelt. Die letzte Zeile des Stückes lautet: »Gibt denn keiner, keiner Antwort???«.

In der folgenden Szene besucht Beckmann den Oberst, der ihm im Krieg die Verantwortung für ein Sonderkommando übertragen hatte, bei dem elf Leute umgekommen waren. Beckmann wird von furchtbaren Träumen verfolgt. Er möchte wieder ruhig schlafen. Deshalb will er die Verantwortung an den Oberst zurückgeben:

OBERST Was wollen Sie denn von mir?

BECKMANN Ich bringe sie Ihnen zurück.

OBERST Wen?

BECKMANN *(beinah naiv)* Die Verantwortung. Ich bringe Ihnen die Verantwortung zurück. Haben Sie das ganz vergessen, Herr Oberst? Den 14. Februar? Bei Gorodok. Es waren 42 Grad Kälte. Da kamen Sie doch in unsere Stellung, Herr Oberst, und sagten: Unteroffizier Beckmann. Hier, habe ich geschrien. Dann sagten Sie, und Ihr Atem blieb an Ihrem Pelzkragen als Reif hängen – das weiß ich noch ganz genau, denn Sie hatten einen sehr schönen Pelzkragen – dann sagten Sie: Unteroffizier Beckmann, ich übergebe Ihnen die Verantwortung für die zwanzig Mann. Sie erkunden den Wald östlich Gorodok und machen nach Möglichkeit ein paar Gefangene, klar? Jawohl, Herr Oberst, habe ich da gesagt. Und dann sind wir losgezogen und haben erkundet. Und ich – ich hatte die Verantwortung. Dann haben wir die ganze Nacht erkundet, und dann wurde geschossen, und als wir wieder in der Stellung waren, da fehlten elf Mann. Und ich hatte die Verantwortung. Ja, das ist alles, Herr Oberst. Aber nun ist der Krieg aus, nun will ich pennen, nun gebe ich Ihnen die Verantwortung zurück, Herr Oberst, ich will sie nicht mehr, ich gebe sie Ihnen zurück, Herr Oberst.

OBERST Aber mein lieber Beckmann, Sie erregen sich unnötig. So war es doch nicht gemeint.

BECKMANN *(ohne Erregung, aber ungeheuer ernsthaft)* Doch. Doch, Herr Oberst. So muss das gemeint sein. Verantwortung ist doch nicht nur ein Wort, eine chemische Formel, nach der helles Menschenfleisch in dunkle Erde verwandelt wird. Man kann doch Menschen nicht für ein leeres Wort sterben lassen. Irgendwo müssen wir doch hin mit unserer Verantwortung. Die Toten – antworten nicht. Gott – antwortet nicht. Aber die Lebenden, die fragen. Die fragen jede Nacht, Herr Oberst. Wenn ich dann wach liege, dann kommen sie und fragen. Frauen, Herr Oberst, traurige, trauernde Frauen. Alte Frauen mit grauem Haar und harten rissigen Händen – junge Frauen mit einsamen sehnsüchtigen Augen. Kinder, Herr Oberst, Kinder, viele kleine Kinder. Und die flüstern dann aus der Dunkelheit: Unteroffizier Beckmann, wo ist mein Vater, Unteroffizier Beckmann? Unteroffizier Beckmann, wo ist mein Sohn, wo ist mein Bruder, Unteroffizier Beckmann, wo ist mein Verlobter, Unteroffizier Beckmann? Unteroffizier Beckmann, wo? wo? wo? So flüstern sie, bis es hell wird. Es sind nur elf Frauen, Herr Oberst, bei mir sind es nur elf. Wie viel sind es bei Ihnen, Herr Oberst? Tausend? Zweitausend? Schlafen Sie gut, Herr Oberst? Dann macht es Ihnen wohl nichts aus, wenn ich Ihnen zu den zweitausend noch die Verantwortung für meine elf dazugebe. Können Sie schlafen, Herr Oberst? Mit zweitausend nächtlichen Gespenstern? Können Sie überhaupt leben, Herr Oberst, können Sie eine Minute leben, ohne zu schreien? Herr Oberst, Herr Oberst, schlafen Sie nachts gut? Ja? Dann macht es Ihnen ja nichts aus, dann kann ich wohl nun endlich pennen – wenn Sie so nett sind und sie wieder zurücknehmen, die Verantwortung. Dann kann ich wohl nun endlich in aller Seelenruhe pennen. Seelenruhe, das war es, ja, Seelenruhe, Herr Oberst!
Und dann: schlafen! Mein Gott!

OBERST *(ihm bleibt doch die Luft weg. Aber dann lacht er seine Beklemmung fort, aber nicht gehässig, eher jovial und raubeinig, gutmütig, sagt sehr unsicher)* Junger Mann, junger Mann! Ich weiß nicht recht, ich weiß nicht recht. Sind Sie nun ein heimlicher Pazifist, wie? So ein bisschen destruktiv, ja? Aber – *(er lacht zuerst verlegen, dann aber siegt sein gesundes Preußentum, und er lacht aus voller Kehle)* mein Lieber, mein Lieber! Ich glaube beinahe, Sie sind ein kleiner Schelm, wie? Hab ich Recht? Na? Sehen Sie, Sie sind ein Schelm, was? *(Er lacht)* Köstlich, Mann, ganz köstlich! Sie haben wirklich den

Bogen raus! Nein, dieser abgründige Humor! Wissen Sie (von seinem Gelächter unterbrochen), wissen Sie, mit dem Zeug, mit der Nummer, können Sie so auf die Bühne! So auf die Bühne! *(Der Oberst will Beckmann nicht verletzen, aber er ist so gesund und so sehr naiv und alter Soldat, dass er Beckmanns Traum nur als Witz begreift)* Diese blödsinnige Brille, diese ulkige versaute Frisur! Sie müssten das Ganze mit Musik bringen *(lacht)*. Mein Gott, dieser köstliche Traum! Die Kniebeugen, die Kniebeugen mit Xylophonmusik! Nein, mein Lieber, Sie müssen so auf die Bühne! Die Menschheit lacht sich, lacht sich ja kaputt!!! Oh, mein Gott!!! *(lacht mit Tränen in den Augen und pustet)* Ich hatte ja im ersten Moment gar nicht begriffen, dass Sie so eine komische Nummer bringen wollten. Ich dachte wahrhaftig, Sie hätten so eine leichte Verwirrung im Kopf. Hab doch nicht geahnt, was Sie für ein Komiker sind. Nein, also, mein Lieber, Sie haben uns wirklich so einen reizenden Abend bereitet – das ist eine Gegenleistung wert. Wissen Sie was? Gehen Sie runter zu meinem Chauffeur, nehmen Sie sich warm Wasser, waschen Sie sich, nehmen Sie sich den Bart ab. Machen Sie sich menschlich. Und dann lassen Sie sich vom Chauffeur einen von meinen alten Anzügen geben. Ja, das ist mein Ernst! Schmeißen Sie ihre zerrissenen Klamotten weg, ziehen Sie sich einen alten Anzug von mir an, doch, das dürfen Sie ruhig annehmen, und dann werden Sie erstmal wieder ein Mensch, mein lieber Junge! Werden Sie erstmal wieder ein Mensch!!!

BECKMANN *(wacht auf und wacht auch zum ersten Mal aus seiner Apathie auf)* Ein Mensch? Werden? Ich soll erstmal wieder ein Mensch werden? *(schreit)* Ich soll ein Mensch werden? Ja, was seid Ihr denn? Menschen? Menschen? Wie? Was? Ja? Seid Ihr Menschen? Ja?!?

(3. Szene, Ausschnitt)

(Das Gesamtwerk, Rowohlt Verlag, Hamburg 1949, S. 125–128)

3 Der Oberst, – er versteht nichts oder will nichts verstehen; er sieht die Angstträume Beckmanns, wie die Kriegstoten ein »Konzert auf dem Knochenxylophon« inszenieren, als Glanznummer in einem Varietee. Die Szene ist grotesk, d.h. überzeichnet. Was ist Ihrer Meinung nach der inhaltliche Kern dieser Szene?

Wolfdietrich Schnurre

Wolfdietrich Schnurre

Das Begräbnis

Steh ich in der Küche auf m Stuhl. Klopfts.

Steig ich runter, leg den Hammer weg und den Nagel; mach auf: Nacht; Regen.

Nanu, denk ich, hat doch geklopft.

»Ptsch«, macht die Dachrinne.

»Ja –?«, sag ich.

Ruft's hinter mir: »Hallo!«

Geh ich zurück wieder. Liegt n Brief auf m Tisch.

Nehm ihn.

Klappt die Tür unten. Leg ich den Brief hin, geh runter, mach auf: Nichts.

Ulkig, denk ich.

Geh rauf wieder.

Liegt der Brief da; weiß mit schwarzem Rand.

Muss einer gestorben sein, denk ich.

Seh mich um.

»Riecht nach Weihrauch«, sagt meine Nase.

»Hast recht«, sag ich; »war doch vorher nich. Komisch.«

Reiß den Brief auf, setz mich, putz mir die Brille. So.

Richtig, ne Traueranzeige. Ich buchstabiere:

VON KEINEM GELIEBT, VON KEINEM GEHASST, STARB HEUTE, NACH LANGEM, MIT HIMMLISCHER GEDULD ERTRAGENEM LEIDEN: GOTT.

Klein, drunter:

Die Beisetzung findet heute Nacht in aller Stille auf dem St.-Zebedäus-Friedhof statt.

Siehste, denk ich, hats ihn auch geschnappt, den Alten; nu ja. Steck die Brille ins Futteral und steh auf.

»Frau!«, ruf ich, »n Mantel!«

»Wieso n?«, brummelt sie oben.

»Frag nich so blöd«, sag ich; »muß zur Beerdigung.«

»Kenn ich«, greint sie; »Skat kloppen willste.«

»Quatsch«, sag ich; »Gott is gestorben.«

»Na und –?«, sagt sie; »vielleicht noch n Kranz kaufen, hm?«

»Nee«, sag ich; »aber Franzens Zylinder könntste rausrücken. Wer weiß, wer alles da is.«

»Ach nee«, sagt sie; »auch noch n Dicken Willem markiern? Nee, is nich. Außerdem duster; sieht sowieso keiner, dass de n Zylinder aufhast.«

Schön denk ich; denn nich, liebe Tante.

Zieh mein Paletot an, klapp n Kragen hoch und geh runter zur Tür.

s pladdert.

Den Schirm, denk ich. Aber den Schirm hat Emma.

»Nacht«, sag ich und mach zu hinter mir.

Alles wie immer draußen. Glitschiger Asphalt, bisschen Laternenlicht; paar Autos, paar Fußgänger; auch die Straßenbahn fährt.

Frag ich einen: »Schon gehört – Gott is gestorben.«

Sagt der: »Nanu; heut erst?«

Der Regen nimmt zu. Vor mir taucht n Kiosk auf mit ner Karbidlampe drin.

Halt, denk ich, musst doch mal sehn.

Beug mich rein; blättere, such.

HEUTE: nichts. MORGEN: nichts. NEUE WELT: nichts. DIE ZUKUNFT: nichts. AM FEIERABEND: nichts. Keine Zeile; nicht mal unter Kurznachrichten.

Frag ich: »Sonst noch was?«

»Anzeigenblatt«, sagt der Zeitungsmann.

»Moment«, sag ich.

Such, finds: Letzte Seite; reiner Zufall. Unter Sonstiges, klitzeklein:

VON KEINEM GELIEBT, VON KEINEM GEHASST, STARB HEUTE NACH LANGEM, MIT HIMMLISCHER GEDULD ERTRAGENEM LEIDEN: GOTT.

Aus; alles.

Zeigs dem Zeitungsmann: »Na –?«

Sagt der: »Armer Deubel. Kein Wunder.«

Auf m Paradeplatz, mitten im Nebel, steht n Schutzmann.

Frag ich: »Nich was durchs Radio gekommn?«

»Krieg«, sagt er.

»Nee«, sag ich; »was Besondres.«

»Nee«, sagt er.

»Kein Todesfall? Gott soll gestorben sein.«

Zuckt er die Schultern: »Hat er davon.«

Wird dunkler. Die Straße verengt sich.

Ecke Kadettenweg renn ich einen an.

Sagt der: »Gehts n hier zum Zebedäus-Friedhof?«

»Pfarrer?«, frag ich; »Beerdigung?«

Er nickt. –

»Wen denn.«

Sagt er: »n gewissen Klott oder Gott oder so ähnlich.«

Gehn wir zusammen. An Mietskasernen vorbei, schorfigen Brandmauern, flackernden Gaslaternen.

Fragt der Pfarrer: »Verwandt mit dem Toten?«

Unter dem unmittelbaren Eindruck des Zusammenbruchs nach dem Zweiten Weltkrieg hatte **Marie Luise Kaschnitz** (1901–1974) noch eine optimistische Zukunftsvision geschrieben, im Glauben, dass man aus der Geschichte lerne: »Einst wird sein, daß dieses wilde / Wetter auch zu Ende geht, / Daß ein Abend voller Milde / über diesen Tälern steht.« (*Hernach*, 1947).

Schon wenige Jahre später warnte sie in den Gedichtbänden *Zukunftsmusik* (1950) und *Neue Gedichte* (1957) vor restaurativen Tendenzen der Zeit. Angesichts der Zerstörung der Umwelt schwanden auch die schönen Naturbilder; es blieb in den späten Gedichten nur noch ein kahles Refugium der Einsamkeit, das *Kein Zauberspruch* – so der Titel eines Bandes von 1972 – mehr befreit.

Im ersten Teil ihres Textes *Hiroshima* (1951) gibt Marie Luise Kaschnitz wieder, was über das Schicksal des Bomberpiloten in den Zeitungen stand. Im zweiten Teil widerspricht sie dieser Legende; sie beschreibt eine Situation, in der sie den Piloten gesehen haben will. Dieser zweite Teil ist ihre eigene, erfundene Ausdeutung der Ereignisse.

6▸ Was wollte, Ihrer Meinung nach, Marie Luise Kaschnitz mit ihrem erfundenen Widerspruch zu den Zeitungsmeldungen ausdrücken?

Wolfgang Koeppen

Wolfgang Koeppen

Das Treibhaus

Die drei Romane *Tauben im Gras* (1951), *Das Treibhaus* (1953) und *Der Tod in Rom* (1954) von **Wolfgang Koeppen** (1906–1996) waren die erste kritische Bestandsaufnahme der bundesrepublikanischen Gesellschaft. Koeppen musste den Nerv getroffen haben; denn die Romane wurden genauso empört abgelehnt, wie begeistert aufgenommen.

Die Handlung des Romans *Das Treibhaus* spielt zur Zeit der Debatten über die Wiederaufrüstung. Erzählt wird der vergebliche Kampf des Bundestagsabgeordneten Keetenheuve gegen die Wiederaufrüstung. Um den lästigen Warner loszuwerden, bietet man ihm einen Botschafterposten an, aber er lehnt ab – und wählt den Freitod. Das Ärgernis in diesem Roman war das bedingungslose Einfordern der moralischen Versprechungen gleich nach Kriegsende. Aber schon Anfang der Fünfzigerjahre hatte sich bei manchem die Einstellung gewandelt; Geschäft und Profit hatten den Vortritt.

In dem folgenden Ausschnitt denkt Keetenheuve über seine Ziele und über seine gegenwärtige Situation nach. Das Selbstgespräch ist eine Art politisches Testament:

Keetenheuves Beschäftigungen, seine Mitarbeit am Wiederaufbau, sein Eifer, der Nation neue Grundlagen des politischen Lebens und die Freiheit der Demokratie zu schaffen, hatten es mit sich gebracht, dass er in den Bundestag gewählt wurde. Er war bevorzugt aufgestellt worden und hatte sein Mandat bekommen, ohne sich als Wahlredner anstrengen zu müssen. Das Kriegsende hatte ihn mit Hoffnungen erfüllt, die noch eine Weile anhielten, und er glaubte, sich nun einer Sache hingeben zu müssen, nachdem er so lange abseits gestanden hatte. Er wollte Jugendträume verwirklichen, er glaubte damals an eine Wandlung, doch bald sah er, wie töricht dieser Glaube war, die Menschen waren natürlich dieselben geblieben, sie dachten gar nicht daran, andere zu werden, weil die Regierungsform wechselte, weil statt braunen, schwarzen und feldgrauen jetzt olivfarbene Uniformen durch die Straßen gingen und den Mädchen Kinder machten, und alles scheiterte wieder mal an Kleinigkeiten, an dem zähen Schlick des Untergrundes, der den Strom des frischen Wassers hemmte und alles im Alten stecken ließ, in einer überlieferten Lebensform, von der jeder wusste, dass sie eine Lüge war. Keetenheuve stürzte sich zunächst mit Eifer in die Arbeit der Ausschüsse, es trieb ihn, die verlorenen Jahre einzuholen, und wie in Blüte wäre er gewesen wenn er mit den Nazis marschiert wäre denn das war der Aufbruch der verfluchte Irrbruch seiner Generation und jetzt war all sein Eifer der Verdammnis preisgegeben der Lächerlichkeit eines grau werdenden Jünglings er war geschlagen als er anfing.

Und was er in der Politik verlor, was ihm abgekämpft wurde und was er aufgeben musste, das verlor er auch in der Liebe, denn Politik und Liebe, sie waren beide zu spät zu ihm gekommen, Elke liebte ihn, aber er reiste mit dem Freifahrschein der Parlamentarier Phantomen nach, dem Phantom der Freiheit, vor der man sich fürchtete und die man den Philosophen zu unfruchtbarer Erörterung überließ, und dem Phantom der Menschenrechte, nach denen nur gefragt wurde, wenn man Unrecht erlitt, die Probleme waren unendlich schwierig, und man konnte wohl verzagen. Keetenheuve sah sich bald wieder in die Opposition gedrängt, aber die ewige Opposition machte ihm keinen Spaß mehr, denn er fragte sich: kann ich es ändern, kann ich es besser machen, weiß ich den Weg?

Er wusste ihn nicht. An jeder Entscheidung hingen tausendfache Für und Wider, Lianen gleich, Lianen des Urwalds, ein Dschungel war die praktische Politik, Raubtiere begegneten einem, man konnte mutig sein, man konnte die Taube gegen den Löwen verteidigen, aber hinterrücks biß einen die Schlange. Übrigens waren die Löwen dieses Waldes zahnlos und die Tauben nicht so unschuldig, wie sie girrten, nur das Gift der Schlangen war noch stark und gut, und sie wussten auch im richtigen Moment zu töten. Hier kämpfte er sich durch, hier irrte er.

(W. K., Drei Romane, Suhrkamp Verlag, Frankfurt/Main 1972, S. 224 f.; Copyright Scherz & Goverts Verlag, Stuttgart 1953)

7 Welches politische Programm des Abgeordneten Keetenheuve können Sie aus dem Textausschnitt herauslesen?

8 Was stört Keetenheuve an der Arbeit im Bundestag zu Beginn der Fünfzigerjahre? Warum scheitert er? Informieren Sie sich über die wichtigsten Daten zur Zeitgeschichte bis 1953.

9 Könnte der Titel des Romans schon Teil einer Interpretation sein?

Ingeborg Bachmann

Ingeborg Bachmann

Die gestundete Zeit

Es kommen härtere Tage.
Die auf Widerruf gestundete Zeit
wird sichtbar am Horizont.
Bald musst du den Schuh schnüren
und die Hunde zurückjagen in die Marschhöfe.
Denn die Eingeweide der Fische
Sind kalt geworden im Wind.
Ärmlich brennt das Licht der Lupinen.
Dein Blick spurt im Nebel:
die auf Widerruf gestundete Zeit
wird sichtbar am Horizont.

Drüben versinkt dir die Geliebte im Sand,
er steigt um ihr wehendes Haar,
er fällt ihr ins Wort,
er befiehlt ihr zu schweigen,
er findet sie sterblich
und willig dem Abschied
nach jeder Umarmung.

Sieh dich nicht um.
Schnür deinen Schuh.
Jag die Hunde zurück.
Wirf die Fische ins Meer.
Lösch die Lupinen!

Es kommen härtere Tage.

(Gedichte, Erzählungen, Hörspiel, Essays, R. Piper & Co Verlag, München 1964, S. 20)

Als **Ingeborg Bachmann** (1926–1973) den Hörspielpreis der Kriegsblinden für ihr Hörspiel *Der gute Gott von Manhattan* (1958) erhielt, sagte sie in der Dankesrede: „Es ist auch mir gewiss, dass wir in der Ordnung bleiben müssen, dass es den Austritt aus der Gesellschaft nicht gibt und wir uns aneinander prüfen müssen." Die Spannung zwischen gesellschaftlichem Zwang und der Suche nach einem Freiraum der Gefühle ist auch in Bachmanns Erzählungen (vgl. den Sammelband *Das Dreißigste Jahr*, 1961) das bestimmende Thema. *Die gestundete Zeit* ist das Titelgedicht eines Gedichtbandes aus dem Jahre 1953. In diesem Gedicht finden sich keine unmittelbaren Anspielungen auf aktuelle Zeitereignisse. Die Bilder bleiben im »poetischen« Bereich. Trotzdem rütteln sie auf; sie beunruhigen.

10 Was verstehen Sie unter dem Titel? Was könnte mit der Zeit gemeint sein, die uns gestundet ist? Im Lexikon steht unter »stunden«: hinausschieben der Fälligkeit einer geschuldeten Leistung. In diesem Gedicht wird etwas eingefordert.

Hans Magnus Enzensberger

Hans Magnus Enzensberger

Ins Lesebuch für die Oberstufe

Lies keine Oden, mein Sohn, lies die Fahrpläne:
sie sind genauer. Roll die Seekarten auf,
eh es zu spät ist. Sei wachsam, sing nicht.
Der Tag kommt, wo sie wieder Listen ans Tor
schlagen und malen den Neinsagern auf die Brust
Zinken.[1] Lern unerkannt gehn, lern mehr als ich:
das Viertel wechseln, den Paß, das Gesicht.
Versteh dich auf den kleinen Verrat,
die tägliche schmutzige Rettung. Nützlich
sind die Enzykliken[2] zum Feueranzünden,
die Manifeste[3]: Butter einzuwickeln und Salz
für die Wehrlosen. Wut und Geduld sind nötig,
in die Lungen der Macht zu blasen
den feinen tödlichen Staub, gemahlen
von denen, die viel gelernt haben,
die genau sind, von dir.

(Verteidigung der Wölfe, Suhrkamp Verlag, Frankfurt/Main 1981, S. 90)

1 Ausdruck aus der Gaunersprache: etwas markieren
2 päpstliche Rundschreiben
3 öffentliche Erklärungen, Grundsatzprogramme

Hans Magnus Enzensberger (geb. 1929) trat zuerst mit dem Gedichtband *Verteidigung der Wölfe* (1957) an die Öffentlichkeit. Seine Gedichte bezeichnete er als »Gebrauchsgegenstände«; sie sollten provozieren und Reaktionen erzwingen. Am deutlichsten lässt sich dies an dem Gedicht *Ins Lesebuch für die Oberstufe* nachvollziehen: Der Sohn wird mit Imperativsätzen in die Realität des neuen Lebens eingeführt; er soll lernen »genau« zu sein.

11▸ In dem Text wird auf historische Einzelheiten, auf Bildungswissen angespielt. Können Sie alle Anspielungen entschlüsseln?

12▸ Was ist der Kern der Ansprache an den Sohn?

13▸ Enzensberger wollte provozieren; er überzeichnete bewusst. Bei welchen Handlungsanweisungen haben Sie Vorbehalte?

14▸ Damals waren es die Fahrpläne als Ersatz für Oden, für Gedichte. Und heute? Wie würden Sie die ersten Verse formulieren oder umgestalten?

Max Frisch

Max Frisch

Biedermann und die Brandstifter

Das Theaterstück *Biedermann und die Brandstifter* (1958) ist ein Modell. **Max Frisch** (1911–1991) nannte es ein »Lehrstück ohne Lehre«.

Herr Biedermann, ein sonst sehr ordentlicher Bürger, nimmt zwei Landstreicher in sein Haus auf, von denen er sehr bald erfährt, dass sie in Wirklichkeit Brandstifter sind und die Stadt niederbrennen wollen. Weil ihm aber bereits die nötige Zivilcourage fehlt und er glaubt, er könne durch Nachgeben Schlimmeres verhindern, versorgt er selbst die Brandstifter mit allem, was sie zu ihrem Vernichtungsplan benötigen. Am Schluss geht auch Herr Biedermann mit der ganzen Stadt in den Flammen unter.

Die Lehre aus diesem Gleichnis ist zwar leicht zu ziehen; aber der Schweizer Autor bezweifelte, ob sie auch befolgt werde, ob man aus der Geschichte lerne.

Im Folgenden ist der Schluss des Stückes abgedruckt:

BIEDERMANN Mach einen Kaffee, Babette! *Babette geht hinaus.* Und Sie, Anna, was stehen Sie da und glotzen? *Anna geht hinaus.* Unter uns, meine Herren: Genug ist genug: Meine Frau ist herzkrank. Scherzen wir nicht länger über Brandstifterei.

SCHMITZ Wir scherzen ja nicht, Herr Biedermann.

EISENRING Wir sind Brandstifter.

BIEDERMANN Meine Herren, jetzt ganz im Ernst –

SCHMITZ Ganz im Ernst.

EISENRING Ganz im Ernst.

SCHMITZ Warum glauben Sie uns nicht?

EISENRING Ihr Haus, Herr Biedermann, liegt sehr günstig, das müssen Sie einsehen: fünf solche Brandherde rings um die Gasometer, die leider bewacht sind, und dazu ein richtiger Föhn –

BIEDERMANN Das ist nicht wahr.

SCHMITZ Herr Biedermann! Wenn Sie uns schon für Brandstifter halten, warum nicht offen darüber reden? *Biedermann blickt wie ein geschlagener Hund.*

BIEDERMANN Ich halte Sie ja nicht für Brandstifter, meine Herren, das ist nicht wahr, Sie tun mir Unrecht, ich halte Sie nicht für – Brandstifter ...

EISENRING Hand aufs Herz!

BIEDERMANN Nein! Nein, nein! Nein!

Heinrich Böll

Heinrich Böll

Ansichten eines Clowns

Heinrich Böll (1917–1985) erhielt 1972 den Nobelpreis für Literatur. Sein Gesamtwerk ist eine kritische Chronik der gesellschaftlichen und politischen Entwicklung in der Bundesrepublik bis in die Achtzigerjahre. Böll stellte die Ereignisse aus der Perspektive der Betroffenen dar; sie sind in der Mehrzahl alltägliche Zeitgenossen oder Außenseiter.

Bölls bekanntester Roman ist *Ansichten eines Clowns* (1963). Der Clown ist Hans Schnier. Er ist ein Aussteiger aus Protest gegen die fehlende Aufarbeitung der jüngsten Geschichte in der neuen Wohlstandsgesellschaft; auch an der katholischen Kirche übt er Kritik. Sein Berufsgewand als Clown wird zu seiner zweiten Natur. In mehreren Rückblenden erinnert er sich, wie sich einzelne Zeitgenossen im Dritten Reich verhalten haben und wie sie sich jetzt geben. Einer von ihnen ist Herbert Kalick, der bei der Hitlerjugend zu den Scharfmachern gehörte, der den 10-jährigen Hans Schnier exemplarisch bestrafen wollte; Schnier hatte »Nazischwein« gesagt, ohne zu wissen, was das Wort bedeutet:

Ich machte mir noch ein Butterbrot, ging in die Diele und nahm aus meiner Manteltasche die Abendzeitung heraus, die ich in Köln vom Zug aus gekauft hatte. Manchmal hilft die Abendzeitung: sie macht mich so leer wie das Fernsehen. Ich blätterte sie durch, überflog die Schlagzeilen, bis ich eine Notiz entdeckte, über die ich lachen musste. Bundesverdienstkreuz für Dr. Herbert Kalick. Kalick war der Junge gewesen, der mich angezeigt hatte wegen Defätismus[1] und während der Gerichtsverhandlung auf Härte, unerbittlicher Härte bestanden hatte. Er hatte damals den genialen Einfall gehabt, das Waisenhaus für den Endkampf zu mobilisieren. Ich wusste, dass er ein hohes Tier geworden war. In der Abendzeitung stand, er habe das Bundesverdienstkreuz bekommen wegen »seiner Verdienste um die Verbreitung des demokratischen Gedankens in der Jugend«.
Er hatte mich vor zwei Jahren einmal eingeladen, um sich mit mir zu versöhnen. Sollte ich ihm etwa verzeihen, dass Georg, der Waisenjunge, beim Üben mit einer Panzerfaust tödlich verunglückt war – oder dass er mich, einen Zehnjährigen, wegen Defätismus angezeigt und auf Härte, unnachgiebiger Härte bestanden hatte? Marie meinte, eine Einladung zur Versöhnung könne man nicht ablehnen, und wir hatten Blumen gekauft und waren hingefahren. Er hatte eine hübsche Villa, fast schon in der Eifel, eine hübsche Frau und das, was die beiden stolz »ein Kinder« nennen. Seine Frau ist auf jene Art hübsch,

dass man nicht weiß, ob sie lebendig ist oder nur aufgezogen. Ich war die ganze Zeit über, während ich neben ihr saß, versucht, sie bei den Armen oder bei den Schultern zu packen, oder an den Beinen, um festzustellen, ob sie nicht doch eine Puppe war. Alles, was sie zur Konversation beitrug, bestand aus zwei Ausdrücken »Ach, wie hübsch« und »Ach, wie scheußlich«. Ich fand sie erst langweilig, war aber dann fasziniert und erzählte ihr allerlei, so wie man Groschen in einen Automaten wirft – nur um herauszubekommen, wie sie reagieren würde. Als ich ihr erzählte, meine Großmutter sei gestorben – was gar nicht stimmte, denn meine Großmutter war schon vor zwölf Jahren gestorben – sagte sie: »Oh, wie scheußlich«, und ich finde, man kann, wenn jemand stirbt, viel Dummes sagen, aber »oh, wie scheußlich« nicht. Dann erzählte ich ihr, dass ein gewisser Humeloh (den es gar nicht gab, den ich rasch erfand, um etwas Positives in den Automaten zu schmeißen) den Ehrendoktor bekommen habe, sie sagte: »Oh, wie hübsch«. Als ich ihr dann erzählte, dass mein Bruder Leo konvertiert sei, zögerte sie einen Augenblick – und dieses Zögern erschien mir fast wie ein Lebenszeichen; sie sah mich mit ihren sehr großen, leeren Puppenaugen an, um herauszufinden, in welche Kategorie für mich dieses Ereignis gehöre, sagte dann: »Scheußlich, was?«; es war mir immerhin gelungen, ihr eine Ausdrucks-Variation abzuringen. Ich schlug ihr vor, doch die beiden Ohs einfach wegzulassen, nur noch hübsch und scheußlich zu sagen; sie kicherte, legte mir noch Spargel nach und sagte dann erst: »Oh, wie hübsch«. Schließlich lernten wir an diesem Abend auch noch das »ein Kinder« kennen, einen fünfjährigen Bengel, der so, wie es war, im Werbefernsehen als Kind hätte auftreten können. Dieses Zahnpastagetue, gute Nacht, Pappi, gute Nacht, Mammi, ein Diener vor Marie, einer vor mir. Ich wunderte mich, dass das Werbefernsehen ihn noch nicht entdeckt hat. Später, als wir Kaffee und Kognak am Kamin tranken, sprach Herbert von der großen Zeit, in der wir leben. Er holte dann noch Sekt und wurde pathetisch. Er bat mich um Verzeihung, kniete sogar nieder, um mich um eine, wie er es nannte, »säkularisierte Absolution« zu bitten – und ich war drauf und dran, ihn einfach in den Hintern zu treten, nahm aber dann ein Käsemesser vom Tisch und schlug ihn feierlich zum Demokraten. Seine Frau rief: »Ach, wie hübsch«, …

[1] Neigung zum Aufgeben des militärischen Widerstands, »Wehrkraftzersetzung«

(Büchergilde Gutenberg, Frankfurt/Main o.J., S. 223–225; Copyright Verlag Kiepenheuer & Witsch, Berlin 1963)

19 Ein Clown als entschiedener Kritiker der Nachkriegsgesellschaft – Was ist daran das Besondere?

Heinar Kipphardt

Heinar Kipphardt

In der Sache J. Robert Oppenheimer

Das Schauspiel *In der Sache J. Robert Oppenheimer* (1964) von **Heinar Kipphardt** (1922–1982) gehört zu einer Reihe von Bühnenstücken aus den Sechzigerjahren, für die sich die Bezeichnung *Dokumentartheater* durchgesetzt hat.

In der Nachbemerkung zu seinem Schauspiel schrieb Kipphardt: Es »ist ein Theaterstück, keine Montage von dokumentarischem Material. Der Verfasser sieht sich jedoch ausdrücklich an die Tatsachen gebunden, die aus den Dokumenten und Berichten zur Sache hervorgehen. Seine hauptsächliche Quelle ist das 300 Maschinenseiten umfassende Protokoll des Untersuchungsverfahrens gegen J. Robert Oppenheimer, das von der Atomenergiekommission der Vereinigten Staaten im Mai 1954 veröffentlicht wurde. Es ist die Absicht des Verfassers, ein abgekürztes Bild des Verfahrens zu liefern, das szenisch darstellbar ist und das die Wahrheit nicht beschädigt.«

Oppenheimer, Physiker und Leiter der amerikanischen Atomforschung, war 1954 vor einen Untersuchungsausschuss zitiert worden, der überprüfen sollte, ob der Wissenschaftler nicht bewusst bestimmte Entwicklungen in der militärischen Forschung verzögert oder boykottiert habe. Dieses Verhör und die veröffentlichten Protokolle wurden zu einem exemplarischen Dokument über den Gewissenskonflikt des Wissenschaftlers zwischen wertneutraler Forschung und moralischer Verantwortung.

Das Verhör trat in seine entscheidende Phase.
Loyalität einer Regierung gegenüber,
Loyalität gegenüber der Menschheit.

GRAY Weitere Fragen an Dr. Oppenheimer? – Mr. Morgan.

MORGAN Nur eine Frage, Dr. Oppenheimer. Ist einem Staat, der riesige Gelder für Forschungsarbeit hergibt, das Recht zu bestreiten, über die Ergebnisse dieser Forschungen frei zu verfügen?

OPPENHEIMER Insofern einige Ergebnisse geeignet sind, die menschliche Zivilisation zu zerstören, ist dieses Recht bestreitbar geworden.

MORGAN Heißt das nicht, dass Sie die nationale Souveränität der Vereinigten Staaten auf diesem bestimmten Gebiet beschränken möchten?

OPPENHEIMER Wenn die Mathematiker ausrechnen müssen, ob ein bestimmter Test nicht vielleicht die Atmosphäre in Brand setzt, werden die nationalen Souveränitäten ein bisschen lächerlich. Die Frage ist, welche Autorität ist unabhängig und mächtig genug, die nationalen Staaten oder ihre Gruppierungen daran zu hindern, sich umzubringen. Wie ist eine solche Autorität herstellbar?

MORGAN Meinen Sie, dass die Vereinigten Staaten eine Anstrengung machen sollten, sich mit Sowjetrussland zu verständigen?

OPPENHEIMER Wenn der andere Partner der Teufel wäre, so müsste man sich mit dem Teufel verständigen.

MORGAN Machen Sie einen scharfen Unterschied zwischen der Erhaltung des Daseins und der Erhaltung eines lebenswerten Daseins?

OPPENHEIMER O ja. Und ich setze großes Vertrauen in die schließliche Macht der Vernunft.

EVANS Ich komme auf die strapazierten moralischen Skrupel zurück, auf den Widerspruch, einerseits eine Sache voranzutreiben, deren Ergebnis man andererseits fürchtet. Wann haben Sie diesen Widerspruch zum erstenmal empfunden?

OPPENHEIMER Als wir die erste Atombombe in der Wüste von Alamogordo zündeten.

EVANS Können Sie das präzisieren?

OPPENHEIMER Nachts, im Kontrollstand, vor dem Sehschlitz, als wir die letzten Minuten vor dem Test durchgezählt bekamen, die schwarzen Brillen auf unsere Fettcreme-Masken setzten und angewiesen wurden, die Köpfe abzuwenden, um nicht zu erblinden, fühlte ich eine zweifache Furcht in mir. Die Furcht, der Test könne misslingen, und die Furcht, er könne gelingen.

EVANS Da er gelang – wenn Sie gestatten – was empfanden Sie unmittelbar bei der Explosion?

OPPENHEIMER Keiner sah, ich glaube, das erste Aufblitzen des Atomfeuers. Als ich die Augen aufmachte, sah ich in völliger Stille ein nie gekanntes Licht, ein blendend weißer Feuerball, der wuchs, schien Himmel und Berge zu verschlingen. Dann hörten wir erst die Explosion, die Luftdruckwelle, ein Sandsturm, von einem anhaltenden dunklen Donnern begleitet. In diesen Sekunden erinnerte ich mich an zwei Verse aus dem Gesang der Hindus, die ich behalten hatte. Der eine: »Wenn das Licht aus tausend Sonnen
Am Himmel plötzlich hervorbräche,
das wäre der Glanz des Herrlichen.«
Der andere: »Ich bin der Tod, der alles raubt,
Erschütterer der Welten.«

GRAY *will weiterkommen:* Wenn es keine weiteren Fragen –

EVANS Wenn ich bitten dürfte, weil es vielleicht doch mit uns zu tun hat, irgendwie, wenn Dr. Oppenheimer das erinnert, es interessiert mich sehr, wie andere Leute reagierten, die dabei waren, wie war die – nun, Stimmung, kann man Stimmung sagen?

OPPENHEIMER Fermi sagte: »Eure Gewissensbisse, das ist doch zuerst mal wunderschöne Physik.« General Groves: »Ein oder zwei davon auf Japan, und der Krieg ist aus.« Fermi war aber unfähig, mit seinem Auto selbst nach Los Alamos zurückzufahren. Wir waren sehr erregt und sehr nachdenklich.

EVANS Woran merken Sie, ob ein neuer Gedanke wirklich wichtig ist?

OPPENHEIMER Daran, dass mich ein Gefühl tiefen Schreckens ergreift.

GRAY Wenn es keine weiteren Fragen gibt, dann möchte ich Dr. Oppenheimer für die Geduld danken.

(Suhrkamp Verlag, edition suhrkamp, Frankfurt/Main 1964, S. 92–95)

20 Vergleichen Sie den Ausschnitt aus dem Verhör mit der Überschrift zu dieser Szene.

21 In welchen Konflikt war Oppenheimer geraten? Was warf man ihm vor? Wie rechtfertigt er sich?

22 Kennen Sie weitere Werke zum Thema über die Verantwortung des Wissenschaftlers für die Folgen seiner Forschung?

Uwe Johnson

Zwei Ansichten

Uwe Johnson

Uwe Johnson (1934–1984) stammte aus Pommern. Er studierte in Leipzig und Rostock Germanistik. 1959 ging er nach West-Berlin. Das zentrale Thema seiner Romane (*Mutmaßungen über Jakob*, 1959; *Das dritte Buch über Achim*, 1961; *Jahrestage*, 1970–1983) ist die deutsche Teilung. In der Erzählung *Zwei Ansichten* (1965) wird die Begegnung zweier Lebenswege aus beiden Teilen Deutschlands durch den Bau der Mauer (1961) plötzlich unterbrochen. Der Pressefotograf B. aus Holstein und die Krankenschwester D. aus Ostberlin sind Durchschnittsgestalten, keine exponierten Vertreter der jeweiligen Systeme, aber dafür durch ihre Alltäglichkeit um so repräsentativer. Zwar gelingt der Krankenschwester die Flucht in den Westen, aber sie will künftig ihre eigenen Wege gehen. Johnson vermied es, dieses gegenseitige Fremdwerden nur auf äußere Grenzbarrieren zurückzuführen; es beruht auch auf der zu großen charakterlichen Verschiedenheit der beiden. Durch distanziertes Beschreiben oder Beobachten vermied Johnson eine plakative Schwarz-Weiß-Malerei.

In dem folgenden Ausschnitt bereitet sich die Krankenschwester auf ihre Flucht vor; Fluchthelfer haben ihr einen ausländischen Pass besorgt:

Die Wohnung, die ihr genannt war, lag in einer kleinfenstrigen, mit steifen braunen Putzmustern verzierten Arbeitersiedlung aus den Zwanzigerjahren, sie stand gegen Mittag vor der Tür im obersten Stock. Eine Frau, so alt wie ihre Mutter, eine graugrobe Kochschürze vor dem kugeligen Bauch, holte sie in die Küche, erklärte ihr die benachbarten Mietparteien, den Weg zum Dachboden. Für die Toilette sagte sie »die Gelegenheit«. Die D. musste nichts denken. Das Haar der Frau, blass ohne Farbe, war so fisselig, die Kämme konnten es nicht festhalten. In dem derbknochigen, grauen Gesicht waren die Lippen sonderbar zart, fein genarbt, wie die eines Kindes, Lippen von Angina pectoris. Auf dem Flur hing eine Uniformjacke der städtischen Straßenbahn. Die Frau öffnete die Tür zu einem Schlafzimmer nur halb; auf dem Bett sah die D. einen jungen Mann liegen, einen Arm unterm Kopf, rauchend, der nickte ohne Überraschung in den Spalt, die D. nickte. Er war einer von denen, die ›Uboote‹ hießen, weil sie nach einer gescheiterten Flucht im Versteck auf einen anderen Weg warten mussten; die D. hatte Geld gegeben für Uboote, sie hatte nicht recht daran geglaubt. Sie hatte nicht denken können, es gebe unter der Stadt eine andere, die heimliche Stadt. Zum Mittagessen traf die Münchnerin ein, die so berlinisch gefragt hatte, ob es der D. ernst war. An diesem Tag kam sie der D. weniger lehrhaft vor, geradezu schwesterlich. Ihr Blick hielt den der D. fest, sie lächelte ein wenig, immer wenn die D. genickt hatte, wölbte die Lippen pfiffig vor, als erkläre sie einen Spaß nach dem anderen. Die D. fühlte sich ganz wach, sie behielt alles sogleich. Auf das Bild in dem Pass, den die andere vor sich hingelegt hatte, mochte sie noch nicht blicken, sie fürchtete zu erschrecken. Es war nicht ihr Bild. Wenn die andere etwas im Pass nachlas, musste sie eine Brille aufsetzen; die Bewegung sah gründlich aus. Die D. hatte bis in den Abend Zeit. Am Abend war sie eine Touristin aus Österreich auf dem Weg nach Skandinavien. Sie war mit einem Flugzeug nach Westberlin gekommen, den Transit bis zur Ostsee hatte ihr ein Reisebüro besorgt, also war sie an der ostdeutschen Grenze nicht gesehen worden. Ihr Gepäck war in der dickbauchigen, prächtig gelben Tasche aus Leder, die die Botin auf dem Schoß hielt und auspackte, Necessaire, zwei Pullover, ein Rock, Hausschuhe, Morgenmantel, alles frisch gewaschen, schon gebraucht, mit österreichischen Fabrikmarken. In einem Portemonnaie aus dunkelblauem sanftem, zierlich gefälteltem Leder waren Geldsorten, Westberliner Busfahrscheine, die Fahrkarte nach Kopenhagen, Eintrittskarten für die Filme, die die Touristin in Westberlin gesehen hatte. Die Handlung der Filme konnte sie sich nur schwer merken. Das Portemonnaie mit seinen vielen kleinen Taschen gefiel ihr der Maßen, sie sagte etwas über den altmodischen Knipsverschluss. – Das ist ein Geschenk: sagte die Botin, in einem nachsichtigen, belustigten Ton, die D. verstand: es war von B. Sie war inzwischen ganz munter, nahezu heiter, auch beruhigt, weil die Gastgeberin und der junge Versteckte der Einweisung gleichmütig zusahen, ohne Aufregung, nur besorgt, ob sie alles verstand. Beim Abschied tat die Besucherin, als spucke sie der D. dreimal über die Schulter.

(Suhrkamp Verlag, Frankfurt/Main 1965, S. 217–219)

23▸ Welche Einzelheiten muss die Krankenschwester beachten, um in ihre neue Identität zu schlüpfen?

Christa Wolf

Christa Wolf

Nachdenken über Christa T.

Trotz gewisser Vorbehalte gegenüber der politischen und gesellschaftlichen Entwicklung in der DDR äußerte **Christa Wolf** (geb. 1929) in ihren Romanen eine kritische Sympathie. Ihr Roman *Nachdenken über Christa T.* erschien 1968 in der DDR und 1969 in der BRD. Vielschichtig und ohne Patentrezepte rekonstruiert die Ich-Erzählerin den Lebensweg ihrer toten Freundin. Auf dem langen Weg des Nachdenkens über die Freundin wird anhand des Lebenslaufes Zeitgeschichte aus der Perspektive des Alltags aufgerollt, aber auch das Scheitern weiblicher Selbstverwirklichung. Christa T. wehrte sich gegen gesellschaftlich vorgegebenes Rollenverhalten. Krankheit und Tod setzten jedoch ein frühes Ende. Die Idee der Emanzipation blieb eine Hoffnung auf die Zukunft, wie auch in der Erzählung *Kassandra* (1983). Der Roman wurde von der staatlichen Zensur der DDR nicht ohne Kritik aufgenommen, da die positive Perspektive fehle.

Christa T. hat in Berlin eine Stelle als Lehrerin erhalten; sie wohnt bei ihrer Freundin:

Vormittags ist sie in der Schule, Christa T., davon reden wir noch. Kaum geht sie zurück in ihr dunkles Schlauchzimmer, zu der schmuddligen Wirtin, ruht sich aus, die Möglichkeit der ersten Arbeitswochen ist unbezwinglich. Dann geht sie los. Jeden Nachmittag läuft sie durch die Stadt.
Flüchtige Notizen in dem rotbraunen Büchlein. Die jungen Frauen sind überraschend schön geworden. Die schnellen Blicke, wenn zwei sich begrüßen auf dem Bahnhof, heute. Oh, sie sind auf der Höhe, diese jungen Frauen, wie sie schnell noch nach Feierabend durch die Geschäfte laufen, die Kinder aus der Krippe holen; am meisten sieht man ihren Händen an, kräftig, doch nicht ohne Gefühl, sie halten auch den Mann noch, wenn' sein muß, wer hat es ihnen beigebracht? Sie, Christa T., als gleiche unter gleichen. Ihr Lächeln, ihr Gang, die Bewegung, mit der sie einem gefallenen Kind aufhilft. Die Ironie, mit der sie einen störrischen Schüler zur Vernunft bringt. Die Festigkeit, mit der sie auf sauberer, ehrlicher Arbeit besteht. Nachlassen, meine Lieben, dürfen wir allerdings nicht.
Warum eigentlich nicht? Weil die großen Entwürfe niemals aus sich selber leben, sondern aus uns gespeist werden. Edel sei der Mensch. Sie klappt das Buch zu, ein Mädchen in der letzten Reihe kämmt sich verstohlen das Haar. Wir müssen groß von uns denken, sonst ist alles umsonst. Sagt es die Lehrerin, sagt sie es nicht? Lernt es auswendig, sagt sie. Mei-

netwegen kämmt euch die Haare dabei, steht am Fenster und wartet auf euern Freund. Nur einmal denkt die Sätze als eure eigenen. Denn das unterscheidet ihn ... Es war doch groß gedacht.

Mensch, hörte sie einen Jungen in der Pause sagen. Manchmal könnt ich mich totlachen über die Neue. Jetzt soll man auch noch die Lesebuchgedichte ernst nehmen! – Der andere zuckt bloß die Schultern. Ich kann's schon auswendig, sagt er, kleine Mühe. Er zog einen Detektor aus der Tasche. Gefunden, sagte er, ein prima unausgeweidetes Trümmerfeld. Meinst du, mit dem läßt sich noch was machen? – Sein Freund bekam einen Ausdruck, den Christa T. in ihren Stunden noch nie an ihm gesehen hatte. An diesem Tag blieb sie zu Hause, sie hatte Aufsätze zu korrigieren. Abends brachte sie mir die Hefte. – Lies, sagte sie. Die Musterklasse der Schule.

An die Aufsätze kann ich mich genau erinnern, sogar an das Thema. Es war eines der Pflichtthemen jener Jahre. Bin ich zu jung, meinen Beitrag für die Entwicklung der sozialistischen Gesellschaft zu leisten? Ich las die Aufsätze, alle vierundzwanzig. Ja, sagte ich dann, alle zehn Jahre beginnt wohl eine neue Generation.

Was soll ich machen? Sagte Christa T. Ich müßte ihnen doch allen eine Vier geben. Aber es ist eine Wettbewerbsarbeit, unsere Schule schneidet dann schlecht ab im Punktvergleich. Die halten mich ja glatt für verrückt.

Was ist? fragte ich. Warum regst du dich auf?

Christa T. wollte nicht, dass ihre Klasse log. Sie sprach mit den Schülern, einen, den sie Hammurabi nannten, nahm sie sich besonders vor.

Sie schildern, sagte sie, in glühenden Farben, was Sie als Mitglied des Jugendverbandes für die Gesellschaft tun können. Aber Sie sind, soviel ich weiß, überhaupt nicht Mitglied.

Hammurabi behielt undurchsichtige Augen.

Ich bin's nicht, sagte er trocken. Aber ich könnt's ja sein, nicht?

Fast wortlos belehrten die Schüler sie über gewisse Spielregeln des praktischen Lebens. Das Mädchen in der letzten Reihe unterbrach sogar ihre Schönheitspflege, um der Lehrerin mitzuteilen, dass niemand sie zwingen könne, durch Dummheit die Zensur zu versauen. Und eine Vier, falls die Lehrerin es wirklich wagen sollte – die würde sie sich gewiß nicht gefallen lassen. Übrigens ließ die Klasse keinen Zweifel – und das war schlimmer als alles –, dass sie den Zorn der Lehrerin zwar verstand, aber als Zorn einer Unerfahrenen nahm, ein Gefühl, das längst hinter ihnen lag.

(Aufbau-Verlag, Berlin und Weimar 1988, S. 112–114)

24 Was halten Sie von dem Aufsatzthema?

25 Wie sieht und beurteilt Christa T. in den Tagebuchnotizen ihre Umwelt?

Deutschland war zwar 1945 ein geteiltes Land – die Westzonen unter dem Einfluss der Westalliierten, die Ostzone unter dem Einfluss der Sowjetunion –, aber bis 1949 bestanden unter den Schriftstellerinnen und Schriftstellern noch rege Kontakte. Diese wurden 1949 mit der Gründung zweier deutscher Staaten unterbunden. Künftig ging die Literatur der DDR eigene, vom Staat verordnete Wege, während das literarische Leben in der BRD von einem regen Austausch mit den deutschsprachigen Nachbarn Österreich und der Schweiz geprägt war.

Die Literatur der ersten Nachkriegsjahre bis ungefähr 1949 charakterisierte man als »Kahlschlagliteratur«, »Trümmerliteratur« oder Literatur der »Stunde null«. Es ging um eine Bestandsaufnahme und um einen Neuanfang nach der Zeit des Nationalsozialismus. Die Vergangenheit sollte aufgearbeitet und eine demokratische Ordnung aufgebaut werden. Aber sehr bald zeigte sich, dass es keine »Stunde null« gegeben hatte: In der BRD wurde die »Inventur« im sich anbahnenden wirtschaftlichen Aufschwung abgebrochen und in der DDR sah sich mancher, der nach dem Exil in die Ostzone zurückgekehrt war, in seinen Hoffnungen auf einen humanen Sozialismus enttäuscht.

Für die Literatur in der DDR bestimmte der Staat die Richtlinien. Die Schriftstellerinnen und Schriftsteller sollten am Aufbau des sozialistischen Systems mitwirken. In der offiziellen Literaturgeschichtsschreibung der DDR sprach man von der Aufbauliteratur. Ihr Programm, der so genannte »Bitterfelder Weg«, wurde auf der Konferenz in Bitterfeld 1959 festgelegt. Literatur, die überdauerte, entstand aber abseits dieses Weges in der Auseinandersetzung mit dem Widerspruch zwischen sozialistischem Ziel und realer Alltagswelt. Manche Werke konnten nur in der BRD publiziert werden; dies war für die Autorinnen und Autoren nicht ungefährlich.

In der BRD, unterstützt von Beiträgen aus Österreich und der Schweiz, wuchs die Kritik am blinden Wohlstandsdenken, an der ausgesparten Aufarbeitung der jüngsten Geschichte und an der Wiederaufrüstung. Den Höhepunkt bildeten die Studentenproteste von 1968; sie setzten die Kritik der engagierten Schriftstellerinnen und Schriftsteller in die Tat um.

Wichtige literarische Formen in dieser Zeit – und zum Teil Neuentdeckungen – waren die Kurzgeschichte, der Zeitroman, das szenische Parabelstück und das Dokumentartheater.

Grafik von Klaus Staeck

Gegenwart (1970 ff.)

Die Literatur unmittelbar nach dem Ende des Zweiten Weltkrieges war von einer moralischen Aufbruchsstimmung geprägt; eine nüchterne Bestandsaufnahme sollte den Weg für einen Neuanfang vorbereiten. Doch bereits in den Fünfzigerjahren wurden diese Ansätze durch den atemberaubenden wirtschaftlichen Aufschwung zurückgedrängt. Erst als der Glanz des so genannten »Wirtschaftswunders« anfangs der frühen Sechzi[illegible]hre zu verblassen begann, fanden Auto[illegible]nd Autoren, die entschiedene Gesellschaftskritik übten, wieder öffentliches Gehör; man entdeckte den politischen Gebrauchswert der Literatur: Literatur sollte auf die Gesellschaft einwirken.

Dies war auch ein wichtiges Ziel der studentischen Protestbewegung Ende der Sechzigerjahre: Durch die Öffnung des Bildungswesens für alle sollte erstens das Gefälle innerhalb der Gesellschaft und auch ein landschaftlich bedingtes Ungleichgewicht zwischen Stadt und Land beseitigt werden; zwei-

Rolf Dieter Brinkmann

tens sollte Erziehung zur politischen Mündigkeit eine Bevormundung durch staatliche Reglementierung verhindern oder zumindest eingrenzen. Hintergrund dafür war 1966 die Bildung einer großen Koalition, die eine konstruktive Opposition innerhalb des Parlaments ausschloss; die Kritiker vereinten sich in der »außerparlamentarischen Opposition« (APO). Der Protest 1968 – er war ein Ereignis im ganzen westlichen Europa – hat Spuren hinterlassen: Das Bildungswesen hat sich – im Sinne einer demokratischen Durchlässigkeit – für alle geöffnet.

Trotzdem hat sich der Optimismus, dass Literatur in das Tagesgeschehen unmittelbar eingreifen könne oder zumindest Teilerfolge erziele, für das letzte Viertel des zwanzigsten Jahrhunderts nicht fortgesetzt. Ohne zu bestreiten, dass literarische Tendenzen seit 1945 – schon durch die Lebensgeschichte der Autorinnen und Autoren – weitergeführt wurden, zeigte sich doch ein Trend, gesellschaftspolitische Themen nicht in einem übergreifenden Zusammenhang, sondern eher im privaten Erfahrungsfeld darzustellen; man sprach von einer »neuen Subjektivität«. Eine wichtige Beobachtung dürfte dabei sein, dass die Rolle der Frau, ihr Anspruch auf Selbstverwirklichung – und zwar unterschiedslos in Ost und West –, ein bestimmendes Thema wurde.

1970 reiste Bundeskanzler Willy Brandt in die DDR; er setzte sich für eine innerdeutsche Annäherung und eine Entspannung in der Ostpolitik ein. Aber erst durch das jahrzehntelange konsequente Offenhalten der deutschen Frage und die friedliche Revolution in der DDR 1989 öffneten sich die innerdeutschen Grenzen. So konnte unter Bundeskanzler Helmut Kohl 1990 die Vereinigung beider deutscher Staaten erreicht werden – ein Ereignis, das von den meisten begrüßt wurde. Es gab aber auch kritische Stimmen, die für eine allmähliche politische und vor allem wirtschaftliche Annäherung eingetreten waren. In der Literatur zur Wende überwiegen die kritischen Kommentare: Vierzig Jahre getrennte Geschichte haben auf beiden Seiten Spuren hinterlassen. Die Wiedervereinigung ist ein Prozess, der noch andauert.

Ulrich Plenzdorf

Die neuen Leiden des jungen W.

Ulrich Plenzdorf

Die Geschichte *Die neuen Leiden des jungen W.* (1972) von **Ulrich Plenzdorf** (geb. 1934) – mit deutlichem Bezug auf Goethes Briefroman *Die Leiden des jungen Werthers* (vgl. S. 79 ff.) aus dem Jahre 1774 – handelt in der DDR; sie wurde ein gesamtdeutscher Erfolg. Mit seiner Maxime »Ich meine, Jeans sind eine Einstellung und keine Hosen« wurde Edgar Wibeau zu einer literarischen Identifikationsfigur der jugendlichen Protestbewegung gegen Anpassung und gesellschaftlichen Normenzwang. Plenzdorf erzählt die Geschichte seines Titelhelden, der bei der Entwicklung eines neuen Farbspritzgerätes für seine Baubrigade tödlich verunglückt war, in mehreren Rückblenden aus Wibeaus eigener Sicht und aus der Perspektive der Eltern, Freunde und Arbeitskollegen. Wibeau hatte die Lehre aufgegeben, zog nach Berlin und lebte in einer verlassenen Gartenlaube. Dort las er zufällig den *Werther* und entdeckte immer mehr Parallelen zu seiner eigenen Situation. Wie Goethes Romanfigur wollte er das Experiment Leben nach seinen eigenen Bedingungen gestalten. Werther litt unter den gesellschaftlichen Vorurteilen einer ständischen Gesellschaft; Edgar Wibeau widersetzte sich der Vereinnahmung durch staatliche Richtlinien. Der Unterschied zwischen dem literarischen Vorbild und seinem späten Leser: Werther beging, weil er seine Lebenswünsche nicht erfüllt sah, Selbstmord. Edgar Wibeau versucht durch Eigeninitiative etwas am lähmenden Trott der staatlich verordneten Planwirtschaft zu ändern und verunglückt bei einem entscheidenden Experiment. Dieser Schluss war Kompromiss und Protest zugleich; Kompromiss, weil Wibeau sich in den Produktionsprozess wieder eingliederte; Protest, weil er mit seinen Verbesserungswünschen allein gelassen wurde. Die Geschichte Wibeaus war, ganz im Sinne ihres Vorbilds, eine Kritik an gesellschaftlichen und institutionellen Erstarrungen. Die erste Begegnung in der Berliner Laube mit Goethes Text ist nicht gerade ermunternd:

Ich fing an, Willis Laube nach was Lesbarem durchzukramen. Du Scheiße! Seine Alten mussten plötzlich zu Wohlstand gekommen sein. Das gesamte alte Möblement einer Vierzimmerwohnung hatten sie hier gestapelt, mit allem Drum und Dran. Aber kein lumpiges Buch, nicht mal ein Stück Zeitung. Überhaupt kein Papier. Auch nicht in dem Loch von Küche. Eine komplette Einrichtung, aber kein Buch. Willis alte Leute mussten ungeheuer an ihren Büchern gehangen haben. In dem Moment fühlte ich mich unwohl. Der Garten war dunkel wie ein Loch. Ich rannte mir fast überhaupt nicht meine olle Birne an der Pumpe und an den Bäumen da ein, bis ich das Plumpsklo fand. An sich wollte ich

Rolf Dieter Brinkmann

Einen jener klassischen

schwarzen Tangos in Köln, Ende des
Monats August, da der Sommer schon

ganz verstaubt ist, kurz nach Laden
Schluss aus der offenen Tür einer

dunklen Wirtschaft, die einem
Griechen gehört, hören, ist beinahe

ein Wunder: für einen Moment eine
Überraschung, für einen Moment

Aufatmen, für einen Moment
eine Pause in dieser Straße,

die niemand liebt und atemlos
macht, beim Hindurchgehen. Ich

schrieb …
der Mon…

dunstige…
wieder e…

(Westwärts 1 & 2, Rowohlt Verlag, Reinbek 1975, S. 25)

Die neue Subjektivität in der Lyrik der Siebziger- und Acht…
Gegenprogramm zur politischen Lyrik der Sechzigerjahre…
te verlagert. Die persönliche Betroffenheit und ihre unm…
direkte und vorläufige Ausformulierung verdrängten die g…
Beobachtung sollte für sich selbst wirken. Der Gedichtb…
dieses Gedicht stammt, von **Rolf Dieter Brinkmann** (194…
neuen Subjektivität. Vorbilder oder Anregungen für sei…
gewohnheiten fand Brinkmann in der amerikanischen P…
in Deutschland bekannt gemacht hatte.

3 Diese Momentaufnahme geht über den Anlass hi…
einen größeren Zusammenhang gebracht. Worauf…
dieses stichwortartig festgehaltene Stimmungsbild…

Peter Handke

Peter Handke

Die linkshändige Frau

In seinen frühen Stücken und Erzählungen befasste sich **Peter Handke** (geb. 1942) immer wieder mit dem Zwang, den die öffentliche Sprache auf das Bewusstsein und soziale Verhalten des Einzelnen ausübt; der Einzelne wird durch das ständige Einhämmern der konventionellen Sprachregelungen im Sinne der Gesellschaft »diszipliniert«, d. h. in eine Rolle eingewiesen (z. B. in dem Sprechstück *Kaspar*, 1968). Rollenerwartungen gehen aber auch von der Gesellschaft aus: Die anderen machen sich ein Bild von jemandem; man will ihn sich durch ein vorgefertigtes Erwartungsschema, das er zu erfüllen hat, gefügig machen. Dies ist der Ausgangspunkt in der Erzählung *Die linkshändige Frau* (1976). Sie heißt Marianne, wird aber meist nur, auch vom Erzähler, »die Frau« genannt. Dies kann zwei Gründe haben: Ihr Schicksal steht repräsentativ für viele oder sie ist für ihre Umwelt eben nur ein entpersönlichtes Etwas. Beides trifft zu. Marianne lebt in gutbürgerlichen, finanziell abgesicherten Verhältnissen. Ihr Mann sorgt für das Nötige; und wenn er von längeren Geschäftsreisen heimkommt, soll sie ihn freudig und dankbar empfangen. Aus dieser tödlichen Leere bricht Marianne plötzlich aus; sie trennt sich von ihrem Mann, sie zerstört bewusst das Bild, das alle von ihr haben. Sie will endlich sie selbst sein, sich selbst finden, auch um den Preis der Vereinzelung und der Vereinsamung. Die Erzählung hat keinen definitiven Schluss, keine Lösung. Am Ende kann Marianne nur sich selber bestätigen, dass sie die erste Runde gegen die Rollenvorgaben ihrer Umwelt gewonnen hat; sie hat keinem der auf sie eindringenden Rollenzuweiser – ob Ehemann, Vater, Kollege oder aufdringlicher Freund – nachgegeben.

Die Erzählung beginnt wie eine mittelständische Idylle; der Lebensweg ist vorgezeichnet:

Sie war dreißig Jahre alt und lebte in einer terrassenförmig angelegten Bungalowsiedlung am südlichen Abhang eines Mittelgebirges, gerade über dem Dunst einer großen Stadt. Sie hatte Augen, die, auch wenn sie niemanden anschaute, manchmal aufstrahlten, ohne daß ihr Gesicht sich sonst veränderte. An einem Winterspätnachmittag saß sie in dem gelben Licht, das von außen kam, am Fenster des ausgedehnten Wohnraums an einer elektrischen Nähmaschine, daneben ihr achtjähriger Sohn, der einen Schulaufsatz schrieb. Die eine Längsseite des Raums war eine einzige Glasfront vor einer grasbewachsenen Terrasse mit einem weggeworfenen Christbaum und der fensterlosen Mauer des Nachbarhauses. Das Kind saß an einem braungebeizten Tisch über das Schulheft gebeugt und schrieb mit der Füllfeder, wobei seine Zunge zwischen den Lippen hervorleckte. Manchmal hielt es inne, schaute zur Fensterfront hinaus und schrieb dann eifriger weiter; oder es blickte zu der Mutter hin, die, obwohl abgewendet, es merkte und zurückblickte. Die Frau war mit dem Verkaufsleiter der lokalen Filiale einer in ganz Europa bekannten Porzellanfirma verheiratet, der an diesem Abend nach einer mehrwöchigen Geschäftsreise aus Skandinavien zurückkommen sollte. Die Familie war nicht wohlhabend, lebte aber in bequemen Verhältnissen, der Bungalow war gemietet, da der Mann jederzeit versetzt werden konnte.

(Bruno, ihr Mann, hatte sie nach seiner Rückkehr von einer Dienstreise spontan dazu überredet, mit ihm in einem Hotel festlich zu dinieren und in einer Suite zu übernachten. Marianne fühlt, dass dieser Entschluss allein der momentanen Laune ihres Mannes entsprungen war. Am nächsten Morgen eröffnet sie ihm ihre eigenen Pläne:)

Sie gingen langsam den Weg hinunter, der aus dem Park führte; Bruno hatte den Arm um sie gelegt. Dann lief er weg und schlug einen Purzelbaum auf dem hartgefrorenen Rasen. Die Frau blieb auf einmal stehen, schüttelte den Kopf. Bruno, der schon etwas weiter war, schaute fragend zu ihr zurück. Sie sagte: »Nichts, nichts!«, und schüttelte wieder den Kopf. Sie sah Bruno lange an, als helfe sein Anblick ihr, nachzudenken. Darauf näherte er sich ihr, und sie blickte weg zu den mit Rauhreif bedeckten Bäumen und Büschen des Parks, die jetzt kurz der Morgenwind schüttelte.

Die Frau sagte: »Mir ist eine seltsame Idee gekommen; eigentlich keine Idee, sondern eine Art – Erleuchtung. Aber ich will nicht davon reden. Gehen wir nach Hause, Bruno, schnell. Ich muß Stefan zur Schule fahren.« Sie wollte weiter, aber Bruno hielt sie auf: »Wehe, wenn du es nicht sagst.« Die Frau: »Wehe dir, wenn ich es sage.« Gleichzeitig mußte sie über den Ausdruck lachen. Sie schauten einander sehr lange an, erst unernst, dann nervös, erschreckt, schließlich gefaßt.

Bruno: »So, jetzt sag es.«

Die Frau: »Ich hatte auf einmal die Erleuchtung« – sie mußte auch über dieses Wort lachen –, »daß du von mir weggehst; daß du mich allein läßt. Ja, das ist es: Geh weg, Bruno. Laß mich allein.«

Nach einiger Zeit nickte Bruno lange, hob die Arme zur halben Höhe und fragte: »Für immer?«

Die Frau: »Ich weiß es nicht. Nur weggehen wirst du und mich alleinlassen.« Sie schwiegen.

Dann lächelte Bruno und sagte: »Erst einmal kehre ich jedenfalls um und trinke im Hotel eine Tasse heißen Kaffee. Und heute nachmittag hole ich meine Sachen ab.«

Die Frau antwortete ohne Boshaftigkeit, eher fürsorglich: »Für die ersten Tage kannst du sicher zu Franziska ziehen. Ihr Lehrerkollege hat sie gerade verlassen.«

Bruno: »Ich werde es mir beim Kaffee überlegen.« Er ging zum Hotel zurück, und sie verließ den Park.

In der langen Allee, die zu der Siedlung hinausführte, machte sie einen Hüpfschritt; fing auf einmal zu laufen an. Zuhause zog sie die Vorhänge auf, schaltete den Plattenspieler an und bewegte sich wie tanzend, bevor noch die Musik einsetzte. Das Kind kam dazu, im Pyjama, und fragte: »Was machst du denn da?« Die Frau: »Ich bin beklommen, glaube ich.« Und dann: »Zieh dich an, Stefan. Es ist Zeit für die Schule. Ich mache dir inzwischen die Toastbrote.« Sie ging zu dem Spiegel im Flur und sagte: »Jesus – Jesus – Jesus.«

(Alle – auch ihr Mann, der ihren Entschluss zumindest zu respektieren versucht – reden auf sie ein, dass sie am Alleinsein noch zugrunde gehen werde. Niemand begreift den Grund ihres Experiments einer Selbstfindung. – Gegen Ende der Erzählung lädt Marianne alle, die es, wie sie sagen, gut mit ihr meinen und auf sie einreden, zu sich nach Hause ein. Sie durchschaut, wie viel Eigennutz bei den wohl gemeinten Ratschlägen mitspielt. Nachdem die Gäste gegangen sind, blickt sie sich im Spiegel an:)

Sie stand vor dem Spiegel und sagte: »Du hast dich nicht verraten. Und niemand wird dich mehr demütigen!«

Sie saß im Wohnraum, die Beine auf einen zweiten Stuhl gelegt, und betrachtete die Zeichnung, die der Fahrer dagelassen hatte. Sie goß sich ein Glas Whisky ein; schob die Ärmel ihres Pullovers zurück. Sie lächelte in sich hinein und schüttelte den Würfelbecher; lehnte sich zurück und bewegte nur noch die Zehen. Sie saß lange Zeit völlig still, wobei ihre Pupillen, stetig pulsend, immer größer und dunkler wurden; sprang plötzlich auf, holte einen Bleistift, ein Blatt Papier und fing selber zu zeichnen an: erst ihre Füße auf dem Stuhl, dann den Raum dahinter, das Fenster, den sich im Lauf der Nacht verändernden Sternenhimmel – jeden Gegenstand in allen Einzelheiten. Sie zeichnete nicht schwungvoll, eher zittrig und ungeschickt; doch dazwischen gelangen ihr ab und zu Striche in einer einzigen Bewegung, fast einem Schwung. Es vergingen Stunden, bis sie das Blatt weglegte. Sie schaute es lange an; zeichnete dann weiter.

Am hellen Tag saß sie auf der Terrasse im Schaukelstuhl. Die Fichtenkronen bewegten sich hinter ihr in der spiegelnden Fensterscheibe. Sie begann zu schaukeln; hob die Arme. Sie war leicht angezogen, ohne Decke auf den Knien.

(Suhrkamp Verlag, Frankfurt/Main 1976, S. 7 f.; 22–24; 130 f.)

4 Die gesellschaftliche Rollenzuweisung betraf im Lauf der Geschichte vor allem die Frau. Die Bemühungen um eine Emanzipation der Frauen aus einem vorgegebenen Verhaltensmuster nahmen – unter Autorinnen und Autoren – seit den späten Sechzigerjahren zu. Können Sie anhand der Textauszüge einige Gründe für die Aktualität des Themas nennen?

5 Am Schluss der Erzählung, nachdem alle ihre »Berater« die Party verlassen haben, sagt die Frau zu sich selbst: »Du hast dich nicht verraten. Und niemand wird dich mehr demütigen!« Welche Gedanken kommen Ihnen spontan zu dieser Äußerung?

Sachregister

Bildnachweis

Aufbau Verlag, Berlin und Weimar
C. H. Beck, München
Bertelsmann Lexikon Verlag, Gütersloh
Bibliographisches Institut, Leipzig
Klaus Böttger, Wiesbaden
F. A. Brockhaus, Mannheim
Deutscher Klassiker Verlag, Frankfurt/M.
Deutsches Historisches Museum, Berlin
S. Fischer Verlag, Frankfurt/M.
Freies Deutsches Hochstift, Frankfurt/M.
Germanisches Nationalmuseum, Nürnberg
Hebbel-Museum, Wesselburen Detmold
Heinrich Heine Institut, Düsseldorf
Herzog August Bibliothek, Wolfenbüttel
Kindler Verlag, München
Kösel Verlag, München
Paul List Verlag, München
Manesse Verlag , Zürich
Renate von Mangoldt, Berlin
Meyers Lexikon Verlag, Mannheim-Zürich-Wien
Nationale Forschungs- und Gedenkstätten, Weimar
Nationalgalerie, Berlin
Isolde Ohlbaum, München
Michael Mathias Prechtl, Nürnberg
Preußischer Kulturbesitz, Berlin
R. Piper & Co. Verlag, München
Rowohlt Verlag, Reinbek b. Hamburg
Schiller-National Museum, Marbach
Sezession, Wien
Staatsgalerie, Stuttgart
Steidl Verlag, Göttingen
Klaus Staeck, Heidelberg
Stiftung Weimarer Klassik, Weimar
Süddeutscher Verlag, München
Suhrkamp Verlag, Frankfurt/M.
Ullstein Bilderdienst, Berlin
Verlagsarchiv